图1-1　奥地利黑天鹅水晶饰品

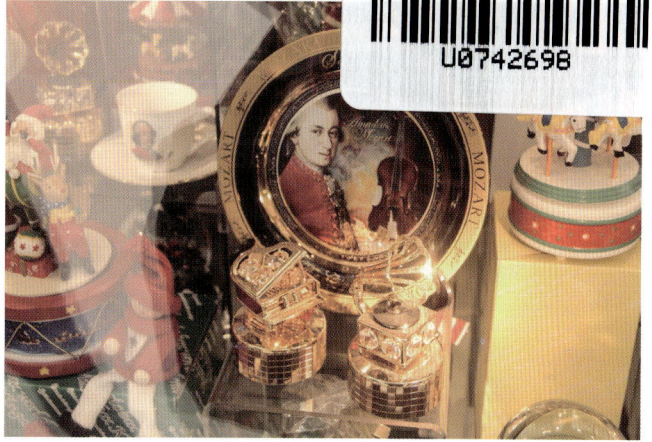

图1-2　莫扎特巧克力球

图2-2　红船及其结构特征

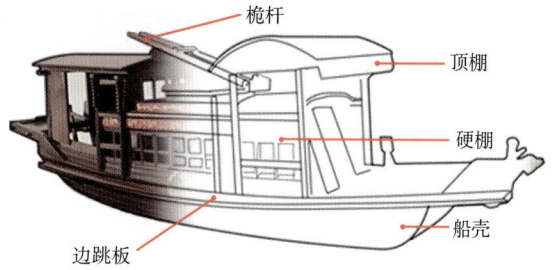

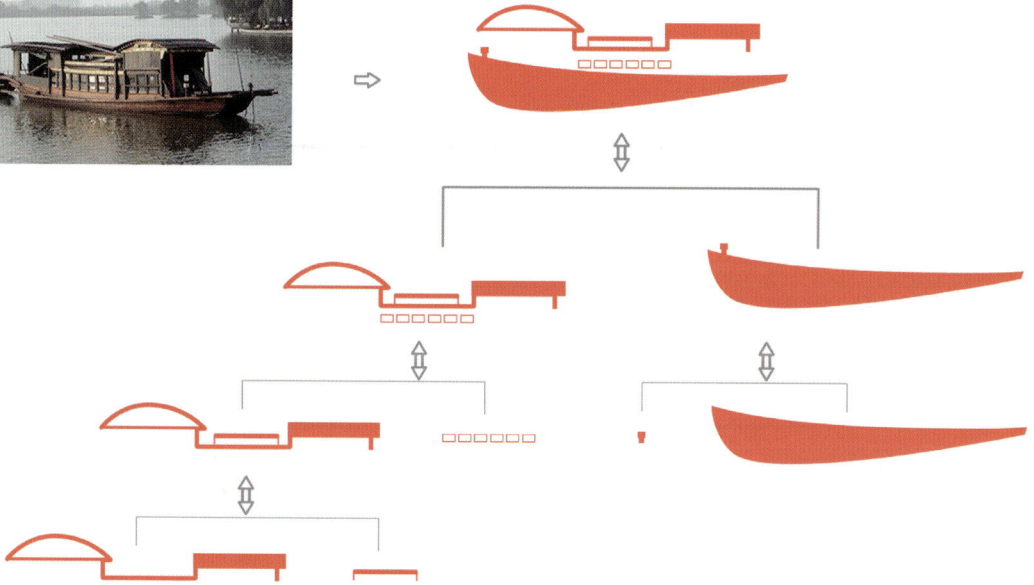

桅杆

顶棚

硬棚

边跳板

船壳

图2-3　红船客观形态特征提炼

图2-6　文创手机壳设计

图2-7　海尔冰箱表面的大理石纹肌理设计

图3-1 菲利普斯塔克设计的外星人榨汁机

短颈

圈鼓腹

圈足

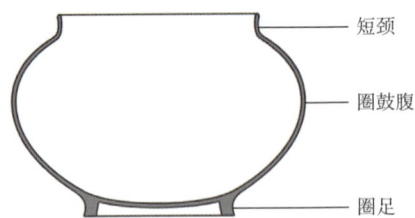

图3-2　南宋灯笼罐瓷器

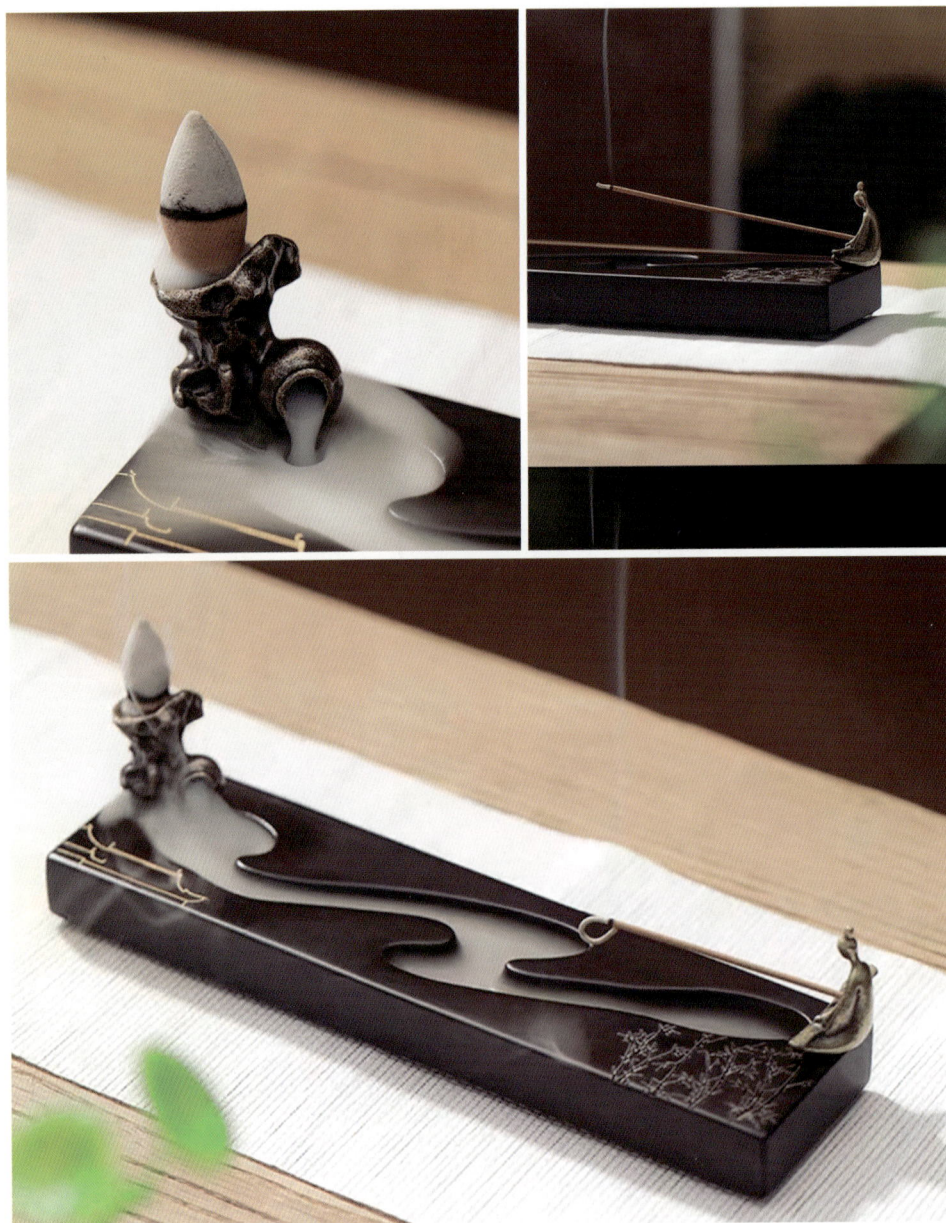

图3-3　熏香器韵文创

图3-4　延安旅游文创产品

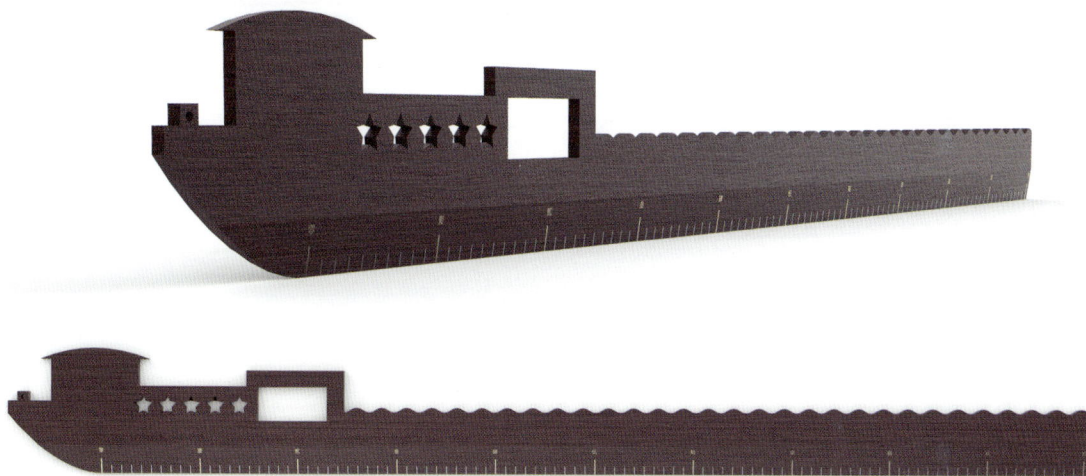

图5-1　直尺设计方案

图5-2　创意茶具设计方案

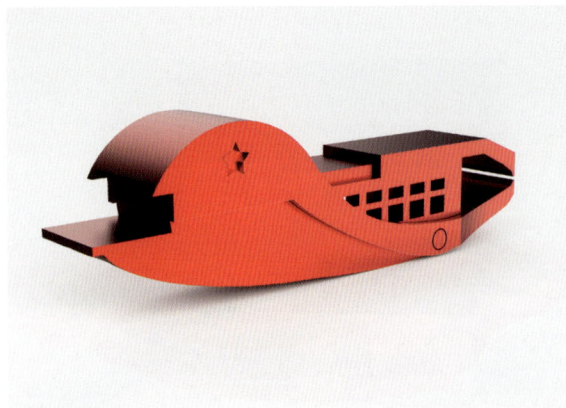

图5-3　指甲剪设计方案

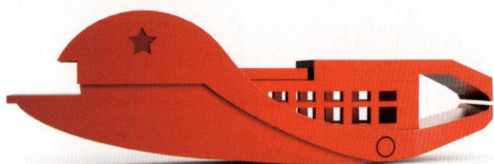

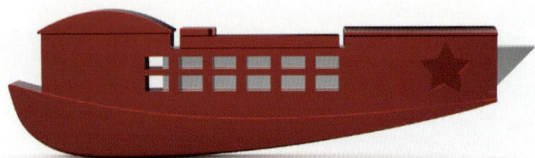

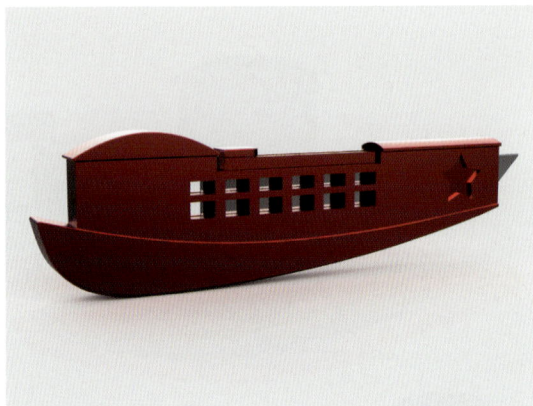

图5-4　美工刀设计方案

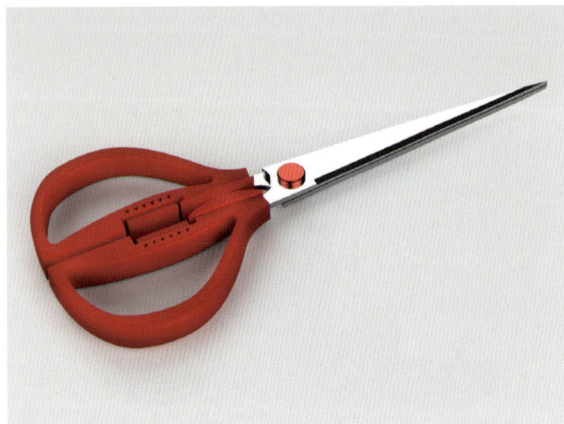

图5-5　剪刀设计方案

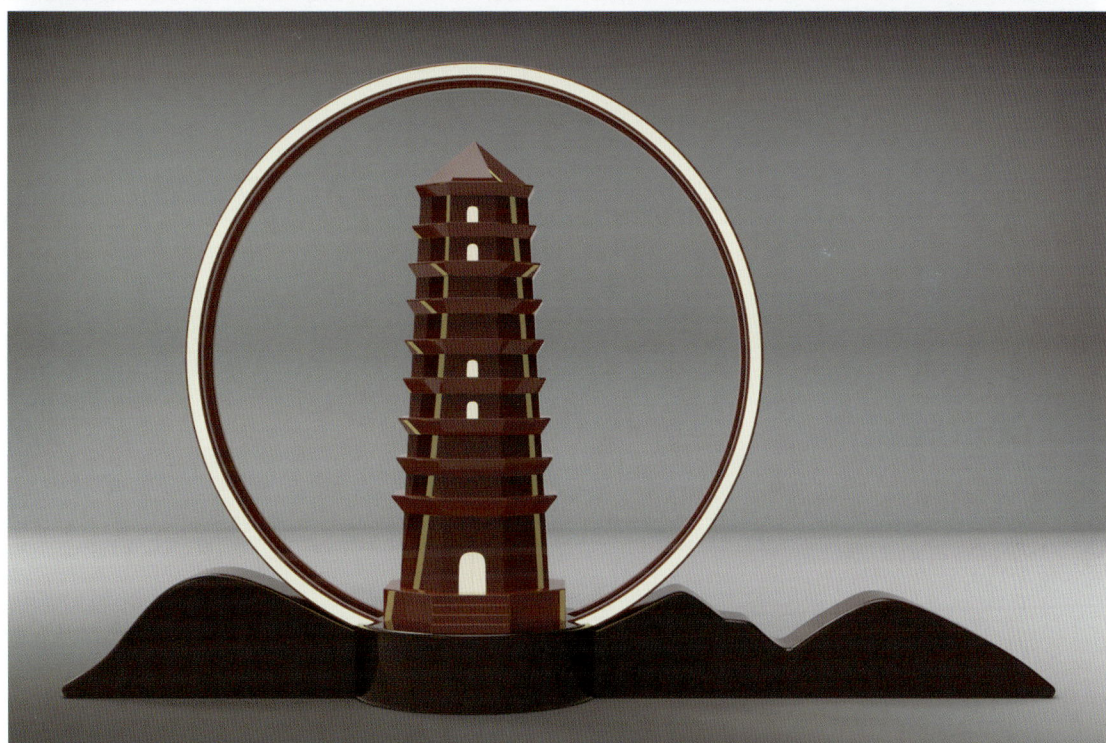

图5-6　灯具设计方案

图5-7　小夜灯设计方案

元素提取：

东钱湖南宋石塔 积木

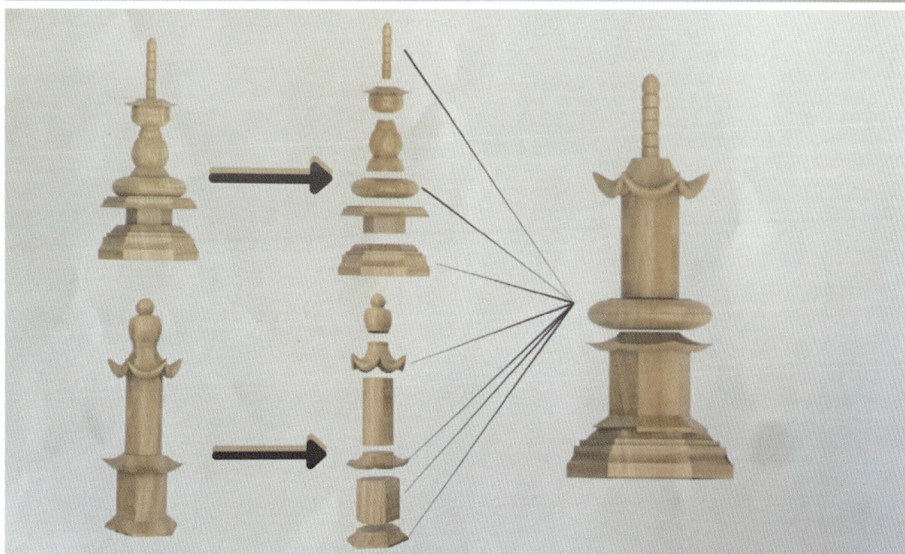

图5-8　积木玩具设计方案

宋韵 文创茶具

古话有"道以成器，而器以载道"，器以载道是中国传统造物的意境，讲究通过形态语言，传达出一定的趣味和境界。

基于宋韵文化中的汝窑文化，本产品进行了元素提炼、创新设计，将其融入茶文化。

"汝茶"便携茶具可随身携带，在外也可享受茶文化带来的乐趣。

部件例图 COMPONENT VIEW

产品由四部分组成，大茶碗嵌套小茶碗，置于闷茶盖上方，可与煮茶碗合为一体。

使用时，将两个茶碗取下，茶叶放入煮茶碗中，闷茶盖闷煮即可。

场景图 USE CASE

使用说明 HOW TO USE

投茶注水   盖盖煮茶   出茶   倒入小茶碗

爆炸图 EXPLOSIVE VIEW

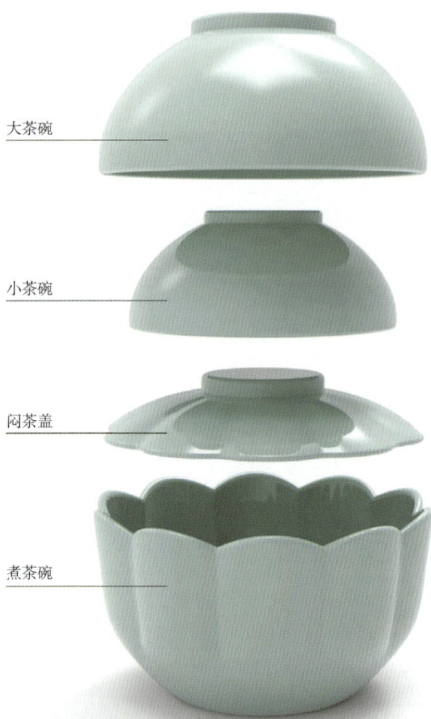

大茶碗

小茶碗

闷茶盖

煮茶碗

图5-9 宋韵文创茶具设计方案

TAKE IT EA

苔藓养护八音盒

苔原牧韵

基于哈萨克牧场的微景观苔藓文创八音盒

"夏牧场绿意汹涌，虽冷而不寂，万物升腾，生命迹象沸沸扬扬，我听到来自草原深处厚重的回响，那是扎根于旷野的眷恋。"

灵感来源

设计灵感来源于辽阔壮美的哈萨克牧场以及现代生活方式的深入思考。提取夏牧场的民俗与景色特点，将传统与现代、自然与文化进行有

设计说明

本产品以哈萨克牧场的自然风貌为设计灵感，将生态养殖、音乐疗愈与温馨照明融为一体，为用户打造一个既具自然之美又充满舒适氛围的治愈微景观。这款产品不仅具有实用性和观赏性，更是一次文化与自然的和谐对话，让人们在享受科技带来的便利的同时，也能感受到生态自然的韵味和美丽。

创新点

♡ **清音舒心**

八音盒曲调悠扬舒缓，仿佛哈萨克牧场的微风拂过耳畔，带来宁静与放松，缓解日常疲惫。

+

⛰ **赏景怡情**

养护盒内的苔藓宛如夏牧场上的绿色地毯，呈现细腻生动的微景观，让人心生愉悦。

+

☺ **氛围摆件**

其独特的夏牧场主题设计，搭配内置毡房小夜灯，为家居环境增添了一抹别样温馨的风情。

产品结构

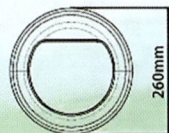

● 玻璃盖
● 装饰摆件
● 种植容器
● 顶部外壳
● 发条盒
● 控制开关
● 底座

产品尺寸

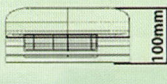

260mm

260mm

100mm

图5-10　新疆旅游文创八音盒设计

三潭印墨

—文创设计

设计说明

这是一套以西湖—三潭印月为主要元素设计的文创产品,包含一个墨水瓶和两个笔筒,墨水瓶底部的小凹槽设计可以避免墨水吸不上来。这套文创造型独特,古与今的碰撞,传统与现代的结合,让人们从中感受到西湖的魅力。

灵感来源

西湖三潭印月

产品结构

瓶盖

瓶身

墨胆

瓶底

瓶胆内采用凹槽设计,使残留的墨水也能顺利吸取。

使用说明

笔筒

打开瓶盖即可使用,瓶盖也可当放笔架使用

细节展示

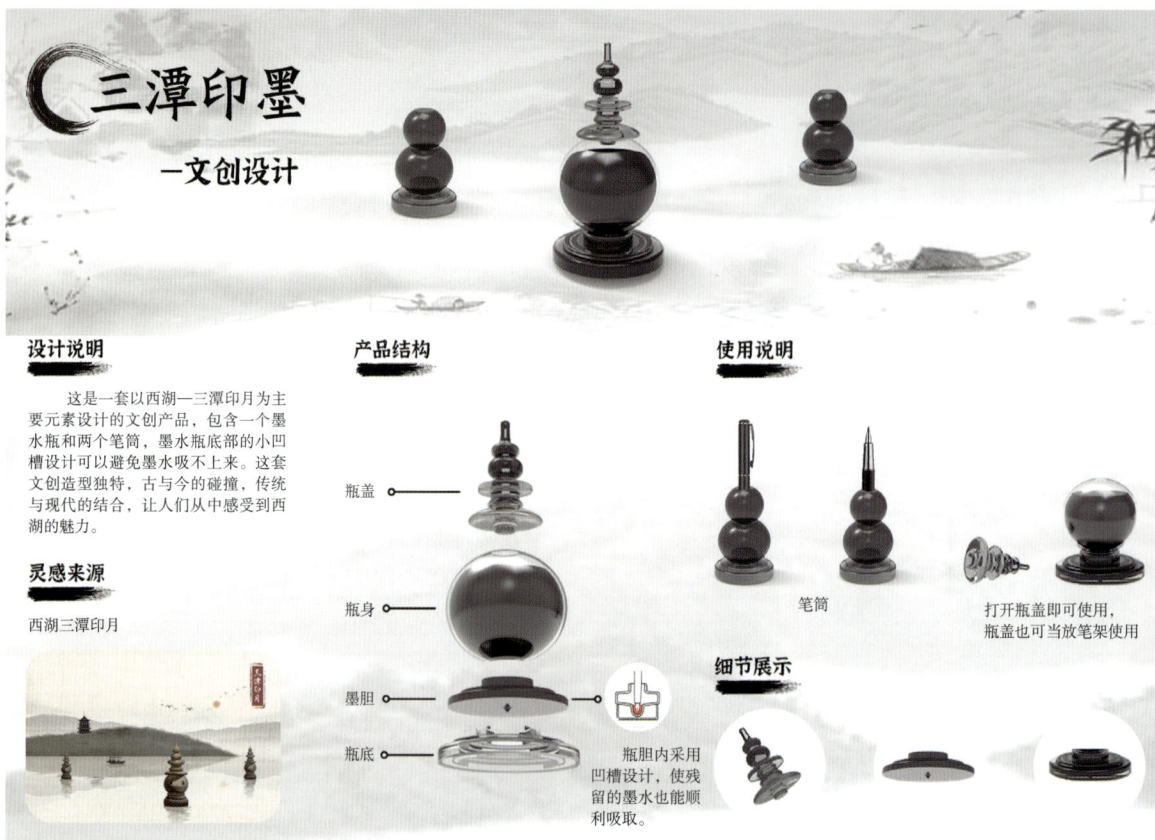

图5-11 笔墨组合套装文创设计

西湖品茗

—竹编茶盘收纳台

设计说明

场景灵感取自西湖十景中"三潭印月""雷峰夕照""双峰插云"。以浙江非遗文化竹编为材质工艺,自然纹路优美,立体感强,给人一种质朴与淡雅清新,亦与茶文化相契合。竹编绿色环保,经久耐用。以黑色镜面大理石为茶盘底,茶水滴落时犹如湖面涟漪。三潭印月的玉石灯倒影,体现出苏轼夜泛西湖五绝中的"更待月黑看湖光"景致典雅。产品适用于茶桌托盘微景观、桌面香薰置物台。

灵感来源

山景

雷峰塔

三潭石塔

三视图

效果图展示

细节展示

天然黑曜石加工而成可以作为茶宠浇灌石槽保留茶水增添茶香

竹编材质,立体有质感塔内为储物空间可存放茶杯、茶叶罐

取三潭石塔造型白玉材质,中间镶嵌小灯珠可移动氛围感灯塔微景观

图5-12 竹编茶盘收纳文创产品设计

山月韵——

文创灯设计

设计说明

　　这是一款山脉结合月亮的抽象剪影设计的夜灯，以山月的意象传达世代代繁衍生息的文化传承，彰显宋城千古情"给我一天，还你千年"的文化底蕴。"山洞"处可以将杂志卷起放入，凹槽部分可用来当作笔架放置笔，将开关设计为旋开关，与整体感觉相吻合，灯光设计LED灯整体光较为柔和；装配了蓝牙音箱功能，在开启灯光同时可连接手机播放音乐，给用户带来不一样的体验。

细节图：

尺寸细节图：

灯带

置物架

旋转按钮

图5-13　旅游文创灯具设计

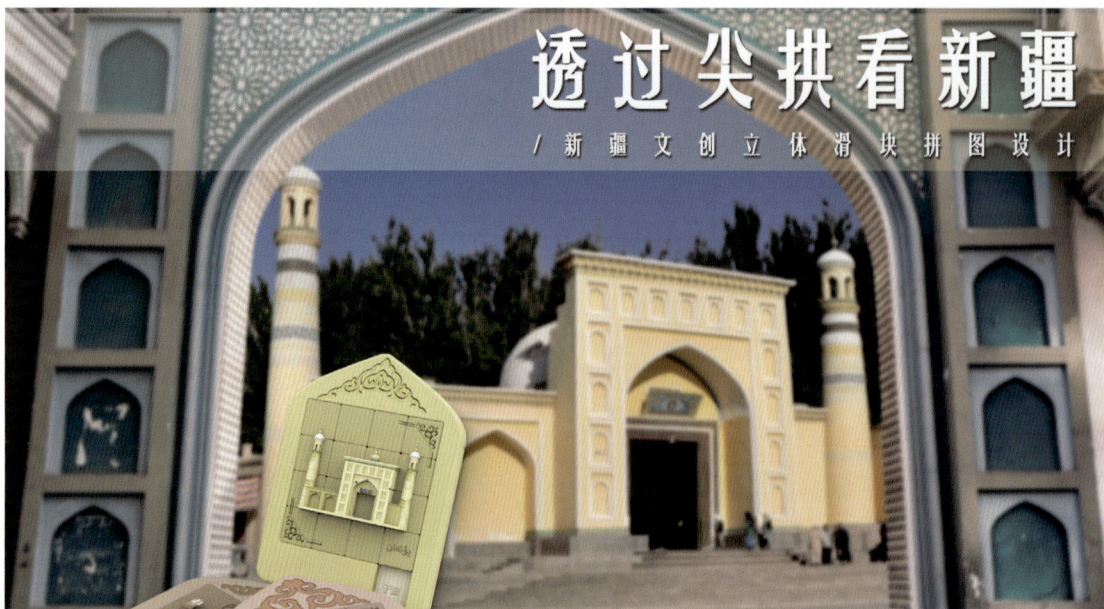

透过尖拱看新疆

/ 新疆文创立体滑块拼图设计

设计说明

本款文创产品整体外框提取了新疆标志性尖拱门设计，将新疆地区独有的建筑风格与立体滑块拼图相结合，把新疆特殊风情建筑转变为一件缩小版的艺术品，在致敬新疆丰富的文化和历史的同时也提供了一个有趣且具有挑战性的智力游戏，创造了一个既能作为装饰品又能提供娱乐的多功能文创产品。通过游玩这款滑动式立体拼图，玩家可以在享受解谜乐趣的同时，感受到来自新疆文化的深厚底蕴。

元素来源

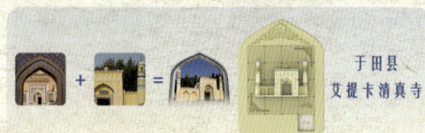

于田县
艾提卡清真寺

乌鲁木齐
国际大巴扎

吐鲁番
苏公塔/额敏塔

使用细节

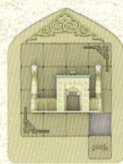

将字符块向下滑动
为滑动拼图预留空间

展开空间想象力
开启华容道式玩法

建筑所在地区
维吾尔语
建筑所在地区
汉语

新疆边角纹路　新疆尖顶纹路

建筑所在地区
维吾尔语
建筑所在地区
汉语

新疆边角纹路　新疆尖顶纹路

建筑所在地区
维吾尔语
建筑所在地区
汉语

新疆边角纹路　新疆尖顶纹路

产品尺寸图

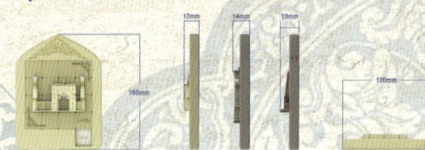

使用场景

吸附式滑块
稳定触感不宜掉落

折叠式支架
可充当小型艺术摆设

后背磁吸块
可充当趣味冰箱贴

图5-14　拼图玩具产品设计

疆纹韵彩

——DIY新疆纹样组合亚克力片挂件文创产品

▼ 设计说明

　　新疆抵触大陆西部边境，地大物博，拥有非常丰富的地区特色文化及地域资源，具有极高的开发价值。针对新疆旅游业的文创产品开发，以新疆极具地区特色的纹样文化为基础，通过DIY玩法+亚克力制品的材质外观呈现，设计了此款层叠式螺旋链接的DIY新疆纹样组合亚克力片文创产品。

▼ 图案展示

• 纹样元素绘制参考资料：

方形款：

圆形款：

▼ 结构说明

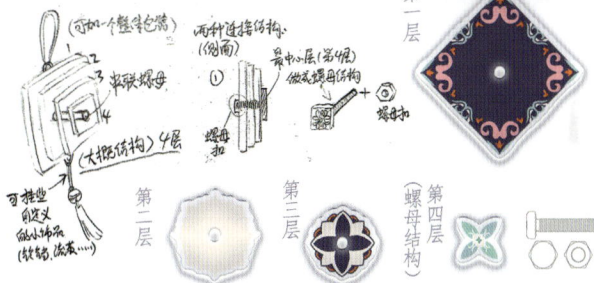

▼ 色彩展示

蓝绿　　　紫粉　　　黄紫

黄棕　　　红绿　　　蓝橙

(**每款图案都有六种颜色。此处每款图案仅放一种颜色作为展示)

▼ 玩法示例

图5-15　新疆旅游挂件文创产品设计

楼兰古城

圆盘沙漏——

设计说明

本产品围绕《楼兰古城》进行设计创作,以圆盘沙漏作为主体,内部安装印有昔日古城样貌的亚克力板,以暖色夕阳和云层为背景,流沙中带有金色细闪,流沙下落的同时四溅,烘托了沙漠地质的沙暴景象,展示了"湮灭于黄沙之下的神秘楼兰"的主题。灯带照亮流沙中的细闪,底座反射光芒与古城,营造楼兰公主逆光走来的景象。

元素提取

楼兰博物馆
门前的楼兰公主铜像

对昔日楼兰古城的构想

产品展示

尺寸参考

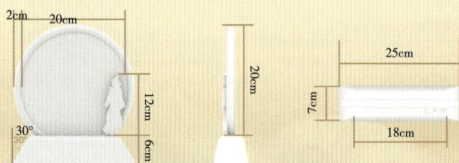

草图推演

舍弃山石和沙堆

→ 真实建筑
→ 真实人像
→ 可反射光圈
的灯光倒映
出古城

爆炸图

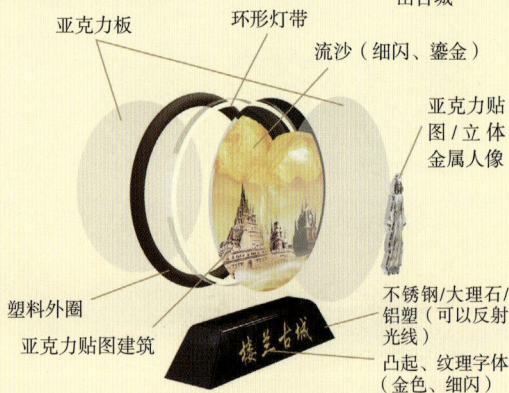

亚克力板
环形灯带
流沙(细闪、鎏金)

亚克力贴
图 / 立体
金属人像

塑料外圈
亚克力贴图建筑

不锈钢/大理石/
铝塑(可以反射
光线)
凸起、纹理字体
(金色、细闪)

场景展示

图5-16 圆盘沙漏旅游文创纪念品设计

滕水生———著

旅游文创产品设计研究

中国纺织出版社有限公司

内 容 提 要

《旅游文创产品设计研究》是在我国文化旅游市场日益繁荣的时代背景下对旅游文创产品创新设计开发的相关内容进行研究和探讨，并提出一些创新设计的思路和见解。全书简要介绍了旅游文创产品的概念界定、产品属性及内在价值。通过对比国内外发展现状，分析旅游文创产品现阶段存在的问题与不足，提出一些行之有效的设计策略、设计原则及方法。本书对旅游文化进行详细梳理，并在挖掘提炼其文化元素特征的基础上，简要阐述了旅游文创产品设计开发的关键流程，并分享了部分设计实践案例。全书理论联系实际，强调旅游文创产品设计开发应注重功能创新和文化传导，凸显凝聚在产品中的内在情感与精神意境。

本书注重旅游文创产品设计实践过程，是在大量旅游文创产品设计开发的基础上总结而来的设计经验，对于设计师进行文创产品设计实践具有一定的参考价值。同时，帮助旅游文创产品爱好者更加深刻地理解旅游文创产品设计开发的内在逻辑，领悟旅游文创产品的内在价值和社会意义，促进文化保护与传承。

图书在版编目（CIP）数据

旅游文创产品设计研究 / 滕水生著. -- 北京：中国纺织出版社有限公司，2024. 10. -- ISBN 978-7-5229 -2107-5

Ⅰ. F590. 63

中国国家版本馆 CIP 数据核字第 2024DP8904 号

责任编辑：宗　静　　特约编辑：杨　光
责任校对：寇晨晨　　责任印制：王艳丽

中国纺织出版社有限公司出版发行
地址：北京市朝阳区百子湾东里 A407 号楼　邮政编码：100124
销售电话：010—67004422　传真：010—87155801
http://www.c-textilep.com
中国纺织出版社天猫旗舰店
官方微博 http://weibo.com/2119887771
三河市宏盛印务有限公司印刷　各地新华书店经销
2024 年 10 月第 1 版第 1 次印刷
开本：787×1092　1/16　印张：10.25　彩插：16 页
字数：200 千字　定价：78.00 元

前言

本书是嘉兴大学浙江省红色文化研究与传承协同创新中心课题"红船精神文化创意产品深度开发与设计转化研究"（项目号：WYZB202222）的结项成果。本书围绕旅游文创产品的深度开发与设计转化为中心展开研究，章节部分内容阐述了红船精神文化创意产品设计研究。在国家大力推进发展文化旅游产业的背景下，文化旅游成为国内旅游的重要内容，备受游客关注，发展迅速，与之相伴的旅游文创产品设计开发飞速发展。与此同时，由于国内旅游文创产品的发展历程较短，缺少积淀，未能形成丰富有效的设计理论研究成果来支撑旅游文创产品的设计开发。本书以旅游文创产品设计的基本流程为线索，阐述了设计开发各个阶段的主要内容，提出了旅游文创产品设计的可用性策略及创新基本原则与方法，力求为旅游文创产品的深度开发与设计转化探索一种有效途径和方法，丰富文化旅游市场的产品类别与数量，提升旅游文创产品的文化内在。全书包括五部分：第一部分重点分析了旅游文创产品现状；第二部分深入挖掘旅游文创产品设计策略；第三部分详细阐述了旅游文创产品创新设计原则及方法；第四部分简述了旅游文创产品设计程序；第五部分分享了旅游文创产品设计实践。

第一部分对旅游文创产品的现状进行了分析研究。旅游文创产品是伴随着文化旅游产业繁荣而迅速发展起来的产品类别，与一般的文创产品不同，其设计开发的目标对象是各个旅游景区的文化，是相对具象化的文化细分。然而旅游文创产品的设计开发周期较长，这使其具有一定的市场滞后性，导致无论是在数量与品类，还是发展规模，都无法有效地满足文化旅游市场的需求。游客对于旅游文创产品需求的现实使该类产品具有广阔的发展空间和增长潜力。在这个章节中主要阐述了旅游文创产品的范围界定，国外旅游文创产品的发展现状，国内旅游文创产品的发展现状，旅游文创产品具有的属性与价值等内容。首先，旅游文创产品是以旅游中的各种文化资源为要素而设计开发出来的全新产品，目的是更好地承载与传播文化精神内涵，让游客记录旅游过程中的美好瞬间，产生情感共鸣。因此，在旅游文创产品的界定中需要充分考虑旅游环境与文化承载这两个方面的特殊需要。其次，通过分析研究国外旅游文创产品发展的现状，列举了国外相对具有影响力的旅游文化创意产品，并进行详细的分析阐述，总结出旅游文创产品设计开发的一般途径与方法。同时，在国外旅游文创产品的相关分析研究中可以看出，随着旅游产业的蓬勃发展，旅游文创产品市场规模发展迅速，前景广阔，已经逐步成为国家经济发展的重要补充，其旅游文创产品销售已经成为国家经济的重要支撑点。通过近几年的旅游相关数据分析，在文化旅游产业相对发达区域，旅游文创产品在市场流通中所产生的经济收入可达旅游产业总产值的40%~60%，具有很强的弹性发展空间。国内旅游文创产品占旅游业总产值的比重较小，一方面，中国文化旅游产业发展起步较晚；另一方面，旅游文创产品的自身发展存在着一些现实问题，未能有效支撑文化旅游产业的快速发展。再次，国内旅游文创产品现状调查研究中，发现存在多方面的问题，如市场发展规模普遍较小，无法形成集群效应；同质化严重，缺少文化特色；销售方式缺少独具特色的营销策略及手段等问题较为突出。本部分最后对旅游文创产品自身属性与价值进行了深入研究，总结出旅游文创产品内在属性包含功能性、文化性、纪念性、教育性和情感性这五个主要的属性，而旅游文创产品的价值则体现在其经济价值、社会价值以及精神文化价值这三个方面。

　　第二部分对旅游文创产品的可用性设计策略进行了详细探究。设计策略是所有产品设计开发的重要指南和规划，恰当有效的设计策略能够极大地提升产品创新开发的成功率。对于旅游文创产品的设计开发也是如此，需要深入挖掘、仔细研究、准确导入有效的设计策略，提升旅游文创产品的市场认可度，使旅游文创产品能够顺利地完成价值转换，在产生经济效应的同时，传播独特的文化内涵。设计策略是指设计实施过程中的对策与计划，是设计师对于产品设计创新的一些正向思考与探索。在旅游文创产品设计开发过程中，可以适当地借鉴其他类别产品设计的一些策略与方法，进行部分的改进与更新完善，从而形成旅游文创产品设计开发的可用性设计策略。本部分主要阐述以下几种可用性的设计策略：一是借用设计符号学理论与思想，利用"能指"与"所指"二分法理论和"再现体""对象""解释项"三分法理论，将目标文化的精神内涵转化成可以理解的图形与符号，从语意、语构、语用及语境这四个维度来构建旅游文创产品的功能与形式。二是心理学效应的恰当运用，从用户心理研究这个角度探索旅游文创产品的设计开发策略，对目标游客进行全方位的心理评估，帮助设计师提出更可靠、更有效的设计实施路径。三是产品设计情感理论运用，依次对马斯洛需求层次理论、李砚祖教授的设计三境界理论、唐纳德·诺曼的情感化设计三层次理论进行了分析和阐述，提出旅游文创产品设计的情感需求分析，并研究分析柳冠中教授的"设计事理学"理论与设计情感之间的内在联系，创新性地在"设计事理学"理论框架中探索旅游文创产品设计中的"情理"，总结出旅游文创产品设计中的情感理论应用规律。四是基于AHP层次分析法构建旅游文创产品设计的综合评价模型，依靠两两比较矩阵计算出各个指标要素对于旅游文创产品设计开发的权重值和优先级，挖掘设计中的关键指标要素，为后续的决策建议提供理论依据，指导旅游文创产品的设计开发。五是利用多感官设计理论，探索从视、听、嗅、味、触五个感官机能的刺激维度进行旅游文创产品的设计开发，强化游客对旅游文创产品的立体印象，总结出旅游文创产品的多感官设计流程。六是探索利用数字化技术促进旅游文创产品新形式的设计开发。科学技术的快速发展，打破了传统制造技术与工艺的限制，必然会促进不同形式和不同类别的旅游文创产品不断涌现，设计师需要顺应时代发展的潮流，勇于突破与创新，运用新技术、新工艺创造出全新的、更具特色的旅游文创产品。设计策略是旅游文创产品设计开发的一种重要理论指导和实现途径，随着设计理论与设计技术的不断进步与发展，设计策略也会不断更新与演变，对于不同形式的旅游文创产品的设计开发，可能需要运用不同的设计策略，甚至是多种设计策略组合运用，共同完成新产品的设计开发。因此，设计师应当重视设计策略的研究与总结，实时关注新的设计理论与设计方法，并将其转化成有效的设计策略应用到旅游文创产品的设计实践之中。

第三部分主要研究了旅游文创产品创新设计的原则及方法。传统意义上的原则是指必须遵守且不可逾越的底线，在很大程度上决定了事态发展的方向。而设计原则是指在为了达成某种预期设计目标，在设计实施的整个过程中需要遵循的某些规范或依据，确保新产品的设计开发朝着预期设定的目标延伸与发展。因此，设计原则其实是在产品更好地满足消费者需求的基础上，总结提炼出的一些关键设计指标，其核心宗旨是以人为本，解决目标人群的内在需求。在这部分内容中论述了旅游文创产品设计开发需要遵循的多个重要设计原则，包含功能创新原则、文化凸显原则、独特性原则、多样性原则、系列化原则、时尚性原则、便携性原则及环保性原则，目的是确保旅游文创产品的设计开发，更加符合旅游消费者的物质需求和心理需要，激发旅游消费者的购买欲望。同时，在对各个设计原则进行详细分析研究的基础上，提出了一些能够满足相应设计原则的设计方法与设计手段，期望能够指导旅游文创产品的设计开发。当然，这些设计原则并不是一成不变的，在特定的环境条件下，又或者是时代变迁的背景下，某些设计原则可以被打破或被忽略。

第四部分简述了旅游文创产品设计程序。在研究旅游文创产品可用性设计策略及创新设计原则与方法的基础上，简要阐述了旅游文创产品设计程序中的一些关键内容。主要包括目标旅游文化的梳理研究；对游客进行全方位的研究与分析；创意设计流程及产品化选择的分析评价。在目标旅游文化梳理研究中，重点阐述了"形"与"意"之间的辩证关系，强调"形与意合""由意化形"的设计提炼思路与方法；在游客研究中，重点分析了游客需求及游客对目标文化的理解，目的是挖掘旅游文创产品的设计切入点；在创意设计流程中，突出了文化承载载体的研究，论述了文化与设计载体的三种融合方式，即外在形象融合、行为方式融合及文化精神内核的融合，并对旅游文创产品的设计情绪版构建进行了简要论述；而产品化选择主要是对设计之后的阶段进行研究，即如何选择恰当的旅游文创产品设计方案进行后续的生产制造，从可行性、创新性与市场性三个维度进行了详细的论述。

第五部分分享了部分旅游文创产品的设计案例，并对每个设计案例进行了简要的设计说明，阐述了设计的初衷。

由于本人能力有限，设计作品并不完美，只是对书中设计研究的一种实践论证，望批评指正，提出宝贵意见。

滕水生

2024年3月

目录

1

旅游文创产品现状研究

1.1 旅游文创产品的范围界定

1.1.1 旅游文创产品的概念

旅游文创产品是以各种旅游文化资源为依托，以记录游客旅游经历、感受为目的设计开发出来的创新性产品。它主要包含两个方面的内容，一是以接受文化教育和洗礼为目的，来提升文化认同感、民族自豪感与历史责任感，具有较强的社会教育意义；二是以旅游为主要对象，拓展和延伸旅游的整个过程，具有强烈的纪念意义。

旅游文创产品创新开发主要受三个因素的影响与制约。第一个是旅游文化资源的独特性，包括文化的物质方面和非物质方面两个维度，这是旅游文创产品设计开发的重要源泉；第二个是受众人群的特征，主要是指游客对目标文化的理解与认知水平，这一因素直接影响旅游文创产品设计开发的成功率；第三个是设计师的能力，设计师需要拥有能够将设计创意与目标文化精神内核进行有机整合的能力，以此来创造出能够凸显文化精神内在且符合时代审美体验的全新旅游文创产品。设计师在旅游文创产品创新开发过程中扮演着极其重要的角色，是目标旅游文化与游客之间沟通交流的桥梁。通过设计师的理解，进行提炼、诠释和转化，将目标旅游文化的精神内在传达给游客，最终促进文化的传承、保护与发展，这是一个涉及子孙后代的社会工程。

旅游文创产品与其他类型的产品相比，既有相同之处，也存在诸多的不同。相同之处在于两者均具有产品的一般属性，需要努力实现其经济价值，产生经济效益，为社会经济发展贡献力量。不同之处在于，旅游文创产品具有更加多样化的内在属性和预期目标，主要表现在旅游文创产品不仅需要具有一般性的使用功能，更需要其通过对各种旅游文化资源的再塑造、再设计，具有的阐述文化历史事实、进行文化教育、传播文化知识的社会功能。旅游文创产品除具有纪念旅游过程的作用之外，还应当具有阐述文化历史渊源、进行文化教育学习，从而担负起文化保护与传承的独特功能。如果说旅游文化景区与景点的浏览、服务与项目的体验活动是现场性和短时性的文化认知行为，那么旅游文创产品则是高频率和长时性的文化感悟和学习的过程。例如在红色文化旅游中，游客不仅在现场体验了景区的红色革命精神，旅游结束后还能通过红色旅游文创产品继续接受革命传统教育和精神的洗礼。

研究认为，文化具有很强的趋同性和渗透性，因此，相邻区域的不同类型文化具有某种相似或相同的现象。例如，存在于特定空间环境中的红色文化，经过长时间的发展，可以与周边的自然景观、生态环境相融合，使具有独特特征的自然景观或人文建筑逐渐演变为红色文化的物质载体，从而使红色文化具有多种可感知的外在形式和鲜明的地域特色。如红色旅游文化景区中的花、草、石、木及人文建筑等都与红色文化相互融合，从而拓展了红色旅游文化资源，形成了丰富多样的红色物质文化载体，并在此基础上，创造出更加丰富的红色旅游文创产品，为游客带来更加多样的情境体验。例如，以具有明显地域特色的陕北安塞腰鼓为元素设计开发的旅游文创产品，蕴含着丰富的红色精神文化内涵，深受游客的喜爱。

随着时代的发展和科学技术的演变，旅游文创产品的形式变得多种多样，既可以是物质形态的文化载体，也可以是非物质形态的文化服务与体验。尤其是随着科学技术的不断革新，旅游文创产品呈现出与高新技术快速结合的发展趋势。例如，依靠虚拟现实技术和虚拟现实技术（VR）眼镜，可以用数字化的形式生动展示旅游文化景区的自然风光和历史渊源，让游客身临其境地参与其中，通过沉浸性、交互性、多感知性和自主性的直观感受，感悟文化底蕴，体验文化带来的无穷魅力。当然，结合新的数字化技术开发旅游文创产品需要旅游景区管理部门在前期投入一定的开发成本和时间，因此，对于一些规模较小的旅游景区来说具有一定的难度，但可以改变思路，如挖掘一些能够让游客参与其中的民俗活动和体验项目，引导游客与景区特色文化进行情感交流，寓教于游。

1.1.2　旅游文创产品与文化创意产品的关联

从产品类别来看，旅游文创产品属于文化创意产品的范畴。在设计开发过程中，文化的梳理研究和文化特征的挖掘提取有非常相似的研究技术过程。例如，在文化梳理研究阶段，是先将文化所包含的多个维度进行细分，从每个维度提取出其独特的基因特征，再进行特征捆绑、融合，转化成能够体现出该文化精神内核的新形式，如图案、符号或行为等。因此，在一些特殊情况下，文化创意产品能够直接代替旅游文创产品进入旅游产品市场，成为一款受游客喜爱的产品。但是，仔细分析可以发现，旅游文创产品与文化创意产品在诸多细节上依然存在着较大的差异性。

1.1.2.1　受众人群的差异

旅游文创产品的受众群体非常明确，即广大的旅游消费者；而文化创意产品的受众人群比较模糊，并没有非常清晰的人群定位。旅游使人们从一个熟悉的空间环境到一个陌生的空间环境，因此，这类人群的特征非常明显：从外部特征来看，游客一般会携带一些个人用品出行，常见的有行李箱、旅行背包等，同时，因为身处一个陌生的环境，游客对于自身周围的物品充满了好奇感和求知欲，尝试体验的欲望非常强烈；从内心情感来看，游客群体短暂地抛开了工作生活中的烦琐事情，脸上总是洋溢着喜悦和兴奋，旁人一眼就能看出其游客的身份。市场营销学认为，人们在心情舒畅的条件下，购买欲望非常强烈，容易产生非理性的消费，因此，游客群体的消费能力明显强于普通人群，是带动市场消费的主体。

1.1.2.2　产品功能属性的差异

旅游文创产品与文化创意产品相比，除了需要具有蕴含文化的内在属性，还需要具有旅游产品的一般属性。旅游产品是以满足游客旅游过程中的需求为背景进行设计开发的，因此，产品的功能定位、功能开发及创新都以满足游客在旅游过程中的具体需求为前提。例如，旅游纪念品是为了纪念旅游经历，馈赠亲朋好友；旅游生活用品是为了满足游客旅游过程中日常生活的需要；旅游辅助用品是为了帮助游客获得更好的旅游体验，解决旅游过程中可能出现的各种问题。由此可见，旅游产品是一个相对特殊的产品类别，是伴随旅游产业的发展而存在的，倘如离开旅游产业，部分旅游文创产品将失去其自身的价值意义，如旅游过程中常见的登山手杖，离开了登山这个情景的设定，其功能价值失去了存在的基础，所以，在登山旅游结束后会有回收这个环节。这一环节意义重大，一是可以实现登山辅助产品的再利用，节约资源、保护环境；二是可以让游客付出更少的费用，获得良好的旅游体验；三是体现了旅游景区人性化的服务管理水平，打造良好口碑，促进旅游产业的可持续发展。

1.1.2.3　承载情感的差异

相较于旅游文创产品，文化创意产品设计开发更像是一个灌输式的文化教育过程，它依据目标文化内核设计开发文创产品的外在形式等，向消费者传导文化精神内涵，提升文化知识，这个过程缺乏消费者情感的有效参与，是消费者被动接受的传导过程。旅游文创产品同样是以某种特定的文化内核为设计主体进行产品的设计开发，但不同的是，它以游客在旅行过程中的情感经历为设计对象，通过游客自身的情感反馈与旅游文创产品产生情感共鸣，再在这个基础上，进行文化精神内涵的传导，促进文化知识的学习，增进文化传承与保护。相关心理学者研究认为，情感是促进人主观能动性的重要因素。因此，可以推导出旅游文创产品对文化的传播和学习效果更好。

1.1.3　旅游文创产品的分类

20世纪90年代，国家技术监督局将旅游产品按照功能划分为五类，分别是纪念品、工艺品、日用品、食品及其他产品。随着时代发展及人们生活方式的改变，旅游业及旅游产品发展的日新月异，市场规模和产品种类均有了质的飞跃。为了符合游客需求的不断变化，旅游产品类别的划分需要，更精确。旅游文创产品以旅游文化资源为原型设计开发的全新产品，是文化创意产品中的一个特殊类别，具有旅游产品的一般属性。在旅游文创产品类别划分时需要参考一般旅游产品的划分依据，同时也需要考虑自身的特色。

在本章节的论述中，将旅游文创产品划分为六种类型，分别为：旅游文创纪念产品、旅游文创工业产品、旅游文创生活用品、旅游文创体验产品、旅游文创食品以及其他旅游相关产品。不同类型分别代表着不同的产品类别，有物质层面的产品类别，如旅游文创纪念产品、旅游文创工业产品、旅游文创生活用品、旅游文创食品及其他类别的旅游相关产品；也有非物质层面的产品类别，如旅游文创体验产品。

1.1.3.1 旅游文创纪念产品

旅游文创纪念产品是指能够对游客在文化旅游过程中的所见所闻形成一定纪念意义的相关产品。纪念产品多以具有收藏价值的工艺产品的形式存在，是能够充分展示旅游景区中文化资源、自然风貌、人文特征、地域特性，同时能够承载明确的文化精神内涵的特殊产品。其主要目的是向旁人展示旅游消费者曾到此一游，并通过观看和把玩该类文创产品，使游客回想起在景区游览过程中的情感经历、获得的新知识和感受到的文化内在。旅游文创纪念产品一般来说都是一些尺寸小、重量轻的产品，从而方便游客在旅行中携带。当然，随着人们消费方式的改变及物流行业的快速发展，这种传统的观念也逐渐被打破。旅游文创纪念产品的主要功能是纪念旅游的过程，旅游消费者对其物质层面的使用功能并没有严格的要求，技术含量较低，因此，成本相对低廉，能够吸引更广大的旅游消费群体。当前旅游产品市场上比较常见的旅游文创纪念产品设计是对旅游景区中核心文化资源的直接复刻或者是其轮廓的直接套用，设计过程比较简单，能够相对快速地投入旅游产品市场。例如，在红船文化旅游中，最重要的旅游文创纪念产品就是红船模型。它是将南湖红船按照一定的比例缩小，制作出与红船文物一模一样的摆件，各种大小不一的尺寸可供游客挑选；井冈山旅游文创纪念产品中比较常见的是井冈山红旗雕塑摆件，是将高达12米的井冈山红旗雕塑轮廓和形态完全复刻、缩小比例，制作成方便携带的纪念产品；延安旅游文创纪念产品多以宝塔山的轮廓图案为元素制作各类小巧轻便的纪念产品，如钥匙扣、冰箱贴等。由此可见，旅游文创纪念产品功能相对简单，摆件类的产品居多，是对旅游中核心文化资源的浅层次应用，并未进行深入的设计加工，从而有效地降低了成本，符合旅游文创产品市场的多元化需求。当然，随着科学技术的不断发展，旅游文创纪念产品也加入了一些符合时代发展的个性化定制功能。例如，利用数字化技术和快速成型技术，可以将游客自身的一些特征融入文创纪念产品设计之中，成为文创纪念产品形态创造的特色元素，增加旅游文创纪念产品的独特性和唯一性。

1.1.3.2 旅游文创工业产品

旅游文创工业产品是指依靠工业化生产制造形成的各种产品。随着中国生产技术的不断完善和提升，中国已经成为世界上最完整且规模最大的工业国家，工业体系已经相对成熟，具有非常强大的设计制造能力及完备的配套生产能力，工业化产品已经充斥人们生活的各个角落。文化旅游产业的不断发展，必然导致旅游文创产品市场持续壮大、游客需求不断增加。相信在不久的将来，旅游文创产品类别会非常庞大，能够满足人们工作和生活方方面面的需求，文化旅游和购物的联系更加紧密。因此，依靠工业化生产的旅游文创工业产品将成为未来旅游产品发展的主要趋势。工业产品的一个最大特征就是具有满足人们各种需求的实用功能。相对旅游文创纪念品来说，它的技术含量比较高，导致价格相对昂贵。因此，它所面对的游客消费群体范围略窄。例如，以旅游文化内涵为设计元素的电子产品、化妆品、科技产品，甚至可以是汽车这一类的高端产品，等。当然，对于这些具有高价值和高价格的旅游文创产品还需要旅游产品市场的培育，短时间内可能难以产生有效的经济产值，但不可否认的是，这是旅游文创产品未来发展的一个重要趋势。以中国优秀传统文化所展现出来的内在气质象征产品的高端品质，用工业化产品这个概念来提升旅游文创产品的单品价值，逐步改变旅游消费者对旅游文创纪念品价廉质低的传统认知，提升旅游产品经济在旅游业总产值的占比，为国家经济发展贡献一分力量。

1.1.3.3 旅游文创生活用品

旅游文创生活用品主要是指游客在旅游过程中购买的具有一定使用功能的生活用品。例如，旅游过程中的日用消费品及一些具有辅助功能的产品。旅游是人们从一个熟悉的地方到一个相对陌生的地方进行短期的生活、观光、体验。旅游不能像搬家一样，携带所有的生活物品。因此，在旅游过程中，游客必然需要购买各种各样的短期生活用品，可能是水杯这一类的私人用品，毛巾等洗漱用品，登山手杖之类的辅助旅游产品，还有可能是各种玩具产品等。总之，旅游文创生活用品包含的范围极其广泛，人们日常生活中可能用到的所有产品，都可以成为承载旅游文化内在的载体，并被再次设计开发后巧妙融入文化精神内涵。当然，旅游文创生活用品的设计开发同其他产品一样，需要以满足游客的切实需求为前提、解决游客面临的真实困难为最终设计目标。因此，即使在同一个文化区域，受不同季节、不同天气情况等外部因素，影响设计开发及销售的旅游文创生活用品也会不一样。

1.1.3.4 旅游文创体验产品

旅游文创体验产品是指具有一定体验价值、让游客获得良好体验的新型产品。它需要游客亲身参与其中，切身感受到体验过程的愉悦和新奇，感知蕴涵其中的文化内涵，来获得精神世界的满足。总体来说，旅游文创体验产品是非物质层面的体验或服务等，通过精神层面的文化内在传导，满足游客心理情感的需要。例如，游客通过，积极参与具有一定特色的民俗活动中的每一个具体阶段，获得新奇性的同时，感受到特色文化魅力，提升文化知识。在这种类型的旅游文创产品消费中，游客购买的是各种特色服务。又如，利用搭建完成的外在反馈设备，通过虚拟现实技术（VR）眼镜共同作用，依靠沉浸式、直观性的3D情景体验，身临其境地体验文化的起源与发展真实历史故事，对于这类文创体验产品，游客购买的商品内容是技术设备的租赁和独特的知识产权服务。

旅游文创体验产品是符合时代科学技术发展的一种全新的产品形式，深受当代年轻人的喜爱和追捧。这种利用数字化技术融合旅游文化内涵设计开发，形成震撼性情景体验和趣味性互动游戏等的旅游文创体验产品已逐渐被旅游消费者理解和接受。有效地再现宏大历史空间场景和历史英雄人物形象，在未来发展中必定会成为展示优秀文化精神内涵的一种重要形式。旅游文创体验产品在设计开发中需要注重游客的体验过程，突出产品的心理功能，使游客获得精神世界的满足，激发积极的情感反馈。

1.1.3.5　旅游文创食品

具有地域文化特色的食品是游客最愿意品尝和购买的旅游产品之一，这一产品能够让旅游消费者体验到与众不同的饮食文化，获得独具特色的味觉感官刺激、嗅觉感官刺激和视觉感官刺激等，从而形成难忘的旅游经历。"民以食为天"，在文化旅游过程中，食品是非常重要的物质内容之一。因此，在旅游文创食品的设计开发中，对具有文化内涵的特色食品进行深入挖掘，并进行一定的改良优化，同时对食品造型进行精心的设计开发，巧妙融入文化元素，是旅游文创食品设计开发的一个重要内容。例如，井冈山红米饭是红色文化旅游区域的特色食品，具有极其深厚的文化精神内涵，因与红色文化结缘而成为中国人心目中的贵重食品。旅游消费者购买特色食品时，更多的是为了满足自身的好奇心理，例如，豆汁是老北京独具特色的传统小吃，据记载有三百年的历史，味道独特，其他地域的人难以接受，但并不妨碍它成为一款网红产品，很多人都愿意尝试挑战一下自己的味蕾，感受蕴含其中的文化魅力，主动去探究其起源和发展及隐藏在文化背后的故事。总体来说，将具有明显地域特色和民族特色的食品作为旅游文创产品进行挖掘和设计的行为，在满足游客需求的同时，还让游客在不知不觉中领悟文化的独特意蕴。

1.1.3.6　其他类别的旅游相关产品

其他类别的旅游相关产品是指暂不属于以上几种类别，但和旅游过程确实存在一定联系的相关产品。随着时代发展和社会进步，必然会有新的旅游相关产品不断涌现，由于其全新的功能或崭新的特征，一时无法将其进行准确的类别划分，则可以归类为这个旅游文创产品类别。

1.2　国外旅游文创产品发展现状

旅游文创产品是旅游经济的后续延伸，旅游活动的兴盛必然会促进旅游文创产品的快速发展，形成旅游购物"一条龙"的模式。同时旅游文创产品的开发与销售对于一个地区旅游业的发展具有重要推动作用。国外旅游业发展较早，旅游景点的开发也相对比较成熟，旅游产品的设计与销售，是国家经济发展的重要补充，其所占的比重逐渐增加。另外旅游文创产品的研究与开发，是文化输出的一种重要手段，有利于民族文化在世界多样文化中崭露头角，并逐渐占有一席之地。据相关的文献数据查找分析显示，在全球旅游经济产值的组成部分中，旅游购物这一部分所占的百分比在逐年增长，说明文化旅游产业中旅游产品消费已逐渐成为旅游经济持续增长的重要因素。近几年来，各个国家和地区都非常重视旅游产品市场，并大力推进旅游产品的设计与开发，形成旅游购物的新模式。通过大量数据分析得出在文化旅游产业相对发达区域，旅游产品在市场流通中所产生的经济收入可达旅游业总产值40%~60%。例如，有"花园城市"之称的新加坡，旅游产品所占比例高达59.6%，美国占到54.7%，法国占到52.1%，中国香港特别行政区占到49.6%，即使是在旅游业处于发展中或者是旅游资源相对贫瘠的国家，其所占的百分比也可达到20%以上。如旅游资源比较贫瘠的日本，旅游产品购物收入在2000年的时候也能占到旅游总收入的31.5%左右。旅游产品购物的消费数值也非常可观。例如现有的数据记载显示，中国香港地区被称为旅游购物的天堂，购物消费的上升趋势非常明显。据最新的数据统计分析，内地游客在香港的人均消费可达近12000元，其中约65%花费在了旅游购物。旅游购物及旅游产品设计开发成为旅游产业繁荣发展的重要指标之一。因此，在整个旅游产业中，消费购物是最重要的一个环节，各个国家和地区都在研究如何刺激游客的购买欲望，提升购买行为频率。在现有的旅游文创产品研究中发现，欧美国家旅游产品的设计开发主要以本土文化为切入点，吸引游客关注，树立品牌形象，同时积极输出本国优秀文化，提升本土文化在世界文化中的地位，从而又能吸引更多的游客前来旅游，促进当地旅游经济的繁荣与发展。

1.2.1　法国

法国巴黎是全世界知名的时尚之都，区域内具有的风景名胜旅游资源相当丰富，每年都会吸引大量世界各地的游客。旅游产业的发达促使当地旅游产品市场繁荣，旅游经济强盛，游客能够买到包括奢侈品在内的各种各样的旅游产品。在风景名胜周围的旅游产品商店里，存放着大量以埃菲尔铁塔等知名景点为元素开发的各种旅游产品，种类达到百种之多，小巧玲珑，便于携带，深受游客们的喜爱。除了这些旅游产品，还有很多以本土文化为设计切入点的小工艺品也独具特色，例如，很多乡村至今保留着用传统手工艺制作陶器、玻璃制品及花边编织等的习惯，亦是富有浓厚法国乡村地方特色的旅游文创产品。

1.2.2　奥地利

奥地利得名于施华洛世奇公司的奥地利水晶，该地区打造了各种各样的水晶饰品作为旅游文创产品，增加了旅游经济收入的同时，也保护和延续了传统制作工艺。奥地利水晶并不是天然水晶，而是一种传统的铅玻璃工艺制品，即在制造玻璃的工艺技术上加入了铅的技术，产品出来后有一种水晶的质感。奥地利水晶颜色丰富，形状各异，佩戴起来像水晶一样闪闪发光，非常漂亮，因其制作工序复杂，利用天然材质作为原料，内含大量的氧化物，制作成本高，所以，用奥地利水晶做成的较大摆件很稀少，大部分都是做成较小的水晶饰品。例如，奥地利黑天鹅水晶饰品（图1-1），是以黑天鹅的优美轮廓形态为设计原型，利用奥地利水晶这种具有独特性的材料进行加工制作，形成深受游客喜爱的装饰挂件，既传播了当地的传统工艺技术，又让游客对当地特色文化有了更深入的了解。又例如，以世界著名作曲家沃尔夫冈·阿玛多伊斯·莫扎特直接命名的各种旅游产品，如莫扎特巧克力球（图1-2）、莫扎特香水和莫扎特磁盘等。这些产品打造具有一定知名度的旅游产品，在发展旅游经济的同时，也不断宣传着奥地利的民族文化。

图1-1　奥地利黑天鹅水晶饰品

图1-2　莫扎特巧克力球

1.2.3　西班牙

西班牙地处欧洲与非洲的交界处，风景独特，同时非常重视旅游产品的设计开发，每个景区景点的旅游产品不仅种类繁多，而且各有特色。各个景区或博物馆销售的旅游产品几乎都由自己设计、开发和制作，独具特色且唯一，在其他地方难以买到。各种手工艺品是西班牙的特色旅游产品之一，种类丰富，深受游客喜爱。例如，古城托莱多里的金银镶嵌饰品，是西班牙著名的传统工艺。这种将金银拉成细丝线，镶嵌在首饰、托盘和枪托上的古老工艺，曾深受西班牙王公贵族喜爱，在博物馆保存下来的文物中经常能够看到这种手工技艺。西班牙雅致瓷器是受游客喜爱的旅游产品之一，尤其是瓷器艺术爱好者将它视为瑰宝，它是将雕塑和陶瓷完美地融合在一起所制作的瓷偶，细节刻画精致，效果逼真。此外，蕾丝、阳伞和花卉的工艺也闻名全球。西班牙旅游产品的设计制作立足于本国传统工艺技术，是对传统工艺的生产性传承和生活性保护，在产生经济效应的同时，延续本民族的精湛技艺。

1.2.4 美国

美国是一个移民国家，其丰富的自然资源和多样的民族文化，使它成为极具吸引力的旅游国家，如大峡谷国家公园、黄石国家公园、夏威夷群岛和尼亚加拉瀑布等著名自然风景区。美国作为世界第一大经济体，旅游业发达，旅游产品经济收入占旅游总经济收入的比重非常高。美国建国时间短，历史文化积淀较少，旅游产品的设计与开发更趋向融合当代文化与技术。旅游产品中较多的是一些经过特别设计的小纪念品，如明信片、钥匙扣、冰箱贴等，当然也有一些著名建筑的仿制雕像，如自由女神像、金门大桥、渔人码头等。虽然国家历史短，但是美国是世界上文化输出占比最大的国家。早在美国历史初期，就产生了许多杰出的文学作家，如马克·吐温、尤金·奥尼尔、海明威、福克纳等，他们通过文学作品的方式影响着一代又一代世界青年的价值观。在当代，美国电影成为美国文化输出的最强手段，如好莱坞成为国际公认的美国电影产业故乡的代表，进入好莱坞几乎是所有演员的梦想。如美国漫威系列的电影，一直在向全世界输出美国的个人英雄主义价值观。与此同时，跟电影相关的周边产品属于文化产品的范畴，和旅游产品一样，促进着旅游经济的发展。

1.2.5 日本

日本是一个由东北向西南延伸的弧形岛国，东临太平洋，西隔东海、黄海、朝鲜海峡、日本海，海洋资源非常丰富，但是国土面积不大，旅游资源相对贫乏，著名景点包括豪德寺、大阪历史博物馆、名古屋乐高乐园、富士山等。日本是旅游资源匮乏的国家，因此对旅游产品深加工的要求非常高，重视打造精细化旅游产品，结合日本本土特色，将民族文化融入旅游产品设计制造中，为旅游产品增加文化属性，加大旅游产品的附加值。如日式偶人，种类很多，其将日本和服和艺伎文化进行深度结合，做工非常精细且别致，充分展示了日本民族文化的特色。日本的旅游产品非常讲究包装，有时候会发现，很豪华的包装里面却是很普通的一件小礼品。日本的品牌意识非常强烈，各旅游区都会以自身特征为设计元素，开发出与其他旅游景区差异较大的旅游产品，而且很多是现场销售，在别的地方很难买到。例如，以富士山为原型设计的钥匙扣，在富士山下的价格和山顶的价格差距很大，而且错过就很难再买到了❶。

1.2.6 韩国

韩国处于亚洲大陆东北部朝鲜半岛的南面，三面环海，是典型的半岛国家，海洋资源丰富。韩国和日本相似，旅游资源都比较匮乏。位于朝鲜半岛南部的济州岛是韩国面积最大的岛屿，被冠以蜜月之岛和浪漫之岛的美称，吸引着世界各地的游客，是韩国旅

---

❶ 陈爱梅. 世界旅游产品开发现状[J]. 当代经济，2007（24）：92-93.

游胜地。韩国旅游产品给人的普遍印象就是精致，旅游产品的设计精细到了每个细节，从色彩到造型，从材料到工艺，从主题到包装都精益求精，同时地域特色鲜明。例如被当地人传颂的石头爷爷，是济州岛上村庄的守护之神，蕴含许多代表祝福的美好意蕴。在这个由火山喷发而形成的岛屿上，到处散落着黑色的火山石，用这种火山石雕刻的石头爷爷具有很强的地域特色和民族特色，销量非常好，受到游客喜爱。同时，韩国的旅游产品中还蕴含着浓郁的本土文化，如穿着韩国传统服饰的人偶，承载本土民俗文化的太极扇，展示朝鲜民族歌舞文化的吉祥鼓等。韩国的旅游文创产品设计与其民族文化深度融合，宣扬了其民族文化，迎合了游客的审美需要，拓宽了旅游产品的开发途径，有利旅游产品市场的繁荣发展。

总之，在欧美日韩的旅游文创产品设计开发中，非常注重功能创新、主题传达和本土文化传播。旅游文创产品不仅是旅游产业的重要内容、旅游经济发展的重要支撑，同时还是地域文化与本土民俗文化宣传的重要渠道。在设计时应该注重将地域文化、民俗文化与旅游文创产品相结合，开发蕴含深层次文化内涵和符合时代审美价值的旅游产品，输出民族文化，提升文化自信。

1.3 国内旅游文创产品发展现状

随着中国社会经济结构的转型发展，旅游产业经济逐步展现出重要的作用，成为社会经济稳定与繁荣发展的重要基石。文化旅游快速发展很大程度上促进了与旅游产业息息相关的旅游产品经济发展，且上升空间依然巨大。国际公认旅游产品销售占旅游总收入的30%是达标的，而中国只占到20%左右的比例，远远落后于国际旅游行业的平均发展水平，还有待于深入开发。一方面是中国文化旅游产业发展起步较晚，另一方面是旅游文创产品自身发展存在着一些现实问题，市场规模还有待提升，从而未能有效支撑文化旅游产业的快速发展。随着文化旅游成为国内旅游的热点，旅游文创产品经济的发展如日中天，其所占旅游经济的比重正在稳步提升，在不久的将来，必然会与发达国家的水平持平。

文化旅游是中国旅游产业发展的新方向，也是中国旅游现代化发展的一个重要内容。随着国家推进文化旅游战略，红色文化旅游迅速发展，但是旅游文创产品的发展却跟不上时代发展步伐，无法满足文化旅游产业的需要。旅游文创产品作为一种特殊的产品类别，与其他产品存在明显的差异性。它既要凸显目标文化的独特内涵，又要与地域文化、民族文化相融合。旅游文创产品还是具有强烈纪念价值的情感产品，是烙印着目标文化旅游景点独特印记的各种用品和艺术品，能够体现目标文化旅游区域的环境风貌和人文习俗，承载一段难以忘却的旅游经历与体验，具有很好的保存与收藏价值。而旅游市场上现有的诸多旅游文创产品暴露出具有一定共性的问题，对旅游文创产品市场的发展壮大产生了不小的阻力，无法有效激发游客的强烈购买欲望，长远来看，严重影响了其对文化旅游经济发展的应有贡献。

1.3.1 急功近利思想比较严重

急功近利指的是完全不顾当下存在的具体困难而急于追求成效，贪图眼前的短期利益。最早出自于汉朝董仲舒的《春秋繁露·对胶西王》："仁人者正其道不谋其利，修其理不急其功。"其要告诫世人，做任何事情要想取得成功，必须要有合理的规划和长远的打算，不能急于求成，只注重眼前的短期利益。"正其义不谋其利，明其道不计其功"才是能大行其道的成功者。一个社会倘若盛行急功近利之风气，必将加深人们的精神危机，最终会导致民众道德修养出现整体滑坡，对整个社会的可持续发展必然会带来不利的影响。

思想决定成败，思想是事情能否获得成功的关键因素。旅游文创产品设计开发有严谨且有序的过程，需要避免急功近利的思想，沉下心来深入研究文化内在意蕴，挖掘其特征元素，在符合游客时代审美需要的基础上，找到最佳的创新主题作为融合的结合点进行深度设计开发，并在旅游产品市场的不断验证中进行完善和改进，最终得到最适合景区需要的旅游文创产品。然而由于中国国情的特殊性，自上而下地推动往往是快速而有效的，在国家推动发展文化旅游战略的指导下，地方政府积极响应，大力发展文化旅游产业，使得文化旅游呈爆炸式的发展，在短时间内就有了较为显著的成效，各地都形成了具有一定知名度的文化旅游景区供游客进行浏览和学习。而与之配套的旅游文创产品因缺乏前期设计开发的充分分析和调查研究，导致产品的种类和数量均严重不足，无法撑起庞大的文化旅游消费市场。随着文化旅游产业的快速崛起，如果按照正常的产品设计开发时间周期已然来不及，只能用最简单最有效的方式，将大众化的普通旅游产品进行简单的贴牌处理，或者直接应用来充斥文化旅游产品市场。在这种急于求成思想的影响下，旅游文创产品的设计开发力度也大打折扣，导致各地旅游文创产品同质化严重，千篇一律，缺少旅游景区的独特印记，无法激起游客的购买欲望。随着各个地区逐渐重视旅游文创产品创新性与独特性，注重旅游文创产品的品牌效应，这种局面已经开始扭转，相信在不久的将来会有质的变化。

1.3.2 文创产品产业规模体系较小，整体设计感不足

旅游文创产品从属于文旅产业，其实质内容属于特殊文化创意产业的范畴。文化创意产业的核心是依靠人的大脑创造力和科学技术发展，对现有的优秀文化资源进行创造性转化与创新性发展，依靠知识产权的开发和运用，设计生产出高附加值的产品从而创造出社会财富、促进经济发展、增加社会就业等。知识密集、高附加值和高度融合性是

文化创意产业的三个主要特征。中国有五千多年的悠久历史，文明传承源远流长，蕴含的文化资源极其丰富，但是依靠文创产品的形式进行优秀文化传播与推广做得还不够，整体规模相对较小，与发达国家相比还存在着较大的差距，使得中国文化在世界文化输出中占比较小。近年来，随着中国社会与经济的快速发展，普通民众收入增加，消费结构从低层次的物质需求逐步转向更高层次的精神文化需求，从而推动了中国文化创意产业飞速发展。《中国文化创意行业发展深度调研与未来投资预测报告（2022—2029年）》指出，文化及其相关产业增加值不断提升，数据显示，2015—2021年中国文化及其相关产业增加值由27235亿元增长至44945亿元，对国内生产总值的贡献率也不断提升，占比由4.1%增长至4.43%，带动了与之相关的文化创意产业营收增长。2016—2021年我国文化及其相关产业营业收入由80314亿元增长至119064亿元，规模以上文化创意设计营业收入由9854亿元增长至19565亿元，占比由12.9%提升至16.4%。虽然国内文化创意产业发展迅速，但总体规模体系与欧美等发达国家相比，明显较弱，同时面临创意人才短缺、产业链不完善等问题，文化创意仍需规模提升、产业升级，才能保持健康发展的生命力。

文化创意产业是文化旅游产业发展的重要支撑，它的繁荣与否直接影响旅游文创产品经济所占的比重。旅游消费市场中现有的旅游文创产品类别与数量相对稀少且缺乏系统而整体的设计规划相比，略显杂乱无章，没有形成有效的集群效应，行业覆盖亦不全面，大量的旅游文创产品都是景区文化资源图案及轮廓的直接套用，并没有经过形态特征和文化内涵的深层次挖掘、提炼，是比较浅层次的设计应用。例如，一些钥匙扣、缩小的雕塑模型及一些平面印刷图案等，看上去极为平庸，缺乏更加深入的设计探索。而且由于前期的市场规划及政策导向跟不上文化旅游产业快速发展的步伐，使得与之相关的旅游文创产品产业未能得到社会各界的足够关注，没有形成文化创意产品的开发热潮。虽然近几年来快速跟上，但依然略显力不从心，短时间无法有效支撑文化旅游产业的蓬勃发展，文化旅游消费市场上旅游文创产品的设计感不强，更新迭代缓慢，各类问题凸显。与之相比，故宫博物院组建故宫文化创意研究院，集中设计力量推进故宫文创理论研究和实践探索，促进中国文化产业深入发展。故宫文化创意产品涉及类别广泛、主题突出、内涵明确、形式丰富多样且设计感十足，从办公用品到生活用具，再到艺术品摆件等，都与游客的需求密切相关，这对旅游文创产品的设计开发具有非常重要的参考意义，并为旅游文创产品的设计开发提供了宝贵的思路。

1.3.3　缺少文化内涵

在文化的梳理和分析研究中可知，文化的表征不仅仅只是图案和元素，还特指那些存在文化领域内人群的独特行为方式和生活礼仪，同时，文化所展现出的高层次精神世界追求也是其重要内在特征。在挖掘基因特征时，不仅要从文化的外在形象入手，同时还需要从文化中所蕴含的独特行为方式及其所追求的高尚精神内涵作为切入点。如此这般，才能对文化进行全方位研究和分析，准确提炼文化的基因特征。而市场上现有的旅游文创产品对文化的理解和传承依旧停留在图案和元素的复制应用层面，文化与产品的融合应用亦只是对造型或图案的简易借用，缺少更深层次的挖掘、探究其文化出处及内涵，艺术性和文化性没有得到很好的兼顾，设计出的旅游文创产品缺乏独特特色。近年来，随着国家战略的不断推动，文化旅游产业各方面发展都非常迅速，例如旅游生态环境越来越好，旅游相关的设施与设备越发齐全和完善，与文化旅游相关的体验活动也越来越丰富，具有强烈的文化教育意义。但是，在旅游文创产品市场上可以购买到的优秀旅游文创产品却依然较少，总结其原因，无非是对文化的外在形态及内在意蕴的研究还不够深入，对游客在旅游过程中的"痛点"挖掘不够细致和准确，导致文化的核心基因特征未能得到精确地提炼和转化应用，文化精神内核无法有效地在旅游产品中得以承载与传导，使得旅游文创产品设计开发如无源之水，缺乏牢固根基，只能是浅层次的形态复制，文化内涵与时代发展的步伐不能完全匹配，满足不了游客对文化的深层次需求。

1.3.4　缺乏与时俱进的创新性

旅游文创产品是目标文化感知、学习、传播及旅游体验经历的有效延伸，因此具有较强的文化传承性及文化制约性，即产品设计开发的流程框架已经相对稳定，在创新设计这个维度上不可避免地会受到一些既定的传统规则的影响和约束。但是随着新时代社会关键科学技术的进步与革新，例如，数字化技术、人工智能技术和信息化技术等先进科技给当今社会带来了飞跃式的发展，人们的工作与生活产生了翻天覆地的巨大变化。先进技术带来的创造力使旅游文创产品的创新设计成为理所当然、不可避免的事实，而且创新也是随时随地、无处不在的，只有通过不断的创造性转化和创新性发展，才能使旅游文创产品成为文化和地域风貌、人文风情的一个缩影和象征。总之，创新是文化不断进行自我完善，适应时代发展的重要手段。而现有的旅游文创产品造型较为简单，设计思维陈旧，缺少情感、情境等设计内容的深层次思考，无法精准适应当代游客对于旅游文创产品的功能性、时尚性、情感性等更高层次需求的变化。在设计开发中，需要与时俱进的创新精神来提升旅游文创产品的品质与内涵，激发游客购买欲望。而对于旅游文创产品来说，在满足文化传承与旅游纪念的前提下，挖掘游客的切实需要，创造全新的功能形式是非常重要的创新设计因素。具有好用、易用的创新使用功能，可以让游客在旅游之后的日常工作生活中频繁接触、使用购买的旅游文创产品，回想起旅游过程中的各种经历与体验，从而产生情感共鸣。

1.3.5　品质与质量较低

现有的部分旅游文创产品设计制造企业一味地追求经济利益，而忽视了旅游文创产品应该具有的可靠品质，使其呈现出粗制滥造、质量低下的现象，这与中国优秀传统文化精神内核严重不符，也会在一定程度上影响部分年轻游客对于中国传统文化的内在理解，长此以往，必然会降低游客对于旅游文创产品的信任感，需要相关部门予以重视，进行有效的监管。

国内文化旅游景区销售的旅游文创产品，做工粗糙，品质较低，有些甚至还存在严重的质量问题，而且还不重视产品外在包装的形象设计，很大程度上降低了游客的购买冲动，更为严重的是，质量低下的旅游文创产品对文化的教育意义产生了不好的负面影响，需要引起足够重视。出现这种现象的主要原因是有些文化旅游景区对于旅游产品的管理不够精细化，导致部分旅游产品经营者的经营理念落后，不重视游客的消费体验。

旅游文创产品消费多数情况下属于个人情感冲动下的非理性购买行为，游客投入购物行为的时间和精力有限，不会详细地观察旅游文创产品的各个细节，同时重复购买的可能性较低，导致旅游文创产品的生产经营者在短期利益的诱惑下，以带有欺骗性的销售观念为指导，降低产品品质，以换取低廉的产品生产成本，为赚取更大的经济利益而销售不合格的旅游产品。这种"杀鸡取卵"式的经营行为，对于当地文化旅游产业的发展极为不利，大大降低了游客的购物体验以及对旅游景区的好感度，形成不良口碑，对旅游文创产品市场的健康发展产生了不良影响。对于文化旅游来说，旅游文创产品是继旅游行为之后的文化教育延伸，良好的质量和品质本身就具有一种很好的文化象征意义。所以，现阶段大部分的文化旅游景区都设有专门的旅游产品销售区，规范旅游产品的销售行为，把控旅游产品的品质与质量。

1.3.6　销售方式落后，不重视营销策略

国内旅游文创产品的销售方式相对落后，同时比较单一。现有的销售方式大体分为两种。一种是文化旅游景区内规划的零售销售点，大体上分为旅游景区管理部门自办自营和个体承包经营两种类型。这种销售模式能够极大地方便游客购买，而且销售点一般设置在旅游景区内的出入口位置，纪念意义较强，能够激发游客的购买欲望。但无论是景区自办经营还是个体承包经营，其经营实力都相对有限，购物空间较小，购物环境比较简陋，旅游产品种类相对也较少，游客很难获得良好的购物体验。同时由于经营理念和观念比较保守，跟不上时代快速发展的需要，很难产生行之有效的营销策略，从而缺乏旅游产品的宣传促销手段，只能任由游客自己挑选购物，是一种被动经营的模式，销售成果往往不理想。另一种则是与旅行社密切合作的旅游文创产品销售专卖场所，选址一般会坐落在旅游景区附近，经营的场所空间比较大，购物环境较好，而且旅游产品非常丰富，可供游客选择的种类较多，促销手段多样，常有多种旅游产品的组合搭配销售，对游客有着较大的购买吸引力。但是旅游产品销售商需要与旅行社、导游等主体分享旅游产品销售产生的利润，使旅游文创产品的成本大幅度增加，价格偏离价值，一定程度上降低了游客的购物欲望。另外，因为定价不规范、折扣因人而异等原因，导致欺诈游客的现象时有发生，对旅游文创产品市场的稳步发展产生较大阻力。

旅游文创产品的营销策略是促进产品销售的重要手段。产品经营者以顾客的需要为出发点，根据以往的销售经验分析市场环境以及游客的消费心理，从而有计划地组

织各项经营活动，针对目标市场所采用一系列可控的促销手段，以提高销售成果为最终目的的活动。在国外旅游产品的销售中，会仔细研究游客的消费心理，设计一系列满足游客心理需求的环节，促进游客的购物心理。而在国内销售过程中，很少设计满足游客心理需求的营销活动，依然是传统销售观念，即明码标价、自愿购买的方式，整个购物过程中，经营者非常被动，游客也无法得到心理需求层次的自我实现，购物冲动大打折扣。

1.4　旅游文创产品属性

1.4.1　功能属性

功能是产品的基本属性，对于旅游文创产品亦是如此，即必须具有一定的使用价值，它是完成市场交换行为的根本基础。人们去交换某一件产品，首先考虑的就是产品对自己是否有用，如果没有用，则不会产生交换行为，所以，产品要想实现交换就必须得有用，而这里的有用则是指有使用价值。产品的使用价值是产品客观上就存在的，是产品的一种先天性属性。不具备使用价值的物品则不能称为产品，产品这个概念指的是可以用于相互交换的劳动产品，所以只要是产品就必须要具有使用价值，但反过来理解就不一定准确了，因为有使用价值的物品不一定是产品。例如，阳光和空气对于人来说非常重要，具有极强的使用价值，但它不是产品，因为阳光和空气是大自然的产物，不是依靠人的劳动而生产出来的产品。如果将新鲜空气用精美的容器包装好，然后跟另一个人交换，那么这个包装好的空气也可以称为产品，因为在包装的过程中人付出了劳动时间，产生了一定的社会价值。因此，使用价值在一定程度上反映出了人与自然之间的关系，而价值则体现出了产品生产者之间相互交换社会劳动的关系，即人与人之间的社会属性关系[1]。

所谓的使用价值可以包含狭义和广义两个范畴。狭义概念上的使用价值，单纯指的是产品物质上的功能，即可以使用它来辅助完成一件具体的事。例如，人都要喝水，这是一个很平常很普通的事件，而怎么能够很快速、很便利地喝到水，则需要有个产品来辅助完成这件事，而这个辅助产品所具有的功能就是狭义上的使用价值，当然这个产品可以是杯子、罐、壶，甚至是其他任何一件物品，只要能够很好地辅助

---

❶ 杨芳洲. 价值论[M]. 北京：中国社会科学出版社，2006：67-68.

完成喝水这件事即可。而广义上的使用价值则范围更宽泛，除了包含狭义上的功能性，还包括了精神意识上的有用性。例如，工艺艺术品具体的使用功能性并不强，但是它有精神上的审美价值，能够愉悦人的精神世界，丰富人的内心领域，同样具有价值。复杂劳动所具有的价值肯定大于简单劳动所具有的价值，精神领域的需求价值也常常大于物质层面的使用价值。又如，钻石本质上就是一块坚硬度很高的石头，似乎并没有多大的使用价值，但是它和爱情关联在一起，象征了牢不可破的情感，结婚的人都愿意购买，喜欢佩戴。这说明了人们总是愿意付出较高的代价来获取精神世界的满足。而人的精神需求又是随着社会的文化、文明和观念的发展而不断提升的。按照马克思价值理论，产品的价值并非由使用价值决定，而是由付出的社会劳动时间决定的，因需求而产生交换。市场价值是一个历史范畴，是社会发展演变过程中逐渐形成的。劳动产品能够成为产品，也是社会劳动转化为价值的表现，而交换价值除了受使用价值的影响，也会因产品的稀缺性而有所不同。例如，文物具有历史文化研究需求的稀缺性及不可复制性，所以非常昂贵。旅游文创产品隶属于产品概念的范畴之下，因此，必须要满足产品的基本属性，一定要有广义上的使用价值，要对人们有用。这里的有用可以是具备物质上的使用功能，也可以是精神领域的需求满足，当然如果能够两者间兼具，那自然是更好。旅游文创产品是旅游的附属产业，是旅游经济的重要支撑，也是繁荣旅游产业的重要延伸，做好旅游文创产品的设计研究，具有重要的价值意义。好的旅游文创产品应该在使用功能挖掘基础上注重人的精神领域对文化知识学习的需求。在旅游文创产品设计中，需要处理好使用功能与精神需求两个层次之间的逻辑关系。在现有的旅游文创产品中，往往直接追求人的精神领域需求，而对于使用功能这个物质领域地挖掘和开发不足，使旅游文创产品显得根基不牢，只有高高在上的精神价值，却缺乏接地气的物质上的使用价值，在一定程度上无法与游客的工作生活进行很好的融合。

总体来说，功能属性是旅游文创产品的基本属性，是旅游文创产品具有市场价值，能够进行市场交换的基础，也是游客愿意购买旅游文创产品的一个重要内容。在旅游文创产品的设计开发中，要注重创新功能属性的挖掘，提升游客对旅游文创产品的喜爱程度。

1.4.2 文化属性

文化属性一般指的是旅游文创产品在设计、制造及流通过程中所形成的独特人文价值。其表现为一种审美思想、道德观念、情感哲学，继而物化于产品之中，并伴随产品的流通交换而传导给旅游消费者。任何产品都是由人进行设计制造，经过人付出的社会劳动而形成的，可以用于市场交换的物品，人的社会属性给予了普通人学习文化的空间环境，而产品的生产制造是人的一种有意识的创造性活动，在产品成形的各个环节中，不可避免地会融入人的文化属性。产品的文化属性是客观存在的，产品是人类文化得以广泛传播的重要途径❶，只是在过去相当长的时间里，人们没有正视它的存在，未能充分认识到产品文化存在的意义。旅游文创产品作为文化的主要载体，除了具有基本的物质功能属性，还蕴含着极其浓厚的文化内在，这种特殊的文化属性融入旅游文创产品之中，可以增加产品的精神价值，满足消费者的心理需求。旅游文创产品与文化是密不可分的整体，它的流通不仅是人们物质需求的交换，还是精神意识上地交流碰撞，更是文化在不同个体之间的传导。例如，古代丝绸之路，是连接中西方的一条重要商道，本质上其实是凭借以丝绸为主要代表的蕴含着东方文化价值的中国产品与西方国家之间的文化艺术交流❷。产品文化的形成受民族习惯、宗教信仰、地域环境、社会习俗等因素影响。

旅游文创产品指的是由企业设计制造，于目标文化旅游景区内进行销售的具有一定纪念价值的各种产品。它承载当地文化内涵，展现地域人文风情的文化要素，是对文化资源再升级、再塑造，并进行恰当地物化设计，是具有极高文化附加值的创意产品。旅游文创产品的最显著特征就是文化特性，其概念中就蕴含了其独有的文化属性。旅游文创产品中的文化属性一般包含三层内容：一是游客对文化的自我理解与旅游文创产品外在整体形象之间的关联；二是旅游文创产品的质量与质量意识的价值主张；三是旅游文创产品设计中的文化元素。

首先，旅游文创产品中的文化属性不仅需要依靠产品的外在整体形象进行展示，同时也与游客对目标文化的自我理解程度的高低有着密切的关联。当游客接触到旅游文创产品时，首先映入眼中的就是产品的整体形象，而这种由整体形象产生的第一印象刺激，对旅游文创产品的成功与否有着至关重要的作用。当旅游文创产品的整体形象与游客对目标文化的自我理解完全吻合时，文化传导的过程非常顺畅，自然得到游客的喜爱，激起购买欲望。反之，与游客的自我理解不符，文化传导受阻，无法得到游客的情感认可，则大概率会是一个失败的旅游文创产品。

其次，产品质量与质量意识本身就是一种文化的内在属性，是一种价值主张。在产品美学领域中，价值主张是一种重要的产品文化。高质量是高品质的基础，是提升产品文化属性的一种内在要求。例如，美国斯坦福大学名誉教授詹姆斯·L.亚当斯所著的《好产品坏产品》一书中指出，不管是近年来致力于重新振兴制造业的美国，还是致力于从中国制造向中国创造转型的中国，都必须要重新审视产品质量的重要性，改变产品从制造到销售再到消费的整个链条，让产品更具品质，注重质量意识才能形成产品的更高层次文化属性。因此，质量意识很大程度上决定了旅游文创产品的质量，制约和影响形成产品高层次文化属性的质量行为。质量意识是一种企业文化意识，需要旅游文创产品设计制造企业从领导到最基层员工对质量及质量工作有一个正确的认知。对于旅游文创产品来说，质量和质量意识不仅关系到产品的安全可靠性，还关系到对其所承载的文化教

---

❶ 傅华. 论产品文化与价值传播[J]. 商业时代，2008（11）：9-11.
❷ 冯民生. 丝绸之路与中西美术交流——以克孜尔石窟壁画为例[J]. 民族艺术研究，2020（4）：111-117.

育意义的影响。

最后，旅游文创产品与其他类别产品相比，对于文化内在属性的要求更高，在创意、设计、制造、推广及销售的全过程中，不仅要追求其商业价值，更要充分地将象征着文化内涵的各种文化元素融入其中，增加独特的文化属性，凸显文化特征，达到文化教育学习的高要求，如此这般，旅游文创产品产业才能得到健康稳步地发展。旅游文创产品并不是一个独立的存在，要想更快更好地发展旅游文创产品产业，还必须有相关产业的支撑。例如，知识密集型的文化创意产业及能够生产高品质旅游产品的相关企业等，当然，必不可少的还需要知识产权的充分保护。旅游产品文化属性提升需要旅游景区对自身文化进行持续的挖掘提炼、丰富和传播，做好文化建设，提升知名度，形成更加鲜明的文化特色，从而使得旅游文创产品的设计开发可以获得更加丰富的文化元素，从而使文创产品的文化属性更加生动别致。

1.4.3　纪念属性

纪念的含义是对人、物或者某一个事件及现象的一种留恋和怀念的深层次情感。它既可当作一个动词，也可以作为一个名词。作为动词时，表示的是深切的怀念，是一个心理过程，如纪念某一个节日，某一个事件等；而作为名词时，则表示令人回忆和不舍的东西或者是难以忘怀的事物，是一个代名词，如朋友分别时相互之间所馈赠的礼物留作纪念等。现有的纪念性物品具有的类别丰富，如纪念性建筑、纪念性景观及纪念性产品等，承载着一段过往的历史，目的是让人们更好地记住一件重要的事情，或者一段难忘的经历。例如，古埃及的方尖碑是埃及人用来纪念对太阳神的崇拜，可以算作是宗教领域中纪念性建筑的开端之一。金字塔是世界上最大的纪念性陵墓建筑群，中国曲阜孔庙是世界上规模最大的纪念性建筑群等。对于产品来说，纪念性表现的是其艺术特征的美学范畴，可以反映深刻的社会现象、自然环境风貌、人文民俗，或者产品本身富有极强的创造性和时代性，具有很好的历史纪念价值，对审美的主体有着特殊意义。

旅游文创产品从属于旅游产业，承载的主体是旅游景区的文化内核及游客在游览进程中的经历。而旅游经历对于旅游爱好者来说是非常重要的回忆，是值得永远怀念的一个事件。而现代科学研究认为人的大脑容量是有上限的，因而能够储存的记忆也是有限的，不可能将所有的过往细节都保留在大脑中枢系统中，那么就需要一个承载物来帮助人们唤起过往的经历。而这个承载物就是在旅游景区所购买的旅游纪念产品，它能帮助游客回忆旅游过程中的所见所闻及喜、怒、哀、乐等情感，这也是其存在的价值和意义。纪念性是旅游文创产品的一个重要特征属性，也是它在市场受游客们追捧的一个重要原因。旅游文创产品凝聚着一次旅游的经历，能够在旅游行程结束之后的工作生活中的闲暇时间里唤起游客的旅游回忆，重温旅游过程中的美好，更重要的是能够使游客在回忆的过程中，再一次地感受到文化的精神洗礼，提升文化的相关知识，获得强大精神动力。纪念性功能的完美体现，需要在旅游文创产品的设计开发过程中与旅游景区有很强的关联性，可以融入旅游景区特有的文化资源、自然景观、人文民俗等，能够使游客有较明确的记忆识别性，使旅游文创产品成为旅游景区与游客内心世界交流的重要桥梁。

1.4.4 教育属性

教育的狭义概念是指教育机构专门组织的教育活动，而广义概念则是指所有能够提升人们的知识与技能，影响人们身心发展的社会活动。教育在社会中承担着非常重要的作用，一般意义上的教育是让人明白作为一个人需要对人类社会的责任和义务，是一种有目的、有组织、有计划，系统地传授知识和技术规范等的社会活动。教育的本质是有目的性地培养人的社会活动，主要表现为三点：一是教育是人类所独有的社会现象；二是教育是有意识、有目的、自觉地对受教育者进行知识的培养；三是存在教育者、受教育者及教育影响三种要素之间的关系。当代诗人、文化学者张修林在《谈教育》一文中谈道，所谓教育，本质应当是对社会文化的传授与传播。社会文化包含三个层次的内容，第一层是高层次文化，即那些抽象而看不到存在的，如社会哲学、美学和价值观念等；第二层是虽然看不到具体存在，但是能切实感受到它的结构与活动方式，比如政权及其机构；第三层则是表面文化，即能看得到又摸得到的物品或物质的文化。简单来讲，就是精神文化、物化文化和物质本身的文化。教育的目的其实就是让人接受各种有用的知识，以期望将这些知识进行吸收、转化，最终能够直接作用于社会，又或者以这些知识为基础，升华出新的知识，即发现和发明。前者是物理变化，接受知识的人就像一个装东西的容器，装进去的东西还是那几件东西，只不过从一个地方是换到了另一个地方，有了些许混杂，这可能就是人们常说的实用型技术人才；后者则更像是化学反应，接受的知识已经发生了质变，生成了更复杂的新东西，这类人才能够很好地掌握第一层次的文化，容易形成自己特有的思想、理念和方法。这很好地诠释了教育过程及教育结果，是从谋求个人的生存技能开始，逐步到谋求国家利益、民族利益、人类命运共同发展的高科技，用以造福人类社会。

教育功能是旅游文创产品除了经济功能和商业价值以外最重要的特性，能够促进人们身心健康发展，学习更多、更深层次的文化知识，认识到自身对社会主义现代化建设应尽的责任与义务。旅游文创产品的健康快速发展，有助于加强传统文化教育、爱国主义教育，促进人们的道德品格修养，树立正确的人生观、世界观和价值观，提升文化自信。例如，红色旅游文创产品中所承载的文化是以革命先辈们为代表的红色文化，充分展示了大无畏的牺牲精神和无私奉献精神，激励和教育着一代又一代的中华儿女，积极进取，勇于担当，为中华民族的伟大复兴贡献力量。

旅游文创产品的教育性具有含蓄、低调及长效的特征，其所承载的文化内涵是通过产品自身的品质以及独特的文化元素符号缓慢渗透、潜移默化地影响旅游消费者。相对于短期的旅游经历来说，旅游文创产品教育性的持续时间更长久且更有效。文化景区的游玩能够让游客快速而直观感受文化内涵，接受文化精神的洗礼，震撼而充实的景区文化内容会让游客在较短时间内升华自身的文化知识，而旅游文创产品是旅游活动之后的教育延伸，是旅游景区文化内涵与游客交流互动的有效媒介。具有教育功能的旅游文创产品伴随在游客日常的工作生活之中，时常在不经意间唤起他们在旅游经历中感受到的文化内在，能够有效地增强文化教育的实效性。

1.4.5　情感属性

情感在心理学的概念解释中指的是人们对客观事物是否很好满足自身需要而产生的态度体验。在心理学研究中认为，不管是情绪还是情感，其实都是作为主体人对客观存在的事物所表现出来的一种感受或体验，只不过情绪更偏向于独立个体方面的内容，而情感则着重于社会整体认知上的心理需求。情绪用于表达个人，而情感多用于表达群体，所以这两个概念还是存在一定的差异性，将两者混为一谈显然是不合适的。情感是生活现象与人的心理活动相互作用下而产生的一种感受，主要表现为四个方面的作用：一是人们适应生活的心理工具，用情感来对生活现实中的各种现象做出生理和心理的反馈，是对自身进行保护的一种行为；二是能够有效地激发心理活动和行为动机；三是人们心理活动的重要组织者；四是人们相互之间交流的一种重要手段。总之，情感在人们的日常生活中是无处不在的，人们处理生活的现象都是情感的外在表现。古语云，"人有七情六欲"，其实只是将人们生活中出现的复杂情感和欲望进行简单的划分，尝试掌握情感的一些基本规律。美国著名社会心理学家亚伯拉罕·马斯洛的需求层次理论中，将人的需求划分为生理需求、安全需求、社会需求、尊重需求和自我实现需求五个层次，其中，生理需求与安全需求是低层次的需求，主要指的是物质层面的需求；而社会需求、尊重需求和自我实现需求都属于高层次需求，是与情感密切相关的需求。可见在人们的社会生活中，追求自我情感的满足是人类推动社会发展的主要动因。

旅游文创产品并不是一个简单用于交换的物品，它承载着一个群体、一个民族、一个国家的社会价值观念和积极正向的精神文化，承载着促进人类社会和谐发展的情感功能，这就是它所具有的独特情感价值。旅游文创产品的情感属性也称之为它的"人格属性"。"人格属性"，顾名思义，就是旅游文创产品承载着游客群体对某些事物所包含的情感、气质、性格、需要、欲望、兴趣、理想、价值观及品质的诉求，是游客对旅游文创产品内在精神气质上的诉求。随着科学技术的快速发展，低层次的生理需求和安全需求已得到极度满足，从而开始向往更高层次的情感生活和生命体验。在这个背景之下，游客的购物需求由以前的功能性需求为主发展到情感性需求和功能性需求两者兼具，从满足基本的生活需要发展到彰显个人价值的需求。越来越多的旅游消费者，尤其是年轻的游客群体，他们所期望的旅游产品不仅是满足自身的实际需求，更重要的是能够彰显个性和价值观。因此，他们对于旅游文创产品的需求已经逐步从单纯的物质需求转变成物质与精神的共同需求。旅游文创产品已经更多地转变成为一种价值观与品位联系在一起的情感符号。

产品是由人们付出社会劳动时间而制造出来的用于交换的产品，而人总是带有情感地处理生活中的各种现象，那么在设计制造产品的过程中，不可避免地会融入情感。这种情感可以体现在产品的功能考究、质量与品质、形态与细节等方面。旅游文创产品拥有产品的各项属性特征的同时，还拥有自身的独具特色。在之前的阐述中可知，旅游产品最重要特征就是人们赋予了它纪念的使用价值，承载着游客的旅游经历和心理感受，是唤起游客留恋与不舍情感的关键因素。如何才能在旅游文创产品中有效地唤起游客的情感共鸣呢？那就需要在产品设计开发之初与游客进行有效沟通，调研了解游客在体验旅游景区文化内容时可能出现的各种情感特征，抓住游客的心理需求，挖掘触发情感共鸣的文化元素，并在设计中围绕游客的情感进行深度开发，将恰当的情感元素融入旅游文创产品设计开发之中，激发游客自身的心理活动和行为动机，从而有效刺激购买欲望，最终实现文化教育的无限延伸。所以旅游文创产品从诞生之初就带有独特的情感，这种情感是设计师赋予它的，同时又由它来传导给旅游消费者，从而达到情感共鸣。

1.5 旅游文创产品价值

1.5.1 经济价值

旅游文创产品属于一般商品的范畴，因此它必然符合市场的经济规律，具有一定的经济价值。旅游文创产品所具有的经济价值是指它对于人和社会在经济维度上的意义。产品价值及其一般规律是实现旅游文创产品市场经济价值的必然形式，即它的经济价值取决于其自身特有的使用价值，但同时也受供需关系的均衡影响。在文化旅游产业快速发展的时代背景下，旅游文创产品所产生的经济价值备受关注，是否能够有效地吸引游客购物已经成为衡量旅游业繁荣程度的一个重要指标。旅游购物是现阶段旅游活动中必不可少的重要环节，也是旅游经济收入的重要组成部分，相对于其他固定的旅游项目收入来说，旅游产品销售所产生的经济价值具有非常大的弹性空间，在一些特殊情况下，旅游购物可以远远超过旅游景区的门票收入。例如，杭州西湖景区除了一些特殊景点，全部取消门票，实行免费开放，为杭州带来了巨大的经济效应。西湖免费开放让游客数量成几何倍增，巨大的人流量为杭州带来了旅游相关行业的消费增长，提升经济活力。现如今杭州的游客数量很大部分要归功于西湖免费带来的效应，一个景区的免费开放，换来的是游客数量的暴增，景区购物消费的提升，城市住宿业的发展，餐饮业的发展等，这就是蝴蝶效应。从杭州西湖免费达成的效果来看，旅游产品所带来的经济价值具有无限的潜力，是一个极具弹性的经济增长极。大力发展旅游产品产业，激发游客的购买欲望，最大限度地实现旅游产品的经济价值，能够提升地区经济活力，为经济发展添砖加瓦。

旅游文创产品的经济价值能够有效促进革命老区经济社会的快速发展。例如，沂蒙革命根据地、川陕革命根据地及大别山革命老区等大部分是较偏远的地区，总体经济发展水平普遍较低。大力发展具有鲜明地域特色和民族特色的革命老区红色文化旅游业，开发具有高附加值的红色旅游文创产品，充分发挥旅游文创产品的经济价值来带动革命老区人民实现富足生活是现阶段最切实有效的方法与路径。利用红色旅游文创产品将革命老区的革命历史、革命文化和革命资源优势创造性地转化成为强有力的经济优势，促进当地经济结构改善和优化，培育出特色支柱产业，从而带动其他相关产业的发展，促进生态文明建设和资源环境保护，提高当地人民经济收入水平，为革命老区装上经济快速发展的引擎，注入强劲动力。

另外，随着文化旅游产业在国内发展壮大，旅游文创产品经济已经成为中国地方经济增长的重要支撑点。例如，在2023年10月，国庆节长假，各地旅游，尤其是红色文化旅游非常火爆，各景区内人山人海，旅游产品销售产生了庞大的经济价值，极大地增进了经济复苏的信心，为中国经济的发展注入了"强心剂"。与此同时，随着社会不断发展，国内居民收入水平不断攀升，民众的旅游消费支出逐年增长，对旅游景区文化建设和旅游产品设计开发提出了更高的要求，促使文化旅游相关产业进一步完善符合社会和时代发展的需求，调整优化旅游文创产品结构，更好地满足游客对于多样化、多元化、多类型产品的需要。旅游文创产品作为旅游经济的重要组成部分，是对文化资源的再设计和再创造，具有很高的附加经济价值。它对于支撑文化旅游业发展、推动文化旅游经济繁荣，开拓全新的文化旅游消费蓝海，有极其重要的作用。

1.5.2 社会价值

传统概念中的产品社会价值指的是产品的社会必要劳动时间决定了产品的价值。在这个概念中，社会价值是一个名词，特指由社会必要劳动时间所创造出来的产物。而对于旅游文创产品社会价值的理解，则主要指旅游文创产品为社会各个维度的发展进步带来的巨大贡献，包含了经济发展、人文关怀、社会进步和环境改善等综合价值体系，其最终宗旨是实现社会整体的可持续发展。旅游文创产品的社会价值主要体现在以下几个方面。

首先，旅游文创产品带来的经济效应能够有效促进产业现代化转化，调整优化经济结构，增加社会就业，缓和劳动力过剩的矛盾，维护社会安全稳定。旅游文创产品设计开发属于文化创意产业，需要大量专业技术人才利用自身所掌握的知识及天赋，将文化再创造，物化设计成各种产品。当然这对于从业人员的专业技术要求较高，能够吸纳受过专业教育和训练的高素质人才。例如，在现阶段，很多与设计艺术专业相关的高校毕业学生进入文化创意产业，从事旅游文创产品的创新性设计与开发，这也是当下旅游文创产品不断发展壮大的重要因素之一。另外，旅游文创产品的生产制造、经营销售是典型的劳动密集型产业，需要大量的从业人员，能够容纳社会过剩的劳动力，维护社会的稳定发展。与此同时，旅游文创产品所隶属的文化旅游产业非常庞大，在全国区域内分布广泛，对于社会过剩劳动力的吸收相对均衡，受益面更广。例如，很多中小城镇的从业人员在家附近的文化旅游景区就能生产或经营相关的旅游文创产品，不用长途奔波去到大城市工作，不仅工作与家庭能够兼顾，而且也能为家乡的经济发展贡献一分力量。最重要的是，旅游文创产品的发展必然会带动当地农业、食品工业、轻纺业、手工业、包装工业和商业的快速发展，促进地方经济繁荣发展，为产业结构的优化调整开辟新的途径。同时随着产业结构的不断完善与升级，又会带来更多的就业岗位，增加普通民众的经济收入，促进社会良性发展。

其次，旅游文创产品可以带动区域之间的交流与互助，促进社会文明健康发展。例如，红色文化是中国共产党领导最广大人民群众在进行革命斗争的过程中孕育而生的先进文化，因此，中国革命斗争是发生在全国范围内的实践活动，所涉及的区域范围极其广泛，各地都有大小不同规模的红色文化景区。红色文化旅游及其旅游文创产品促进了全国范围内各区域之间的交流与互动，促进了包括经济在内的各种社会要素的快速发展。尤其是经济发展相对比较落后的中西部区域，在国家各部门大力推进文化旅游战略的政策鼓舞下，红色文化旅游充分发挥后发优势，呈飞跃式发展，在一定程度上促进了当地社会文明程度的提升。众所周知，发展文化旅游业，首先需要建立良好的社会秩序，提高民众的文明认知，优化环境风貌才能吸引更多游客到来，带动当地经济的发展，而同时，经济的发展又能为当地社会文明的建设提供保障，是一个良性循环。在国家推动文化旅游战略之前，因为经济欠佳，社会相对闭塞，民众与外界缺乏有效的交流与互动，部分地区的社会文明程度确实存在一些问题，如社会治安不稳定、环境卫生较差、民众不良民俗等屡见不鲜，严重影响了社会的健康稳定发展。文化旅游带动旅游文创产品的发展，促进旅游经济兴盛，让当地民众意识到需要不断提升自身的认知水平，改变不良的民俗习惯，建立与人为善的社会秩序，才能最大程度地获得旅游带来的巨大经济效应，得到真真切切的实惠，提升自己的生活水平。所以，现在去到中西部地区的一些小县城，你会发现整个城镇的风貌与之前完全不一样，城市环境卫生大幅度改善，人民的认知水平得到提高，服务意识明显增强，民俗风貌得到了较大改善。虽然经济发展水平和东部沿海城市比起来还存在一定的差距，但是民众幸福感、获得感大幅度提升，让人眼前一亮。

再次，旅游文创产品有效保护中国社会文化多样性。中国地大物博，有着56个民族且分散于各个省份地区，每个民族都有着自己的独特文化习俗，而且在不同的地区又有不同的民俗习惯，文化多样性极其丰富。然而在社会现代化建设发展的几十年历程中，国家全力聚焦于经济发展，很多优秀传统文化逐渐消失，让人不禁唏嘘。一种文化的形成是多么的艰难和不易，需要长时间的积累与传承，而消失却很有可能发生在短时间内。例如，瑶绣又称瑶族刺绣，是广东省乳源瑶族自治县的民间传统艺术，有上千年历史的手工刺绣，入选第一批国家传统工艺振兴目录。瑶族刺绣历史源远流长，各种奇异的纹样和图案记载了瑶族起源与发展历史、宗教信仰、文化思想及独特的艺术审美等，是民族身份的重要符号，有着极其丰厚的研究价值。以乳源瑶族反面刺绣为代表的瑶族刺绣技艺极为复杂且独具特色，具有典型的地域特色和民族特色，然而由于缺乏有效的保护与传承，正面临着消失的风险。文化旅游产业的快速发展，极大地促进了旅游文创产品的设计开发，而旅游文创产品承载着鲜明的地域文化与民族文化特色。因此旅游文创产品快速发展极大地促进了中华优秀传统文化的传承与改良，有效保护了中国文化的多样性。例如，部分传统手工制品成为知名的旅游文创产品，不仅带来了较高的经济价值，同时，对逐渐消失的优秀传统民族文化起到了很好的生产性传承和生活性保护的作用。一些文化旅游景区内设置了特色民俗文化体验活动，在游览文化景点的同时，体验具有地域特色的民俗习惯，感悟民俗文化的内涵，在一定程度上是对民俗文化的传承与保护。民俗文化是中国传统文化的重要组成部分，是民间普通民众的风俗、习性、文化的统称，也泛指一个民族或者地区内集中居住的民众所创造、共享和传承的风俗习惯。民俗文化是在普通人民群众的生产生活过程中所形成的一系列非物质的内容，是构建中国文化多样性的重要元素。总之，旅游文创产品的发展对于中国文化多样性的保护具有非常重要的意义与价值。

最后，旅游文创产品促进共同富裕，构建良好产业环境。共同富裕是社会主义的本质要求，是中国式现代化的重要特征。共同富裕指的是全体人民通过劳动和相互支持，达到丰衣足食的水平，在消除两极分化和贫困的基础上实现普遍富裕。共同富裕并不是同时富裕，而是一部分地区可以先富起来，先富的帮助支持后富的人，逐步实现共同富裕，是部分到整体的富裕。社会共同富裕需要国家政策的引导与扶持，需要广大人民群众的辛勤劳动，还需要良好的产业布局和经济支持。因此各地利用好文化旅游快速发展这一时代契机，积极打造旅游文创产品产业，以旅游文创产品带动其他产业的发展，形成良好的产业布局，提升城乡居民收入水平，促进共同富裕。例如，发展文化旅游，将当地特色的农产品或者手工业产品积极融入旅游文创产品得创意设计中，推进农产品和文创产品协同开发，让农产品与手工业产品搭上文化旅游这艘大船，借船出海，既促进了文化的传播，又提升了乡镇居民的收入水平。以旅游文创产品促进共同富裕最重要的是打造文化旅游品牌效应，推动文化旅游产业向农副产品、民俗风情体验等旅游消费新业态进行延伸，促进社会均衡发展。

1.5.3　精神文化价值

大力设计开发旅游文创产品有利于促进和优化新时代下的爱国主义教育。当今中国社会已经快速步入全面建设小康、加快推进社会主义现代化建设的历史新征程。在国际变化新形势与社会发展新任务下，爱国主义教育的方式与方法亦迫切需要与时俱进的新方式，符合时代发展的需要。积极推动文化旅游，大力开发旅游文创产品，将新时代思政教育融入文化旅游景点的浏览过程中，结合到文化创意产品内。例如，红色旅游文创产品的本质就是以红色文化资源为设计原型，以红色文化精神内涵为设计源泉，将革命历史、革命教育、革命精神等内在意蕴凝聚于红色旅游文创产品上，并依靠商品市场准确传导给广大游客群体。有利于弘扬红色革命精神，传播社会先进文化，提高国人的思想道德素质，大幅度地增强爱国主义教育实效性，给人们提供革命知识的滋养，使精神获得鼓舞，思想得到升华，对中国社会主义现代化建设充满信心，积极投身于中华民族伟大复兴的事业之中。繁荣红色旅游文创产品市场，从产品流通使用的新维度引导最广大人民群众拥护中国共产党、增强忧患意识和家国情怀、坚定社会主义的理想信念，自觉抵制外部势力的侵扰，维护国家繁荣与稳定。同时蕴含革命精神内涵的红色旅游文创产品可以发扬光大老一辈革命家艰苦奋斗的精神，传承中华民族优良传统美德，为社会主义现代化建设提供强有力的精神力量。使全国人民始终保持昂扬向上的精神风貌，提高国民整体的思想道德水平，为中华民族伟大复兴事业贡献力量。

其次，旅游文创产品是新时代下保护和发展文化资源的重要方式，利用产品的设计开发加强对文化资源的生活性保护，有效巩固中国传统文化认同感。中国政府对于重要历史文化遗产的保护和传承非常重视，党的十六大强调扶持革命老区、少数民族自治地区、陆地边境地区及中西部欠发达地区的社会文化发展，筑牢思想文化基础，打造中国特色社会主义思想与文化的高地，而这些地区有着丰富的革命历史文化资源，是中华民族珍贵精神财富的聚集地。如何利用后发优势，转化文化资源价值是一个永恒的重要课题，而旅游文创产品的设计开发与广泛销售为历史文化资源的保护和利用提供了一个具体可行的路径。遍布于全国各个区域，尤其是存在于革命老区的纪念馆、革命遗址遗迹、烈士墓园等历史文化资源，是中国特色社会主义精神文化的重要承载主体。发展文化旅游，设计开发及销售各种各样的旅游文创产品，可以切实有效地促进保护、管理、宣传、利用这些丰富而珍贵的历史文化资源，从而强化和夯实中国特色社会主义精神文化阵地，弘扬与发展社会主义先进文化，改造落后文化，抵制腐朽文化，具有深远而重大的历史意义。

最后，旅游文创产品的繁荣与发展有助于坚定"四个自信"，增强"四个意识"。四个自信和四个意识是习近平总书记在庆祝中国共产党成立95周年大会上提出的关于社会主义精神文化建设的重要内容。四个自信、四个意识是一个有机的整体，既相对独立，又相辅相成，凸显了中国特色社会主义的文化根基、文化本质及文化理想。红色旅游文创产品是以革命历史中的红色文化资源作为设计的源泉，承载着革命历史文化与伟大革命精神，先天就属于中国特色社会主义文化的产物。红色旅游文创产品设计开发的初衷就是要弘扬中国先进文化，传播红色文化内涵，提升中华民族自信心。大力发展红色旅游文创产品市场，开发质量好、品质高、内涵足、主题鲜明的旅游文创产品，能够促进人们更深层地理解中国特色社会主义文化核心，引导人们崇尚红色文化，进而热爱中华优秀传统文化，提升本土文化自信。

2 旅游文创产品设计策略

旅游文创产品设计这个概念侧重在"文化"与"设计"这两个词语之上。"文化"是旅游产品所承载的主要特色，是凸显特殊性与独特性的重要标志，是区分产品种类的核心指标，在前文中已有详细的描述。"设计"则是产品从概念到方案再到最终生产全过程的主要内容，是一个极其复杂而烦琐的技术工作，涉及的范围特别广泛，因此在这个过程中需要采用一定的策略，遵循一定的方法和原则才能达到最终的预期目标，实现最终价值。设计的终极目标是人，需要秉承以人为本的核心思想，其承载的是具有社会属性的人所拥有的精神、思想及策略规划，其本质内容是创新，是对旧事物的革新与改变，是对未来社会的一种期望与憧憬。在科学技术不断发展的当下，设计及设计思维是推动社会进步与发展的重要因素之一，它引领时代不断朝前涌进。例如，在许多科技创新公司，设计部门是一个核心部门，是一个创新项目的发起者和策划者，承担了项目立项的大量前期工作，提出用户需求、技术需求和市场推广需求等核心要素，能够整合各种资源进行创新开发，推动企业不断发展。

旅游文创产品反映的是物质功能和精神追求相统一的文化要素综合体，是固有价值、文化价值、使用价值与体验价值的高度统一，大体可以分为三个类别，即物质产品、精神产品及服务。其中物质产品诸如日常生活中的食品、服装、各种工具等看得见摸得着的客观存在，精神产品诸如电影、音乐、书籍等精神领域的享受，而服务则专指一些行业提供的有价值的劳动，如餐饮服务、导购、理发等。旅游文创产品与一般概念的产品不同，可以是有形的产品，也可以是无形的产品，其目的是满足人们精神世界的追求，侧重的是文化属性的展示以及人们对于文化内涵的认知理解过程。当旅游文创产品所展示出来的精神文化属性与人们的认知理解相符合，则文化传导通畅，人们理解不存在阻碍，这样的文化产品才是成功的。因此，在旅游文创产品在设计开发过程中，不仅要了解文化，研究文化，还需要运用一些设计策略，掌握切实有效的设计方法。旅游文创产品隶属于文化创意产品这个大的范畴，主要是通过挖掘、分析、提炼文化元素，剖析文化内涵，以符合现代人生活形态和精神世界情感需求的新形式，转化成设计语言中的要素。旅游文创产品是文化旅游产业最直接明了、最有延伸性、最富有生命力和创造力的支撑。它设计研究的总体思路包含了文化研究、心理研究、美学研究和行为研究等四个方面的主要内容。

文化研究是文化创意产品设计开发的重要前提基础，其研究的重要内容是需要理清什么是文化。"刚柔交错，天文也；文明以止，人文也。观乎天文，以察时变，观乎人文，以化成天下。"出自《易经》之《贲卦》，意思是注重伦理道德，将教化推广于天下，让民众都能够按照确定的伦理道德进行生产与生活。在人类历史发展的传统观念中，认为文化是一种社会现象，它是在人类长期创造实践活动中凝聚而成的产物，同时它又是一种历史现象，是人类社会与历史发展长河中的积淀物。准确地说，文化凝结在物质之内又游离于物质之外，是可以被传承和传播的一种思维方式、价值观念、生活方式、行为规范、艺术文化、科学技术等。文化是人类相互之间可以进行交流，并得到普遍认可的一种意识形态，是对客观世界主观上的认知与经验的升华，本质是人类在不断自我认识、自我改造的过程中，在不断认识自然、改造自然的进程中，所创造出来并获得人类普遍认同和使用的符号（如文字、图像）与声音（如语言、音韵、音符）的体系总和。如近代国学大师梁漱溟所述，文化是一个民族生活的种种方面，总体概括为三个方面，一是精神生活方面，如宗教、艺术、哲学等；二是社会生活方面，如社会组织、伦理习惯、政治制度、经济关系等；三是物质生活方面，如衣食住行等。美国文化人类学家克罗伯和克拉克洪对文化做出了一个令多数学者都能够接受的定义，那就是文化是指人类修养的积累，认为文化由外显的和内隐的行为模式构成，这种行为模式通过象征符号而传递。因此，文化代表了人类群体的显著成就，包括在人造器物中的体现，而文化的核心部分则是传统观念，尤其是它们所具有的价值。文化体系一方面可以看作是人类活动的产物，另一方面也可以被当作进行下一步活动的决定因素。总体来说文化包含了物质的文化和非物质的文化两个维度，其中物质的文化是外显的，能看得见摸得着的文化实体，而非物质的文化则是内隐的，是游离于物质之外的意识形态，然而非物质的文化显得更为重要，因为它决定了物质文化的表现形式。例如，红色文化是文化的一个细分，符合文化的一般概念范畴，包含物质层面的红色文化、非物质方面的红色文化两个方面。因此，在红色文化的研究梳理中，需要从物质和非物质这两个维度进行研究和分析，并进行各自维度的元素提炼，然后再进行特征融合，最终形成中国红色文化的基因符号。文化除了两个维度划分之外，在现阶段研究中还可以将文化分为器物文化、行为文化和观念文化三种形态。其中器物文化属于物质层面的文化，是人们在物质生产生活资料的实践活动中所衍生出来的文化。行为文化指的是人类社会制度的约束，属于非物质文化，它反映在人与人之间的各种社会关系及人类自身的生活方式、生活礼仪等。观念文化是精神领域上的文化，属于非物质文化，它是以价值观或者文化价值体系为中心，包括理论观念、文化理想、文学艺术、宗教、伦理道德等。

心理研究是旅游文创产品设计开发过程中必不可少的关键环节，是有效传播文化内涵的重要技术支撑，其研究的主体是游客的心理。董其昌《画禅室随笔》中写道，"读万卷书，行万里路"，说明古人强调实践活动对于知识的梳理与总结具有非常重要的作用。读万卷书让自己的才识过人，行万里路让自己的所学知识能在生活中体现，同时增长见识，理论结合实际，学以致用。文化旅游是为了增长自己的知识，提升自己的眼界，获得精神的满足，同时文化旅游也是为了放松自己的情绪，体验不同的地域文化和民俗文化，追求新的刺激，因此，游客在进行旅游活动时，其内心世界是非常丰富的。旅游的本质就是从一个自己熟悉的地方去到一个不熟悉的地方进行短暂的生活，希望看到一些新鲜的事物，体验到不一样的风俗习惯，满足自身的猎奇心理。利用好游客的这种猎奇心理特征，在旅游文创产品的设计开发、经营销售过程中，满足游客对新鲜事物的好奇心，符合其心理预期，那么必然会激发游客的购买欲望，从而达到传播文化的作用。在现代旅游文创产品的开发设计中，常常将当地特有的地域文化、民俗文化进行融合设计，其目的与初衷就是满足旅游消费者的各种心理需要，让游客自己不断地去寻求符合自身预期的答案。

美学研究是对审美需求的深入分析，属于艺术范畴的研究，指结合设计的前提条件、可用材料、周围空间环境等要素进行创造活动时，应把握设计审美的一般规律，在产品中恰当地展现审美要素。爱美之心人皆有之，美好的事物总是能引起关注，得到偏爱，所以产品的视觉冲击力是促进购买行为发生的一个关键因素。旅游文创产品的美学研究包含了产品本身的功能美、材质美、形态美、色彩美及外在包装的视觉美等方方面面。对称美、均衡美、韵律美等中国传统美学思想对产品的设计开发具有很好的指导意义。符合时代审美是旅游文创产品进行设计开发的重要前提，尤其在物质条件极度充裕的当下，对美的追求成为一种精神领域的满足，亦是体现消费者独特品位的一种象征，因此在某些情况下，外在审美比使用功能更能激发游客的购买兴趣。

行为研究是对人的行为所进行的各项细致研究，行为研究的方法可分为观察法、访谈法、测验法和实验法，其中观察法是最常用的一种研究方法。对于旅游文创产品来说，研究对象主要是游客在进行文化旅游活动过程中所表现出来的一些具有特殊性、代表性的行为。人的行为受思想所支配，各种行为的产生一定有其内在因素，设计师通过观察，分析这些行为出现的原因和动机，并利用好这些原因和动机进行产品设计，去迎合游客的行为，从而触动游客的内心需要，产生有效的情感共鸣。一些大的品牌公司会定期地专门邀请一些用户体验员来使用和体验公司新开发的一些产品，通过多角度的摄像头，暗地观察和记录用户在操作产品过程中的行为细节，挖掘用户在使用新产品过程中存在的问题和缺陷，进行深入分析，优化产品的各项功能，同时为下一代产品的设计开发提供理论数据支撑。这个过程就是行为研究的典型案例，通过对用户行为的研究，挖掘产品设计开发的未来趋势。而在旅游文创产品的设计开发过程中，同样需要深入分析研究游客及其在旅游进程中的行为特征，通过定量研究和定性研究的方法，洞察设计需求点，开发能够打动旅游消费者的成功产品。

总体而言，文化研究、心理研究、审美研究及行为研究是旅游文创产品在设计开发过程中需要重点研究和解决的四个主要问题，而在每个问题的研究和探索中还需要引入更为精细、有效的策略与方法，支撑旅游文创产品实现预期的设计目标与价值。

2.1 基于符号学的文化基因特征挖掘提炼

文化基因特征挖掘提炼是一个复杂的技术过程，为了能够清晰地演示提炼路径，可以以红色文化为例。红色文化是中国共产党领导全国人民在艰苦卓绝的革命斗争过程中孕育而生且极具中国特色的先进文化，主要包含物质文化和非物质文化两个方面。其中物质层面的文化是客观存在于各个红色文化旅游景区，能够被游客浏览和感受到的文化表征，是看得见摸得着的文化。例如，革命斗争历史年代，共产党人遗留下来的各种红色文物、红色遗址遗迹以及高度凝聚红色文化精神内涵的纪念馆、纪念碑以及烈士陵园等。同时，红色文化还包含了游离于物质之外的非物质形式的革命精神，它虽然是以意识形态的方式存在于红色文化旅游景区中，但是游客身处其中时，是可以感受并领悟到的。相对于物质形态的红色文化来说，红色革命精神则更加高度概括了红色文化的本质与内涵，但是因为其是非物质的意识形态，过于简洁抽象而无法直观地观察和瞻仰，需要对其进行必要的形态提炼、诠释与转化，才能便于进行更好地传播与推广。红色文化基因特征提炼需要从物质层面和非物质层面这两个维度分别展开，对红色文化的可识别特征进行高度准确的概括和抽象，提取出最本质、最独有的特征元素，通过巧妙地有机融合，创造转化成新的图形或者符号，并用于红色旅游文创产品的整体设计之中，传播红色文化内涵。传统的特征提炼方法一般包括：夸大、简化、变形、解构、重组等，通过这些技术手段对红色文化特征进行深度挖掘和高度抽象，最终提炼出红色文化基因特征的图形或符号。

2.1.1　符号学思想

在符号学基本定义中，符号是信息进行快速、有效传播的一种手段，是简化认知事物的一种方法，包含了能指与所指两个方面的内容[1]。能指与所指是结构语言学中的一对研究范畴，能指是用以表示抽象概念的语言符号，所指则是语言符号所代表着的具体事物。总体来说，能指对应的是单词自身的词形或词音，所指则是对应着单词所要表示的某个对象或者某种意义。符号学作为一个与文化、思想、艺术等领域密切关联的人文社会学科，其研究的主体是事物符号的本质、符号的发展变化规律、符号的各种意义及符号与人类多种活动之间的关联性。符号学自诞生之初，就蕴含着独特的历史人文的内在特性，有着完全不一样的发展模式，不同地区、不同国家的文化传承不同而导致其发展路径呈现出各自不同的特征。具有五千多年历史文化积淀的中国对于符号学思维的运用炉火纯青，例如，中国古代的象形文字，传统文化中的图腾与礼仪等。同时中国是一个具有悠久符号学研究传统的国家，中华文化博大精深，具有非常丰富而独特的符号学学术资源。中华文化中蕴含的符号学研究资源包含了易学符号学、名学符号学、训诂学符号学、汉字符号学、《文心雕龙》符号学、佛教哲学符号学、术数符号学、典故符号学、古典文学符号学、艺术符号学、音韵符号学、人类符号学、马克思主义符号学等多个方面[2]。由此可见，符号学在中国的文化史上有着非常重要的地位，原本就是中国古代文人必修的知识点，只是未被人们总结归纳成一个学科门类。总而言之，符号学在中国文化历史传承中具有极其广泛的研究内容和肥沃的研究土壤。美国实用主义学家皮尔斯（Peirce，1931/1958）的符号学认为宇宙间充满符号，人的任何一个意识都是一个符号。中华传统文化中虽然没有明确的"符号"一说，

❶ 赵毅衡. 符号学：原理与推演[M]. 南京：南京大学出版社，2016：185.
❷ 王铭玉，王双燕.《符号学思想论》之说论[J]. 当代修辞学，2019（1）：36–42.

但是各种文化中却蕴含着"符号"内蕴，如字符、桃符、符瑞、符节等。先秦时期公孙龙所著《指物论》可以看作是中国最早的符号学专论。中国古代文人认为天、地、人三者之间存在着有机的联系，人与自然交流沟通的主要途径就是依靠各种各样符号，它是人接受自然信息的主要方式。例如，古人观天垂象而知凶吉，这其实就是符号学的核心思想。所以符号学研究的根本目的是帮助人类能更好地认知客观世界，更好地进行相互交际，以至于更好地改善和提高人类自身的生活水平。

当代公认的两个符号学体系分别是由索绪尔（Saussure，1915/1966）提出的与语言学关系非常密切的符号学二分法理论，以及由皮尔斯提出的与实用主义和逻辑学关系非常密切的包括"解释项"在内的符号学三分法理论。索绪尔和皮尔斯两位提出的符号学名称都用到了同一个古希腊文的名词semeion，对应的拉丁文为signo，带有静止的、有形的记号及标记本身等方面的含义，而用法上却有着非常明显的差异。semiologie是semeion与logos两个单词的组合，其本义应该是"semeion的解说或研究"，而semiotics则突出强调另一个古希腊词semiosis，其对应的含义是指示与关注，目的是描述一种动态的、有实施进程的指示行为，而非是单纯的一个记号或标记，当然若要很好实现这个动态的指示行为，需要明确用什么来指示、指示的是什么、如何准确指示这三个必要的问题。这三个问题恰好依次对应皮尔斯提出的符号三分理论元件，即再现体（representamen）、对象（object）和解释项（interpretant）。皮尔斯提出的符号学三个部分原则上是不可分割的有机整体，例如，人们在认知习惯中，通常最容易识别和使用的是符号本体，即那些在日常生活中所能感知到的承载着各种事实的符号或象征符号，属于皮尔斯符号学中的"再现体"范畴，而当人们在使用这些符号时，理所当然也是依从自身认知习惯出发的一种思考方式（可以理解为皮尔斯符号学中的"解释项"）意指了这个符号所表达或指示的某个事实或某种观念（即皮尔斯符号学中的"对象"）。可以这么说，通常人们是在无意识的状况下，使用作为再现体的符号来"简称"原本需要由再现体、对象、解释项三个部分构成的整个系统，即皮尔斯所提出的"符号动态过程"。严格来讲，皮尔斯的"符号学"应该称之为"符号过程学"会更加合理，而符号只是在过程中所必然要用到的载体。由此可见，符号过程更为重要，它的发生比符号本体构成更早，是一个隐性的思维成果，且人们认知符号所指之前，实际上要回到通常隐而不显的符号过程才能判断被识别和确定的符号是否有效。索绪尔和皮尔斯的符号学理论及思想，为设计学科中的特征符号提炼及符号转化提供了一套完整的理论和方法，有效地解决了设计师在设计过程中如何为产品注入灵魂的困扰。成功的产品通常都是有它自身的语意和语境，是可以传递和传导某种信息与情感，通过符号学思想在产品设计中的深入融合，可以有效地提升产品语意与语境的准确性，提升产品与消费者之间的有效沟通，甚至是情感的共鸣。

2.1.2　设计符号学的运用

设计学是通过创造图形或形态来传递其内在意蕴，与符号学关系极为密切，因此两者之间深度融合形成了设计符号学理论，符合设计师的思维模式、设计程序和方法手段，并广泛地运用于各类设计实践活动之中❶。在现有的设计符号学理论体系中认为一切经过设计技术手段而产出的结果都可以被看作是一种特定的符号，体现了能指与所指的统一，其中能指是设计表现形式，而所指是其蕴含的设计内在。设计符号学将产品分为了语意、语构、语用及语境这四个不同的维度，清晰而准确地反映出产品的形态、材质、色彩、纹理、功能、结构、性能等外在固有属性❷，同时深刻地折射出了产品所承载的内涵，如文化、艺术、情感、民俗、社会风气、人文故事等。总体来说，语意、语构、语用及语境这四个维度所包含的设计范畴有所差异，各有不同，但是它们之间是相互影响的一个有机系统，共同支撑、完成皮尔斯所提出符号学三分理论，即再现体、对象和解释项。

语意维度包含的产品语意有显性和隐性两个方面，即文化包含了两个维度，一个是看得见的物质本身，如文物、遗址等；而另一个是看不见的游离于物质之外的文化意识，如精神、传统等。旅游文创产品的显性语意是从造型形态本身反映文化的功能、艺术、文化与社会意义等；而隐性语意是从隐喻、内在的维度，深刻地诠释了文化背后所蕴含的内在属性，往往深藏于史料记载、社会学等专业领域，普通民众比较难于接触到，更不可能深刻地理解贯通。显性语意较多的存在于在各类文化景点、历史文物等，比较容易被复制、理解和传播；而隐性语意则较为概括含蓄，难以挖掘、提炼和传承。深入研究旅游文创产品的语意维度，需要将文化背后所蕴含的隐性语意借用显性化的设计技术手段准确地表现出来，从而增强旅游文创产品的理解力和传播力。

语构维度主要是挖掘探索文化的组织架构关系，包括文化的基本结构与文化的表现形式，是对文化价值展现及认知体验的构成原则。首先确定文化中各种资源的空间布局、位置、结构和比例等固有的基本要素；其次，用心设定文化的外在表现形式，例如视角、色彩、文字、符号、形态等；当在一个设计目标中涉及多个要素的文化元素时，需要深入研究并精确设定各个元素之间的构成逻辑，确保达到准确体现文化内涵的目的。研究文化语构，依靠文化元素解构、特征组合重构、形态联想与发散等设计技术手段，可以帮助设计师准确地将文化元素应用到旅游文创产品的创新设计之中，从而凸显出产品的独特性。

语境维度主要指的是文化设计语言所产生的空间环境，主要包括文化存在的环境以及游客使用旅游文创产品的环境等。文化的存在环境是特定且唯一的，研究文化语境需要深入研究与文化密切相关的地域自然环境、人文环境与社会民俗等。游客的使用环境则是包括承载旅游文创产品的场景、自然环境（如光线、温度、湿度、噪声等）及社会环境（如历史、人文、民俗等），它需要深入分析探究文化孕育产生的各种环境、历史背景及完整的经历，这对现代旅游文创产品的设计具有重要指导意义。

❶ 朱上上，罗仕鉴.产品设计中基于设计符号学的文物元素再造[J].浙江大学学报工学版，2013（11）：2065-2072.
❷ 蒋建武，邓嘉琳.长沙传统园林语义解读及传承应用[J].建筑工程技术与设计，2018（11）：4590-4591.

语用维度主要指的是文化设计语言的使用方式及传导模式，主要包括用户是如何认知理解文化内涵和用户自身知识文化背景对于理解过程的影响两个方面的内容。文化是在中国特定历史阶段产生和发展起来的先进内容，是中华民族强大的精神力量源泉，而文化相关产品的设计创造需要深刻解读这一特定历史背后的故事，发掘文化内涵，因此，分析游客是如何构建解读蕴含在文化背后深层次内涵的认知模型是重中之重，也是指导旅游文创产品设计的重要理论支撑。语用维度还要深入研究游客的特征，包括社会层次、文化背景及生活经历等，有助于帮助旅游消费者对于旅游文创产品精神内涵的深刻理解，提升文化认知深度和广度。

总体来说，设计符号学中语意、语构、语境与语用四个维度是一个相辅相成的有机整体，它将文化特征提炼的各个细节进行归类整理，为旅游文创产品设计提供了一个非常实用的技术方法和路线（图2-1）。在此框架内提炼文化基因特征，精炼文化符号，巧妙融入旅游文创产品创新设计之中，能够有效提升旅游产品的文化内涵，凸显文化特色，进而提升游客对旅游产品中文化内涵的理解与认知，增进情感的交流互动，切实有效发挥旅游文创产品应有的经济价值、社会价值及精神文化价值。

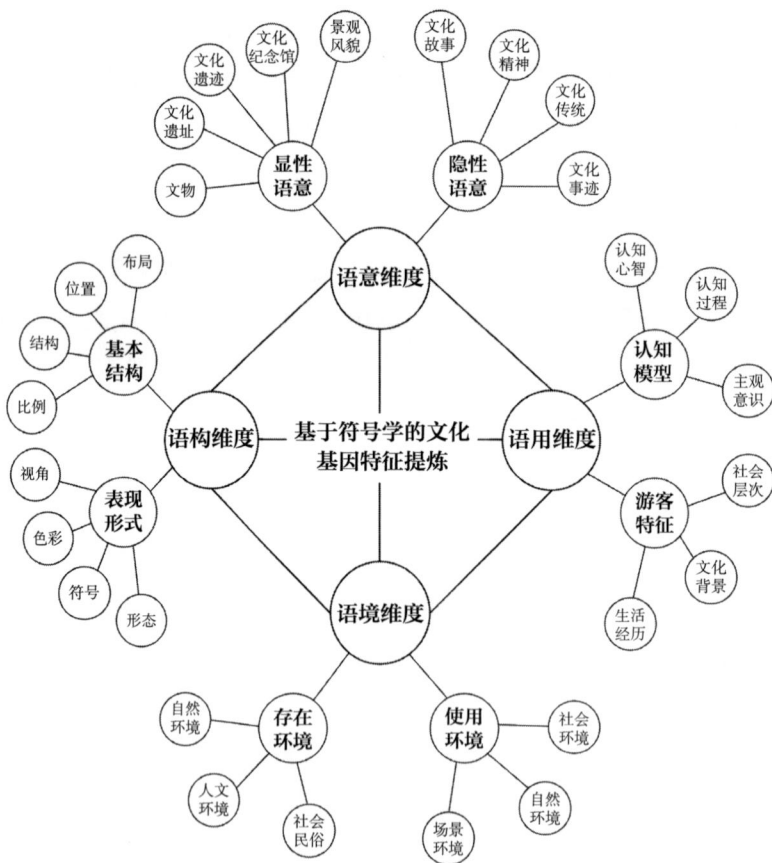

图2-1　基于符号学的文化基因特征提炼

2.1.3 文化基因符号特征提炼——以红船文化为例

2.1.3.1 红船的物质形态特征

停靠在嘉兴南湖湖心岛烟雨楼前湖面上的红船是中国共产党的摇篮，是中国革命斗争启航的圣地，具有浓厚的红色文化特征，凝聚了伟大的红船精神和建党精神，是中国红色文化的重要脉络节点。红船具有江南水乡船只的地域特色，既是大运河文化浙江段的产物，也是嘉兴人傍水而居，文化传承与发展的见证者。红船是一艘中型画舫，全船木质结构，长约16m，中间最大宽度约为3m，船身两头较中间略窄，俯视效果类似于椭圆形。红船结构分3个层次，自下而上依次为船壳、硬棚、顶棚。船壳排水产生浮力，承载重量，中间的硬棚是为乘船人提供舒适的乘坐空间，顶棚主要是为下层空间提供遮阳挡雨的功能。红船船体从前至后可分为船头、前舱、中舱、房舱、后舱及船尾六个部分，分别承担着游船生活功能的细分，同时在船壳的两侧还有各有一条边跳板，长度比船壳稍长一点，可以方便船家在硬棚之外走动和撑篙；在红船的中舱顶上斜放着两根桅杆，需要时可挂帆借助风力，同时在中舱顶上的两边各有一根边橹（图2-2）。前、中、房三舱均设有供游客观赏风景的窗口，尾舱敞开，供游客驻足远眺之用。顶棚分前顶棚、中顶棚及后顶棚，功能各异，形态各有千秋。其中前顶棚是纵向弧面弯曲，减少行驶中的风阻力；中顶棚是平顶，且分双层结构，有采光通风的效果；后顶棚是横向弧面弯曲，为远眺游客增大遮阳挡雨空间。

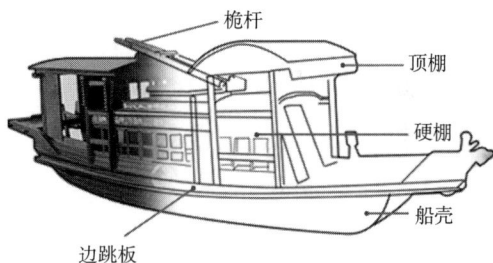

图2-2 红船及其结构特征

红船本身就具有极高的文物属性，它原本是嘉兴南湖上供游客游玩用的一艘中型画舫，造型独特，装饰纹样丰富，十分精美。红船有江南水乡船只的文化内涵，是吴越文化的承载物，也是中国历史文化的传承者。红船硬棚的上沿雕刻着精致的图案，有历史人物、花卉、动物等。其中有历史上比较有名的神话传说，包括"渔樵耕读""八仙过海"等，人物活灵活现、栩栩如生；还有许多幅历史人物典故雕刻作品，有"三顾茅庐""三英战吕布""关云长千里送皇嫂""赵子龙单骑救主"等，雕刻手法细腻，如妙如俏，具有极高的历史文化价值。红船文物反映了历史上吴越人民富足、安康的生活面貌，以及对美好生活的追求和向往，同时也衬托出了中国人民赞赏"忠义""英勇""坚韧"等精神品质的价值观。

2.1.3.2 社会意识形态下的红船符号特征提炼

红船具有社会意识形态下的红色文化特征。红船是中国革命的启航地，在这里，中共一大会议胜利召开，见证了中国共产党的成立，留下了毛泽东、董必武等诸多伟人的足迹。在南湖边、红船旁竖立着他们交流、宣誓的雕像，流传着他们的革命故事。红船精神成为与井冈山精神、长征精神、延安精神、西柏坡精神并列的革命精神，具有积极重要的特殊地位。中国革命的伟大历史赋予了它红色文化的基因特征，使其具有所有与新中国成立相关的红色符号特征内涵。作为红色文化的重要组成部分，红船受到来自全国各地游客的瞻仰。

在红船文化的旅游产品开发设计中，需要提取红船中的基因特征，让旅游产品具有其红色文化的本质，传承其精神文化内涵。红色文化不同于中国其他传统文化，是中国革命这段特殊的历史赋予了其文化内涵，未经过长时间的文化积淀和传承积累，人们还未形成与生俱来的认知观念，在基因加工提炼的过程中，单从轮廓形态特征出发是远远不够的，还需从社会共同认知的主观意识及文学延伸这两个更高层次的维度去分析研究并总结特征，才能真正意义上进行有效的红色特征基因提炼。

红船基因符号的提炼需要依靠设计符号学原理，从语意、语构、语境与语用四个维度去分析与提炼。红船客观形态的提炼其实就是文化语意维度与语构维度的设计提炼，需要从基本的整体形态特征及局部细节特征入手，从认知学角度出发，是将红船的基本特性、功能结构、关系三方面的属性识解为概念属性的过程。红船客观形态的特征提炼加工过程中，要用到形态提炼的基本原则。陆冀宁提出了提取客观形态特征的四条原则，即对主要特征与次要特征、整体特征与局部特征、点线面体特征、要素特征与关系特征这四个特征类别的取舍问题进行了详细阐述。在已有的形态特征提炼案例中，经典的莫过于毕加索对牛的形态特征加工提炼。红船形态特征加工需抓住主要特征，适当忽略次要特征，从整体组织结构出发，然后分析局部特征细节，不同层次的特征衔接在一起，构成相应的特征集合，完成客观形态特征的提炼。在具体的特征加工过程中，首先抓住整体轮廓特征，去掉红船客观形态中不必要的装饰性元素及局部细节特征，删繁就简，抽离出红船的主体架构线条；然后对抽离出来的主体架构线条特征进行分析研究，提炼出最具特色且最容易被认知的那一部分特征线进行强化和精炼，保持基因特征明确的基础上，进行恰当的语境维度和语用维度的修饰，完成红船物质形态特征的加工提炼。根据语意的显性维度分析，红船形态的侧面轮廓是整体主要特征中最凸显的方面，包括了顶棚的弧线形态、比例关系及船壳形态等特征的构成要素。同时因为功能分区的原因，使局部细节特征集中在硬棚区域，按照特征提炼原则，抓住红船整体形态中的顶棚与船壳两个主要特征，忽略部分硬棚区域的次要特征，构成特征组集（图2-3）。同时在特征加工精炼过程中，将红船形态特征进行自上而下地分解，或者是自下而上地重构，分析研究面向红船旅游文创产品设计开发中最恰当、最有效的特征基因符号。

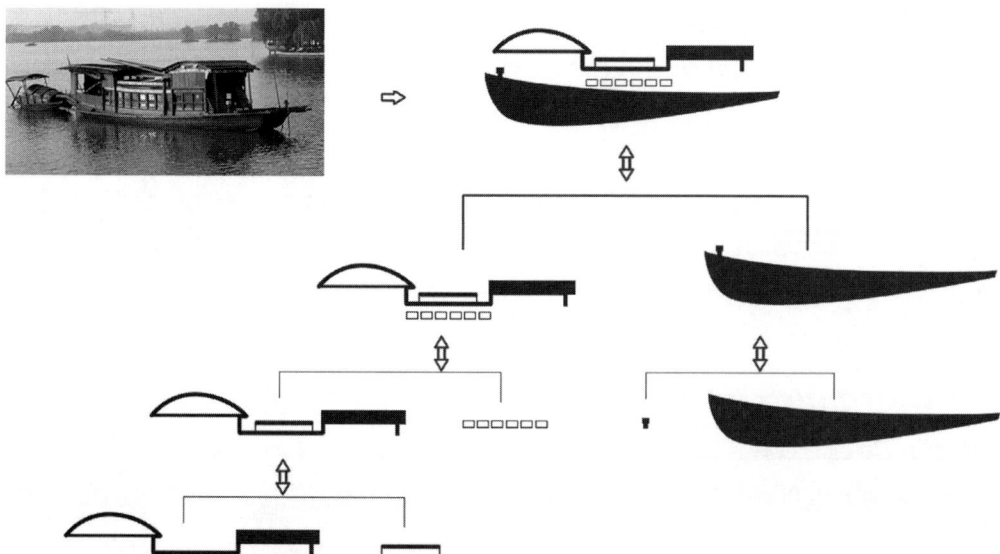

图2-3　红船客观形态特征提炼

　　语境维度与语用维度的特征提炼需要从社会主观意识这个角度去延伸研究。心理学家伯特伦·福勒认为人们在进行事物认知时或多或少带有主观意识。社会主观意识指的是社会主流人群对某一事物或者是某一个现象做出的集体意识反馈。在中国社会主观意识的共同认知中，嘉兴南湖红船是中国共产党的"母亲船"，是革命起航的地方。在红船特征基因的语境维度提炼中，需要斟酌社会主观意识共同认知的影响，恰当增加红色符号的特征，匹配社会主流人群对红船主观认知的需要，党徽、红五角星及火炬都是社会主观意识认知中代表着红色革命文化内涵的符号，虽然从红船的客观物质形态上来看，与这些符号及图案没有直接关系，但是从红色文化的语境来分析，它们之间存在着必然的内在关联。将这些符号及图案融入提炼的红船特征基因符号之中，将能起到画龙点睛的效果，使提炼过程事半功倍，更能优越体现红船的红色文化特征基因。红船虽然叫红船，事实上其整体呈暗红色，但是在社会主观意识的共同认知中，红船的颜色就应该是中国红，以至于现有的红船图案应用中，颜色几乎都是中国红，这一现象也印证了社会主观意识对于整体特征基因的提炼具有很大的影响力。

　　红船文化在文学维度上的传承延伸也是语用维度研究的重要内容。文学维度上的精炼及传承对于特征基因形成具有积极作用。在中华民族传统文化中，梅、兰、竹、菊是中国君子精神品质的物化，分别代表着傲、幽、坚、淡的品质，这是它们自身的本性使然，同时也是与历代的文人墨客、隐逸君子的赏识推崇不无关系。随着长时间文学推广及文化传承，形成了认知惯性，人们自然而然认同了它们所代表的内在品质基因，在现代产品设计中，亦会运用梅兰竹菊的一些客观形态特征来展现产品品质与性格。随着红色文化的推广，与红船有关的文学作品琳琅满目，总结归纳可以将红船在文学上的特征基因精炼为开拓进取、奋斗、无私、正义等精神品质。在红船旅游文创产品的设计开发中，用红船形态特征来隐喻产品品质及魅力，长久以往，红船形态基因必然与其在文学上的精神品质基因完美地融合，形成认知惯性，成为一种高尚精神品质的外在表征。

2.2 心理效应运用策略

心理效应是现代社会生活中比较常见的一种心理现象和一种客观存在规律，是人的某种行为或事物的某种作用，引起其他人或事物产生相应变化的因果反应或连锁反应。心理效应具有积极和消极两个互为相反方面的作用，运用恰当能够起到事半功倍的效果，反之，则受其拖累，事倍功半。在现代设计理论研究中，心理效应在产品设计中的作用已被广泛认可。在设计过程中，坚持心理效应原则，对目标用户进行全方位的心理评估，可以帮助设计师提出更可靠、更有效的设计解决方案。在旅游文创产品的设计开发中，设计师需要正确认识、充分理解、熟练掌握并准确利用设计中的各种心理效应，让游客能够被正向的心理效应所驱动，从而更加容易地理解、认同旅游产品中的文化内涵，引起情感共鸣，接受文化教育，最终促进旅游文创产品的销售，推动文化旅游经济的快速发展。

心理学效应应用范围极其广泛，内容非常丰富，在各个行业中都有自己常用的心理效应。在设计心理学理论中有近三十个被广泛应用的心理效应，包括首因效应、近因效应、旁观者效应、鸟笼效应、巴纳姆效应、社会认同效应、稀缺效应、暗示效应、罗森塔尔效应等。产品设计与产品营销是相辅相成的有机整体，心理效应在设计中的准确应用能够有效地引起消费者的情感认同，刺激消费者的购买行为，促进产品营销策略的有效展开；而营销学研究目标对象就是消费者群体，对于消费者心理的研究更加专业、深入、准确且有效，从而又能反哺设计学理论中的心理效应研究，所以设计心理学的研究理论很多都是借用了营销学的心理研究成果。总之，心理效应在产品设计开发到产品流通销售的整个过程中都具有非常重要的作用，只不过在不同的阶段，它所承担的角色会有所差别。在产品设计开发过程中，心理效应的应用并不是单一的，多数情况下是多个心理效应同时应用其中，共同推动产品设计方案的准确性和有效性。

2.2.1 首因心理效应

美国心理学家洛钦斯于1957年首先提出了首因效应，也叫首次效应、优先效应或第一印象效应，即人的初次印象对事件后续发展所产生的重要影响，也是人们常说的"先入为主"所带来的效果。在人们的日常生活中，也许第一印象并不准确，但却是最鲜明、最深刻的，并且能决定着事件发展的进程。例如，在人与人的交往过程中，如果在初次见面时就能留下良好印象，那么人们就愿意和他接近，彼此之间能够很快地取得相互了解，并会影响人们对他后续一系列行为和表现地理解和认同。相反，如果初次见面就引起对方的不适和反感，那么在后续的交往中，人们也会很冷漠，在一些极端的情况下，甚至会在心理上和实际行为中产生对抗状态。在认知心理学研究中认为，首因效应产生的主要原因是人们在初次接收外界信息刺激后所产生的第一印象，是构建大脑中枢系统记忆图库的核心基础，而随后接收到的与之相关的信息都是在这个核心基础上不断完善和充实，整合成一个更加全面的记忆图库。简单来说，这只是不断同化、吸收、整合的过程，即后续接收的信息会被人们重新编译，同化整合到由首次信息所构建的记忆结构图库中，因此，后续的信息刺激所产生的大脑反馈必然也会受到第一印象的影响，使新信息具有最初信息的属性印记。首因效应的本质是一种信息的优先级效应，当各种不同的信息，尤其是前后矛盾的信息纠葛在一起时，人的大脑中枢系统在进行分析处理时，更加侧重于相信初次获得的信息，习惯性地会认为它更为重要和准确。

首因效应在设计实践中具有重要应用价值，是一种非常实用的心理效应。在产品设计过程中充分研究和定位设计对象，努力挖掘和营造良好的产品初印象，利用首因效应给消费者留下好的口碑，对于提升产品的市场认可度具有重要的意义。例如在汽车行业中，人们普遍认为德系汽车质量更好，美系汽车油耗大，日系汽车比较省油，这些观念的形成其实就是受到首因效应的影响，从而形成了一种思维定式，纵然汽车行业已经发生了较大的变化，也很难改变大家的固有观念。因为前期输入的信息在大脑中播下一粒种子，渐渐长大，形成了一棵记忆的大树，而后续的输入信息则组成这棵大树的枝叶。

在旅游文创产品设计中，首因心理效应的应用尤为重要，能否恰当而准确地利用首因效应是文化内涵能否有效传导给游客的关键。首因效应形成的要素是旅游文创产品开发中需要挖掘和提炼的设计元素。首先需要充分研究景区所承载的文化主体内涵，分析出其所展现出的第一印象，这个初印象应该是该文化景区所独有的，且能够很好匹配游客的认知，既可以是物质形态的客观印象，也可以是非物质形态的文化感知。例如，南湖红船文化景区的初印象是就是红船的形态，所以在南湖红船文化景区销售的旅游产品，只要有船的形态和特征，游客潜意识里反馈的第一印象就是红船文创产品，哪怕这个船的形态与真的红船形态有所差别，也无关紧要，这就是"先入为主"的首因效应在支撑着这一行为特征。当然，如果离开了南湖红船景区这个环境因素的支撑，首因效应则会弱化，它能起到的作用则相当有限，消费者也不会第一印象就将船的符号形态关联到红船文化，这就需要设计师在对红船文化符号元素进行设计提炼和挖掘时充分利用人的首因效应原理，提高红船文化内涵传导的准确性。

首因效应在旅游文创产品设计开发中的运用，核心就是要挖掘游客的心理，研究其对于该类产品的初印象，并在产品设计开发过程中，运用设计的技术手段努力去匹配游客的这种印象，并加深这种记忆。基于首因效应的旅游文创产品设计，不仅需要对文化景区的独特特征进行挖掘和提炼，还需要对文化内涵本身进行分析研究，总结出人们对于该文化的第一印象，充分利用首因效应带来的正向引导。例如，红色文化是中国革命实践活动中孕育而来的先进文化，是革命先辈们抛头颅、洒热血，不畏牺牲，无私奉献的斗争过程中凝聚而成的精神力量。人们对于红色文化的第一印象就是象征热血的中国红、迎风飘扬的红旗、光芒闪耀的五角星、照亮道路的火把等符号。这些元素符号不再是简单的图形，而是经历过革命精神的千锤百炼，已经与红色文化融为一体，成为承载着红色文化内涵的烙印，深深地印刻在每一个中国人的心底。因此，在红色旅游文创产品创新设计的初期阶段，提炼文化景区特征的同时，需要将代表着红色文化内涵的符号或图形巧妙而恰当地融入其中，那么就能有效地激发游客的首因心理效应，从而很好地理解旅游产品中的红色文化内涵，实现旅游文化产品与游客之间的文化交流与沟通。之前提到的红船旅游文创产品，如果在设计开发中只是运用提炼的红船形态特征符号，在嘉兴南湖红船文化旅游景区周边，消费者能够因为环境带来的首因效应影响而认可其红色文化内涵；但是如果放在全国范围来说，也许消费者就无法将两者进行有效的关联，红色文化的传导就会受阻。所以，在红船文化特征符号提炼时，将红船物质客观形态与红色文化内涵本身的符号特征相关联，则能有效激起人们的首因效应，一眼就能认定其红色文化的内涵属性。又例如，井冈山文化景区，历史上中国文人对于山的特征与形态符号描述千篇一律，大同小异，但是山的形态符号中，一旦融入了红色精神内涵的图形与符号，那在人们的认知中，这就是抽象出来的井冈山特征符号，因为在中国人的心目中，井冈山是神圣而唯一的，它是"中国革命的摇篮"，是"中华人民共和国的奠基石"。

2.2.2 巴纳姆心理效应

巴纳姆效应是产品设计开发中经常用到的一种心理效应。心理学家伯特伦·福勒于1948年通过实验证明了巴纳姆效应的存在，并以美国马戏团著名艺人菲尼亚斯·泰勒·巴纳姆的名字命名。巴纳姆效应是一种普遍心理现象，简单来说是人在进行事物认知时或多或少总是带有个人的主观意识。福勒通过实验证明，人总是愿意相信一种笼统的人格描述来定义自己的特征，即使这些含糊不清且具有广泛含义的词语并不能准确地描述自己的个性特征，人们也会主动去寻找各种证据或条件，甚至改变自己的习性，让自己去符合那些广义的人格描述。巴纳姆效应存在的内在原因是源自于人的主观验证心理，而主观验证之所以能产生影响，是因为人们愿意去相信。例如，就算毫不相关的两件事情，人们也可以寻找到一个相对恰当的逻辑，让它能够符合自己最初的设想，这也合理诠释了人们常说的"越看越像"这一现象产生的内在因素，其实就是巴纳姆效应在不断地产生影响，最终打消了疑虑，说服了自己。在旅游文创产品设计中，借用巴纳姆效应这一心理学现象，准确把握游客认知文化景区的标志性特征及关键性文化内涵元素的内在逻辑，采用恰当方式应用到旅游产品设计开发之中，让游客在初次印象中就粗略识别其文化内在属性，在后续进一步的认知中，人的主观验证心理就会产生相应的积极效应，引导游客主动挖掘自我认知中的所有相关记忆，来支撑自己最初的认定结果，强化旅游文创产品的文化属性。反之，假如旅游文创产品的特征和元素符号与游客对目标文化景区的认知不符，必然导致巴纳姆效应产生消极影响，即旅游文创产品的文化属性得不到消费者的认同，沦落为失败的产品。

巴纳姆效应揭示了在进行旅游文创产品创新设计过程中要充分利用人的主观验证心理，让游客挖掘自身的认知惯性，去逐步认知旅游文创产品的特定文化内涵。满足一定功能需求的同时，要深入研究和精确挖掘目标文化景区的内涵特征，将创新设计的重心聚焦在易认知的标志性特征元素及符号的提炼及应用上，当然，并不意味着特征元素越多越好。长期的设计实践研究证明，文化创意产品具有的魅力值与目标文化的相似度并不成正比，而是到达一个临界点时，随着目标文化的特征和元素继续增多，文化创意产品偏向具象化、直白化，降低了消费者在思维层面的探索欲望，反而使得文化创意产品的魅力值减弱，最终趋向于稳定。这合理解释了一些文化景区内的仿制模型，虽然制作得非常精细，还原度很高，但是消费者购买欲望并不强烈的现象，例如，嘉兴南湖旁的红船仿制模型，虽然做工精致，但销售情况并不乐观。因此，借用巴纳姆心理效应对于旅游文创产品的设计开发具有重要的意义。

（1）基于巴纳姆效应的原理构建景区文化内涵挖掘策略，能有效提升旅游文创产品的创新活力，凸显文化特色。旅游文创产品的创新设计不仅需要具有易识别的物质形态特征元素，还需要对目标文化内涵特征进行有效的挖掘、解码及转化，使其能够容易被游客认知与理解，最终接受其文化内涵。例如，红船旅游文创产品的创新设计，依据巴纳姆效应的主观验证原理，游客接受红船文创产品文化内在属性的前提是能够快速识别并确认红船文化的一般特征，并产生主观验证心理活动，逐步强化这种认知。这就要求设计师在设计之初抓住游客对红船文化认知的活跃点，并在这个基础上进行文化特征分析研究，提炼出可以与之匹配的图案或符号，来迎合消费者对红船文化内涵的认知习惯，形成必要的认知桥梁。在产品设计范畴中，文化特征识别一般要经过抽取、解码、转码、认知四个过程。抽取过程是将目标文化中的一些特征符号或者图案加以提取并精炼至最简化；解码则是将这些抽取出来的精炼图案或者符号进行识别、注释的过程；转码是将目标文化的原生含义转化成符合当下时代能够理解的文化范畴，即用恰当手法转化成当下时代能够理解的符号或图案来代表目标文化的内在含义；而认知则相对简单，指转码后的符号或图案所代表的内在含义能够被大众所理解和识别。红船文化内涵特征提炼，重点是准确抽取出其承载文化的一般特征，并识解成大众容易理解的概念，依靠特定专业知识转化成符号或图案，被大家准确认知。红船文化是中国革命这段特殊历史赋予的文化内涵，是无数共产党人革命精神和意志的集中体现，是中国红色文化的重要组成部分。在精炼的红船形态特征中，恰当融入这些代表着红色革命文化内涵的符号或图案，将红船精神文化解码、转码成标志性符号，更好匹配游客对红船文化的认知习惯，更能优越展示出红船旅游文创产品的内在属性。在红船旅游文创产品创新设计开发过程中，首先要对红船形态特征及它所承载的文化内涵进行合理分析，其次需要对目标进行深入研究，找到两者之间最恰当的契合点，巧妙融入提炼的红船形态特征及文化内涵符号，并准确构建红船文化的情境语意，使游客认知过程轻松愉悦。红船形态特征符号与文化内涵符号两者在红船文创产品设计中相辅相成，缺一不可，两个维度的特征共同作用，清晰展示了产品属性，使游客在最短时间内识别并认可红船文创产品，触发消费者的主观验证心理，提升产品魅力。

（2）基于巴纳姆效应的旅游文创产品设计策略转变了设计师思维模式。传统的设计策略是从旅游产品出发，深挖旅游产品的功能与外观形态来匹配目标文化的内涵特征，尽可能地去符合与满足游客认知习惯，从而展示其承载的特定文化属性。文创产品的传统设计策略是一种灌输式的设计思考过程，即将已知的文化内涵，按照设计师自身的理解，通过将设计好的旅游文创产品展示给游客，让游客去理解与接受，这对于游客来说，这是一个相对被动的过程。而基于巴纳姆效应的旅游文创产品设计策略强调的是游客的主观验证心理，是以游客对目标文化的已有认知作为设计起点进行旅游文创产品创作，从游客心理出发，找到目标文化的切入点作为设计突破口，进而设计开发旅游文创产品的功能及外观形态。这是一种主动对接的设计思维模式，游客可以快速地依靠已有的认知来初步理解旅游文创产品的文化内在属性，从而激起巴纳姆效应的主观验证心理，不断强化这种认知，最终完全接纳旅游文创产品所承载的文化精神内核。

2.2.3　暗示心理效应

暗示效应在心理学中应用最为广泛，是容易获得预期结果的一种心理引导。暗示心理效应主要是指在没有任何对抗行为及负面情绪的平和状态下，用隐喻、含蓄、诱导等间接方式，潜移默化地使人的内在心理与外在行为不自觉地发生改变，最终实现预期设定目标；使人或环境以非常自然的方式向个体发出诱导信息，个体在毫无心理防备中接收到这种诱导信息，从而做出相应反应的一种心理现象。创立了经典条件反射学说的心理学家巴甫洛夫认为，暗示是人类最简单、最典型的条件反射。暗示效应在人们的日常生活中经常能够见到，最为经典的应该是"望梅止渴"，说的是曹操在出征途中，天气非常炎热，士兵们口干舌燥，非常难受，给行军带来了困难，而恰巧附近没有任何水源，在关键时刻，曹操突然大声说道，前面有一片梅树林，有吃不完的梅子，想到梅子的酸味，士兵们条件反射地流出了口水，暂时地缓解了口渴的状态。这里梅林与梅子成为关键的诱导因素，形成暗示效应，引起士兵的条件反射。从这个典故，可以得出暗示效应对于人的思想和行为具有非常强的影响，尤其是那些前期有过类似体验和记忆的人群，更容易对暗示效应做出强烈反馈，当然这种反馈可能是积极的，也有可能是消极的。

暗示效应很早就被设计师们应用在产品的设计开发中，有着较长的历史。例如，主张文脉主义、隐喻主义、装饰主义的意大利后现代主义设计大师埃托雷·索特萨斯（Ettore Sottsass），是20世纪80年孟菲斯流派的重要创始人，他设计了轰动一时的情人节打字机，通过暗示效应将其拟人化，赋予了它一个可爱的个性，采用鲜艳的红色暗示激情与浪漫，打破了人们对于机器设备的固有认知，使工业产品不再单调和无趣。在现代产品设计研究中将心理暗示分为了三个阶段，即刺激阶段、认知阶段和情感反馈阶段。

刺激阶段是人受到外界的感官刺激，引起注意，并将刺激信息进行粗略加工，形成神经冲动并传导至大脑皮层中。在认知处理阶段，接收到外界刺激的神经冲动后，大脑进行深层次加工，并根据以往的记忆图库进行信息关联，将接收到的神经冲动信息与人们自身的知识背景、生活过往经历等进行准确的关联匹配，成为选择下一步相对应反馈程序的依据。在反馈阶段，大脑选择完成相对应的反馈程序后，及时启动与外界刺激信息相对应的情感反馈或行为反馈，使得人们开始无意识地接受暗示的各种信息，内心世界在毫无波澜下被暗示效应所控制，最终达到预期的情感共鸣和行为共通。在获取刺激、认知信息、机能反馈这三个阶段中，外界的暗示刺激信息能否与被暗示者自身形成有效的认知关联匹配是产生暗示效应的关键所在，关联匹配成功则产生相应的情感与行为反应，反之，则暗示无效。

在心理学研究中认为线索、路径与反馈是暗示效应生成的三个关键因素。其一，线索特指具有一定诱导性和暗示性的外界刺激，是在特定的空间环境下，将一般性的信息通过具有特殊意义的符号或者形式转换成具有一定暗示意味的信息，诱导被暗示者产生注意行为。在当下的产品设计中，暗示信息可以通过视、听、嗅、味、触这五个感官机能来实施，但在多数产品中暗示信息依然还是通过具有象征性和暗喻性的形态符号来达到刺激效果。其二，路径指的是大脑处理暗示信息的方式与途径，大体上可以分为有意识的信息处理和无意识的信息处理两种。不同的信息处理方式，被暗示者的反馈效果不一样，其中无意识的信息处理相对于有意识的信息处理更为简单有效，产生的反馈更加真实且记忆深刻。其三，反馈指的是暗示效应的反应表现形式，包含行为、感官和思维三种类型。行为反应和感官反应是被暗示者受到暗示刺激后，本能地产生无意识的行为动作和感官变化，是一种潜意识下的条件反射。思维反应则是受到暗示刺激后，大脑中枢系统经过信息处理而发出相应的神经指令，从而给出与之对应的理性反应，它属于有意识的信息处理路径。

暗示效应对于人们情感的引导和把控非常有效，在现代产品设计实践中，暗示效应被广泛运用其中，在特定情况下可以隐喻产品的性格、品质与品位，是一种重要的设计手段。旅游文创产品与一般产品不同，它非常注重游客的情感引导，利用情绪的波动来传递精神文化内涵。暗示效应对于旅游文创产品的设计开发有着举足轻重的作用与价值，在形态创造、色彩搭配及符号表现等设计维度，巧妙融入具有暗示刺激的特征信息，引起游客的注意并接收到感官的刺激，将暗示信息输入至大脑皮层进行信息加工与处理，与过往的记忆与情感进行信息的认知匹配，激起心理波动，最终得到相应的预期反馈，形成积极的暗示效应。旅游文创产品的主要功能是承载文化内涵，并将其正确有效地传导给广大游客，使游客接受文化教育，促进文化的广泛传播，弘扬优秀文化精神和社会正能量。如何将文化凝聚在旅游文创产品中，并被游客理解和认知是设计师关注的重点。而暗示效应能够有效地帮助设计师研究和挖掘各种暗示刺激，使其转化成间接、隐喻的视觉冲击，使游客产生特定的情感和行为反馈，对文化内涵产生更为深刻的印象，强化大脑中对于文化内涵特征的记忆图库，产生更为丰富的记忆网络节点，提升文化的敏感度，促进文化的推广与传播。

2.3 情感设计理论

2.3.1 情感设计理论发展背景

伴随着经济高速发展与物质财富的不断充裕，人民的生活水平不断提高，理所当然的对生活、工作、娱乐等领域的产品要求也在不断提升。仅仅满足实用功能需求的产品已经不能满足这个时代的需求，而那些不仅具有较好使用功能，而且能够引起消费者情感共鸣的产品逐渐受到大众的关注，得到大家的青睐。快速发展的文化旅游产业反映了中国人开始重视自身文化诉求及强调情感归属的愿望。文化旅游及其旅游文创产品的蓬勃发展，展示出现阶段的中国人越来越重视自己的情感需求，期待生活质量与生活品位的提高，也充分说明了情感对于产品的重要性，反映出旅游文创产品设计开发中需要融入情感属性的必要性。

现今的设计研究中不断强调"以人为本"的设计理念，在马斯洛需求层次理论中，最高层次的需求是人的自我实现，是人们追求实现自己理想的能力和方式，是情感层次的心理满足。设计师在设计过程中强调用户的情感需求，将恰当的情感巧妙地融入设计之初的定位分析，将预期情感正确而有效地凝聚在设计成果之中，并在产品使用过程中，将其充分而有效地传递给用户，激发用户的情感反馈，形成有效的情感联结。人类社会已经从工业时代跨入科技信息时代并逐步朝着重视情感体验的时代迈步，消费者期盼着一种新的且具有震撼与感动的产品体验，而情感正是开启这种震撼与感动的钥匙，它将给设计带来更强有力的生命活力。工业化大生产几乎已经从各个维度满足了人类的基本物质需求，当人们各方面物质生活条件得以满足后，抒发自我情绪、延伸心灵感受必将成为新时代下，人们构筑自我生活环境的新方向。而探索和研究情感设计理论原则能够为未来产品设计，尤其是旅游文创产品设计提供一种理论指导，最终设计出满足游客心理需求的文创产品。

　　情感设计探索最初源于后现代主义设计风格，它是对极简的现代主义设计风格的反抗，是相对于现代主义设计过分强调产品的实用功能，而忽略了人的情感需求所提出的一种设计理论。具有情感属性的产品设计理论是纠正现代主义设计中以技术与功能为主导，从而完全压制了人的情感需求的误区，或者说情感化的产品设计理论是力求平衡实用功能与人的情感需要这两个维度的因素，在满足功能需要的同时融入恰当的情感，让用户在使用产品过程中体验到快乐，得到心理满足。另外随着现代主义设计进入美国，成为国际主义设计风格，随后在美国强大商业体系的推动下，形成了商业化设计思潮。商业化设计思潮的宗旨是依靠产品快速地更新迭代，刺激消费者购买新产品来获得经济利益，消耗了大量的自然资源，对环境产生深远影响，甚至是无法弥补的破坏，对人类的可持续发展产生了负面影响。早在1972年，麻省理工学院学者德内拉·梅多斯领导的研究小组受罗马俱乐部委托，发表了一份关于人类当前和未来处境问题的研究报告《增长的极限》中呼吁构建可持续发展的战略，并提出如果继续维持现有的资源消耗速度，用不了一百年，地球上大部分的天然资源将会枯竭。澳大利亚学者格雷姆·特纳于2008年发表的《比较〈增长的极限〉与三十年的现实》一文中，证实三十年来工业与食品生产、自然资源破坏、环境污染等方面的变化与《增长的极限》的预测高度相似。在这种严峻的形势下，设计师应当守住自己在人类社会发展中所承担的角色，在自然资源可持续发展的基础上，用高质量的产品提升人们的生活品质。情感化设计的目的是让伴随在人们生活与工作中的产品不单纯是一个简单的物品，而是有一定生命力，能够传导情感并进行情感交流的倾诉对象，与消费者的生活经历、文化背景形成一种情感共鸣，成为消费者情感联结对象，从而避免产品用后即弃现象的频繁发生，在一定程度上缓解地球自然资源的消耗及环境的污染与破坏。旅游文创产品的情感化设计是在满足功能需要的同时聚焦游客情感表达和精神追求的一种设计理念，最终创造出来的产品能够让游客获得精神内在的感动或喜悦，使游客从旅游文创产品的把玩或使用过程中感受到自身的过往经历或文化背景，产生情感的交流互动，从而实现更高层次的传统文化教育，树立正确的价值观、人生观和世界观。西方国家中，设计师们认为人的自我情感实现应该受到尊重和理解，以至于第二次世界大战之后，国际主义设计风格的过度理性和不近人情激起了英国波普运动。波普风格强调新奇性与独特性，只是单纯地反叛现代主义风格和国际主义设计思潮，并不能体现为真正的情感设计，但是它为产品情感属性的诞生播种了一颗种子，探索出了一种设计可能性。随之而来的后现代主义设计风格在某种程度上可以看作是产品情感设计的萌芽，尤其是"孟菲斯"设计团队的一些创新性设计理论和实践。后现代主义设计也是对现代主义设计没有人情味和亲和力的一种反抗，但是它并不单纯的是对现代主义设计风格的完全推翻和否定，而是在肯定了现代主义设计的实用功能因素的基础上，在外观形式上给予其隐喻性、情感化的装饰效果，并且创造性地提出了个性化与情趣化的设计思潮。现阶段在产品情感方面研究中，比较有影响力的是美国认知心理学家、工业设计家唐纳德·诺曼，他阐述的情感设计理论相对比较完善和系统，所著的《情感化设计》这本书中有关情感化设计的三个层次理论为现今旅游文创产品设计提供了一个很好的理论指导。他通过本能层、行为层和反思层这三个不同的设计层面对情感化产品进行了详细地分解和剖析，指出情感在当代产品创新设计中所拥有的重要价值与独特作用，并用情感的三层次理论很好地解释了产品受消费者所喜爱的内在因素。书中最重要的概念是将设计和设计的目标明确划分为本能层、行为层、反思层三个情感层次，并详细论述了各个情感层次的具体设计内容及传递情感的方式，为情感设计理论的实践研究提供了很好的参考。

2.3.2　情感设计理论内涵

当代心理研究普遍认为情感是客观存在的事物是否符合和满足人自身需要的一种心理感受与体验，主要包含刺激的外在情境、主观体验、表情和神经过程四个内容。刺激的外在情境是指那些能够对人的感觉器官产生直接刺激作用的客观具象，这种客观具象一般包含部分的自然生物和人类社会现象两个维度的概念。例如，自然环境中存在的一些客观事实以及出现在人类社会活动中的各种事件等，它们并不能直接决定人的情感表征，而是取决于人对外在情境刺激的反应强烈程度。虽然是同一种外在情境刺激，但是激发的情绪和情感却可能完全不同，原因是人在不同的时空中对同一种外在情境刺激的反应强烈程度并不相同。主观体验是指人依据自身的过往经历或文化背景等因素，对情感状态的自我感受。表情是情感的具体外在体现。神经过程指的是情感是人的一种生物学上的信息传达活动，是大脑和神经系统共同应对刺激的反应结果。

从中国古代研究记载中可知，古人主要依照情感的初始激起状态将其进行归类，可以分为六情论、七情论、十情论和情二端说等，但是人的情感表现变化多端、细致入微，很难明确地界定为几种。六情论比较合乎道理且比较获得人们的认可。它认为情感可以分为喜、怒、哀、乐、爱、恶六种，其中喜与怒相对应，哀与乐相对应，爱与恶相对应。最早出现于《左传·昭公二十五年》，只是在词语的使用上及排列的前后顺序上有所不同。而在《黄帝内经》中对于情的分类则包括喜、怒、忧、思、悲、恐、惊等七种，故又被称为七情论。清初著名学者刘智则提出了"心七层而其情有"十的"十情说"，即包括喜、怒、哀、乐、爱、恶、欲、忧、望、惧十种情感。情二端说则相对比较极端，它认为情感只有明确的两种形式，即好（爱）和恶（恨）两种。《礼记·礼运》中提到，"饮食男女，人之大欲存焉；死亡贫苦，人之大恶存焉。故善恶者，心之大端也"[1]。意思是饮食男女，是人最大的欲望，而死亡贫苦，是人最厌恶的事。但这些欲望和厌恶，都会埋

---

[1] 潘菽. 中国古代心理学思想[M]. 北京：北京出版社，2018.

藏于人的内心深处，让人无法轻易窥探。

在西方的研究中，对于情感的定义则与中国不同，其更倾向于用生理结构特征来解释情感。著名的情绪心理学家斯托曼给出的情感定义是人的体验与感受，是在特定时间与空间中人的身体各项状态，这种状态深受到人自身结构的影响，是发生于特定的情景环境之中的原始的或经过整理的行为活动。情绪相对于情感来说适用的范围更广泛，情绪可以通用于人类或者动物甚至是植物，而情感包含了体验与感受两个要素，一般只适用于人类。著名哲学家及符号论美学家苏珊·朗格在《情感与形式》中，认为艺术是基于人类情感符号形式的创造。艺术表现是相对广义上的人类情感，而不是艺术家个人的情感，是人从特定的情境中所能体验的所有主观经验和情感活动，依靠最原始和最直观的感觉，感受到那些最烦琐的情绪及思想紧张与松弛程度，还包括人类本身潜意识中的那些诸多稳定的情调。与普通意义上的情感概念不同，艺术中的情感概念指的是某种倾诉自身体验与感受的概念。这种观点的核心内容是指任何艺术的形式其实都是艺术家根据人类社会的整体感受而主观构建出来的一种情感或情绪，是艺术家基于人类主观意识想象而成的现实体验。美国佐治亚大学的心理学教授戴维·谢弗等学者对情绪与情感进行了研究和实验，提出基础社会性情感主要包括六种，与中国古代的六情论非常相似。这六种基本的社会性情绪为：快乐、惊奇、爱、悲伤、愤怒和恐惧，而其他一些复杂情感基本都可以划归为这六种基础社会性情绪之中。这六种基础社会性情感，从不同的维度可以进行分类。其中爱、快乐、惊奇是正面的，是值得设计师关注并巧妙运用的情感；愤怒、悲伤、恐惧则是负面的，是人们想要逃避的情感。

心理学研究认为情感的产生是由外界情境、主体生理状态、主体认知过程三个要素共同完成的。主体在受到外界情境刺激之后，自身生理在不同的状态下会做出不同的生理反应，并传达给大脑和神经系统进行信息处理，根据主体以往的经历和感受，大脑和神经系统对这种生理反应进行认知匹配，从而激发主体产生相应情感反馈。其中决定情感性质的关键是大脑和神经系统的认知匹配这个阶段。美国心理学家阿诺德提出了情感的"评定与兴奋"学说，突出了主体的评估价值，认为对外界情境刺激影响的评估是情感产生的最直接因素。外界刺激相同，而主体的估量与评价不同，产生的情感反馈则完全不同，甚至相反。阿诺德认为情感产生的基本过程是刺激情境、评估、情感，即情感来自于主体对情境的评估。总之，在众多心理学研究中，对于情感的研究颇为重视，且理论成果非常丰富，认为情感反应产生的直接因素是大脑与神经系统对感官刺激做出的认知反馈，而主体的过往经历与知识文化背景等是大脑与神经系统处理刺激信息的关键因素，所以情感反应与主体自身的状态密不可分。现代设计理论中普遍认为情感是产品设计开发中最重要因素之一，很大程度上决定了产品能否被市场认可及被消费者接受。在产品设计产业快速发展的当下，情感设计相关理论研究成果非常丰富，并有效指导各类产品的设计开发实践。例如，马斯洛需求层次理论，李砚祖教授的艺术设计境界与哲学及唐纳德·诺曼的情感化设计理论等成为情感产品设计开发的重要理论支撑，深受广大设计师的推崇。

2.3.2.1 马斯洛需求层次

马斯洛需求层次理论是应用范围最为广泛的人类行为科学理论，它将人类的需求架构分为五个重要的层次，类似于金字塔状的层级构成。处于底层的需求是最迫切且发展潜力最大的需要。随着层次的不断提升，需求的潜力则逐渐减弱，但高层次的需求是对所有人都强大的吸引力，是人们终生追求。尤其是物质条件极其充裕的当下，对高层次需求的追求成为大多数人向往的目标。马斯洛需求层次结构理论认为，人的需求层次可以分为生理需求、安全需求、情感和归属的需求、尊重的需求及自我实现的需求。这五种需求层次是人类最基本的、与生俱来的情感需要，构成不同的发展等级，是激励和指引个体行为的强大精神动力。同时，这五个需求层次也是一个有机联系的整体，每一个需求层次都依赖于前一个层次的满足或部分满足，并依次递进。其中，生理层次的需求和安全层次的需求是人最基本的需求，对应着产品的基础使用功能，处于马斯洛需求层次结构金字塔的底层，而处于金字塔高层次的情感与归属需求、尊重的需求及自我实现的需求属于非物质的精神需求。这非常形象表明，在满足物质需求的基础上，人们开始追求精神世界的富有。马斯洛认为，如果上述的五个需求层次中任何一个需求环节都得不到满足和实现，那么人的心理平衡点就会被彻底打破，从而让人产生一种极度渴望维持平衡的强大驱使力。这种驱使力的外在表现则是期望得到某种特定需求，且有相当大的可能转化成为人的行为活动，例如，满足欲望的购买行为。马斯洛的五个需要层次理论为当代设计师们提供了一种非常实用的设计理论指导，即消费者对于旅游文创产品的需求是在具有良好实用功能的基础上朝着蕴含各种情感需求的方向攀升。这种由低端到高级的层次结构，类似于生物系统中从简单的单细胞生物结构形式到复杂的多细胞生命结构形式的转变，然而情感与人文关怀等正是那些最高级生命结构形式对外界的自我感受以及意义所在，这恰巧成为自然界中诠释马斯洛需求层次结构理论的一个典型实例。当产品的实用功能得到满足之后，那么产品的可用性将变得理所当然，而不再成为一种渴望，因为一种需求一旦得到满足或部分满足，人们就会追求下一个更高层次的需求目标。马斯洛需求层次结构理论对于旅游文创产品的情感属性挖掘和探索实践提供了强大的理论支持，需求层次"金字塔"为旅游文创产品的创新设计规划了蓝图。

2.3.2.2 李砚祖教授的设计三种境界

李砚祖教授在学术研究中认为设计艺术作为艺术的一种独特形式，应该有自己的境界或意境，而这种境界或意境总体可以划归为三个不同的层次，即功利境界、审美境界和伦理境界。功利境界指的是以实用性为基础，有用是产品的基本前提。审美境界指的是设计应该符合其大众化的形式之美，确切地说，不是简单指外观形式的美观，而是整个物及整个设计都应该符合美的原则。在这个境界里的美指的是艺术概念上的美，包括了美的形式与内在，是通过美的形式表达一种思想、理念并引人反思，所以需要从情感出发，发掘美的更高层次含义。伦理境界指的是造物活动应该符合一定的规律和哲学，是在实用性功能基础上的思考，既关系到人类社会发展的根本问题，又涉及对自然资源的加工、利用、改造等环境方面的问题，以及人类社会的可再生、可持续发展的关键问题，所以造物、用物乃至惜物与人类的伦理道德有重要联系。在李砚祖教授的设计三种境界层次中，功利境界反映着设计应当遵循的实用功能性原则和符合客观规自然律原则，是人类理性思维的集中体现。审美境界则是超越了一般的功利境界，以理性的实用性基础为新的出发点，进入到非物质层次的精神世界的创造，是感性的并且满足一定目的性的存在。伦理境界归属于设计与造物的哲学范畴之内，包含着理想性特征和实践性特征。理想性特征表明其拥有境界的最高层次，是对未来的一种规划和设想。而实践性特征又表明它兼具功利境界与审美情境两种层次，满足现实造物的各项需求。实用与审美兼具的造物才能属于设计艺术的范畴，才是满足规律与目的两者相统一的结晶。对于旅游文创产品设计来说，功利境界、审美境界与伦理境界三者之间是不能分割的统一整体，也许对于某一个具体的设计项目而言，三者之间所占有的比重是不一样，性质上可能也有强和弱之分，但是若想将它们绝对地分割开来却是不可能的。

2.3.2.3 唐纳德·诺曼的情感化设计

美国认知心理学家、工业设计家、计算机工程师，同时是认知科学学会的发起人之一的唐纳德·诺曼一直专注于人类社会学、行为学的研究与探索。他在《情感化设计》一书中将产品传导情感的方式划分为三个层次，即本能层情感、行为层情感、反思层情感。

（1）本能层情感来自于产品最直接的外在特征，包括产品的外观造型、色彩搭配、材质工艺和表面肌理等，是源自产品的初始物理特征的直接感官体验，是人体感觉器官获得的最原始刺激，包括但不仅限于视觉、触觉、听觉、嗅觉和味觉等，大脑和神经系统对原始的感官刺激做出情感反馈，从而产生本能的初级情感。

（2）行为层情感则是指用户在操作产品使用的行为过程中体验到成就感和幸福感，当然在一些特殊情况下，有可能需要用户简单学习相关的操作技能，并依靠掌握的操作技能去实现预定结果的功能效果。行为层次情感主要与用户使用产品的体验与感受密切联系，当用户在使用产品的过程中感到烦躁不安或是不知所措时，就必然会导致消极和负面情感的反应。相反，如果用户在使用操作时能够轻松愉快地实现自己的操作预期，同时在这个过程中还能体验到独特的新奇感受，就会产生积极和正面的情感。行为层次情感着重于产品操作的体验过程、易用性与好用性等方面。伴随着当今时代高科技的快速发展，产品功能的不断完善和多样化，给用户带来了更多的操作复杂性和专业性问题，很好利用"减法"的原则，让高科技产品简单、直观地和用户交换信息、交流情感，尽量减少不必要的专业技术流程，让用户直接获得自己想要的结果，在操作使用产品过程中获得轻松、愉快的体验，是产品情感化设计的重中之重。例如，随着信息时代的到来，手机成为人们日常生活离不开的必需品，早期的手机操作需要依靠很多按键来完成，这给用户带来了很大的操作复杂性和更多的专业性。然而，随着苹果公司手机问世以来，手机的操作按键逐渐减少，由多个按键简化成一个模糊的圆形导航按键，最后，演变成现在的没有按键，这种进步演变虽然在技术实现上增加了更多的复杂性，但是给用户带来的是操作上的简便与轻松，并在操作使用中体验到前所未有的新奇性，最终获得操作过程的快乐体验，从而迅速地占领市场，开辟了手机的智能时代。

（3）反思层情感指的是在前两个情感层次相互作用的基础上，在用户内心深处产生某种情绪和意识与用户本身的过往经历或者文化背景等融合在一起，产生积极影响。反思层的情感是非物质的精神内涵，是产品给人们带来的美好回忆、自豪感、成就感和归属感，及一些更高层次的情感活动所引起的一种共鸣。反思层情感的一项重要研究对象是民族文化的精神内涵，只有清晰而深刻地了解一个民族，理解这个民族的传统与文化，才可能设计出符合这个民族情感需要的产品。著名的人类文化学家马林洛夫斯基的观点认为，在人类社会发展的历史长河中，一切生物的需要必定转化成文化的需要。文化是人类为生存和发展而进行的所有活动的归纳和总结，是游离于客观物质之外的精神传承。例如，红色文化是中华民族独具特色的先进文化，是中国革命历史与革命事实的精神凝聚，是中华优秀传统文化在新时代的创造性转化，是流动在中国人民血脉中的强大基因。唐纳德·诺曼的三种情感层次之间是相互交叉、相互联系、共同支撑的有机整体，并不是独立体现于产品之中，例如，在同一个产品上可以发现三个情感层次共同作用的影响，可能是本能层次上通过产品本身的物理特征获得人们的喜爱，也可能是行为层次上通过好用性、易用性操作体验到使用的快乐和趣味，更有可能是反思层次上通过激发用户的美好回忆或者是用户的文化认同等引起情感共鸣，产生更深层次的积极情感，让用户对该类产品爱不释手。

2.3.3　设计事理学与情感设计

清华美院柳冠中教授的"设计事理学"理论中的核心观点认为设计活动的目的不是简简单单地创造一个"物"，而是要完成一件"事"的外在存在形式，新创建的"物"其实是映射出了人类活动中"事"的所有结构信息，这是从一个全新的角度论证了人类日常生活中形形色色的许多"事"存在的必然性。设计事理学理论的核心认定塑造、限定、制约"物"的所有外部因素统称为"事"。设计造物的最终目的是完成某种特定的"事"。而这些"事"体现了人与人、人与物之间的诸多内在联系，反映了时间与空间的情境关系，涵盖着人的初始动机、预期目标、价值与意义等。"事"反映出了"物"的所有结构信息，是构造"物"的基本前提因素，是新生"物"存在是否合理的唯一检验标准。因此在构建实施设计实践活动之前，应该先充分地分析研究"事"的外在和内在因素，即需要研究不一样的使用人群在完全不同的时间与空间因素条件下的设计需求，以确立设计实践活动的定位；然后再"求是"，即去寻找"事"与即将创建的"物"之间方方面面的内在联系，去选择造"物"的具体需要，是一个技术实施阶段，包括材料、制造工艺、外观形态、色彩搭配等因素。在设计事理学中强调"事"，是检验新生"物"存在是否合理的标准，只有将新创造的"物"用到具体的一件"事"中进行检验，才能知晓新生的造物是否能很好地满足目标人群的预定功能需求，是否符合目标人群的行为操作习惯及信息系统的认知逻辑，是否与所处的空间环境相协调及满足预定的价值标准等。这一切的归纳总结统称为是否符合"事理"的要求，所以，设计实践活动其实是一个实"事"求"是"的逻辑过程。表象上看起来是在构建某一个具体的物件，而内在是设计师在叙述一段故事，抒发一种情感，讲述一个道理。"实事"是造物的实体与本质，是洞察和定义这个需求系统中问题的关键所在，"求是"则是寻找解决这个被定义问题最恰当的方法与思路。如果把这种规律比喻成看病就医，那么"实事"就是望闻问切，寻求病根所在，"求是"则是对症下药，最终解决病痛。通俗来讲，设计事理学解析了设计活动的本质，提升了设计创新的无限活力，是设计行业非常重要的一套基础哲学理论，论证了设计实践活动中的"物"其实是一件需要完成的"事"的外在表现形式。然而在完成这些特定"事"的过程中，人们会体验到何种情感呢？或者应该需要用什么样的情感来完成这件事呢？反映了"事"的造物怎样才能恰如其分地让人体验到其蕴含的情趣呢？这就是情感设计理论与设计事理学进行关联研究的目的，简单来讲，就是借用设计事理学理论框架探究情感在旅游文创产品设计中的运用规律和原则，让情感的融入有理可循，有法可依，强调情感在旅游文创产品设计中的作用，突出情感的特殊地位，在这基础上的研究探索旅游文创产品设计中的情感设计理论。

在中国人的传统思想观念中，认为事与情是密切联系、不可分割的有机整体，任何人在做任何事都会有自身的情感或情绪的融入。在现代词语表述中，事与情两个字基本上都是一起出现，是一个完整的组词，《中华词典》中关于事情一词的注释，凸显着"事理人情"的含义。这反映了自古以来中华民族社会体系中处世之道，认为事理与情感同等重要，是一件事彻底完结的两个重要因素，即符合事理规律，体现人情风俗，是客观事实与社会价值的统一体。这表明了任何事的实施都会受到社会或个人情感因素的制约，亦会从中体验到喜怒哀乐，因此，完成事的一个重要评价标准是符合普世社会价值体系中的情感伦理。设计事理学中强调每一个造物的重要内因都是特定的"事"，事是检验物的重要标准，每一个新塑造的物都必须要符合"事理"，而"事"与"事理"这两个概念的背后都包含了情感，可见制约"物"发展的重要因素不仅是"事理"，还有"普世价值"的情感伦常。每一件实"事"的背后都会有一种情感，一份体验或感受，这种情感与"实事"是融合在一起的，因此在根据"事"创造"物"的实践活动中，尤其是在一些特定情境下，情感会成为影响甚至决定物外部形象的重要因素。例如，民以食为天，可见饮食器具是人类必不可少的生活用具，而不同文化区域的人群所用的饮食器具截然不同。东方文明中的主要器具是筷子与碗，西方文明却是用刀叉与盘子。都是饮食器具，但外在形式并不是同一种"物"，然而却承载着同一件"事"，那就是为了帮助人类更好更方便地用餐。出现这种现象就是由于不同的民族文化而导致的社会价值体系中的情感伦常不同。在之前的分析研究中，提到了民族文化的心理内涵是唐纳德·诺曼的情感层次中，反思层的重要研究对象，虽然是同一件"事"，但是东方人的传统饮食文化与西方人饮食文化的差别决定了"物"的差异，这种差别有使用功能上的区别，但更多的是民族情感上的差异，饭桌上的餐具已经不是一个简单的物，而是民族传统文化的载体。虽然当今世界各国联系如此密切，科学技术发展迅速，世界已经变成了"地球村"，但是，东西方的餐具设计依然保持着传统的使用功能和外观形式，这是各民族文化认同感的主要体现，属于反思层情感因素的研究范畴。"事"是客观存在的，而"情"却因为人、空间和时间等因素的差异而有所区别，失之毫厘，谬以千里。客观存在的"事"决定了造物的本质，而主观的情感却影响了造物的外在形式、色彩等。总体而言，"事"与"情"共同制约着物的创造。

2.3.4 情感设计理论的应用规律

依据设计事理学理论基本框架及情感设计理论原理，在旅游文创产品创新设计过程中，将情感恰当地融入设计的整个流程。主要包括三个阶段，首先设计目标前期分析定位中，也就是在设计事理学中"实事"的分析阶段，详细分析存在各种可能情感，进行归类分析，准确挖掘设计目标情感内涵，建立设计目标的情感体系。例如，在红色旅游文创产品设计的相关研究中，革命先辈展现出来的正义、无畏、勇猛、精进、无私奉献、自强不息等君子品质，体现了浓厚的情感特征。在相关文创产品设计前期清晰、准确地定位其需要承载的情感，建立设计目标的情感体系，并详细规划情感传导的蓝图。其次，在"求是"阶段的设计技术实现过程中，运用造型、色彩、质地、肌理、使用行为等设计手段，使前一阶段确定的情感体系中的主流情感能够准确而巧妙地融入预定的设计造物之中，从而对游客形成必要的感官刺激。再者，旅游文创产品情感属性的外显需要符合社会情感伦常，主要指设计开发出来的旅游文创产品能够清晰地表达和传导预先设定的主流情感，让游客在使用旅游文创产品过程中体验到积极而正向的情感，并产生符合社会价值观的情感反馈，完成情感反思，让游客与旅游文创产品产生情感交流与共鸣，实现精神世界的自我满足。

旅游文创产品设计实施的具体过程中，做好情感定位分析是重要前提。赋予其内在情感历程，例如，可能是在讲述一个历史故事，也可能是描述一段特定时期的精神文化，还可能是展示对部分人的关怀或爱护等。情感定位分析需要对游客进行分类研究，不同的层次，不同文化背景的人对情感的理解不同，接受情感的敏锐程度不同，而在不同的身体状态下，同样的人对情感的认知观念也有所不同，所以情感的前期定位是一个需要耐心和细心的研究过程，最终目标是确保预设情感不会让人产生负面效应，并且能够被大部分游客感知和理解。在具体的设计技术阶段，确保情感能够准确有效地传导。一方面，需要依靠材料工艺、外观形态、表面肌理、色彩搭配等客观物理特征来实现。塑造产品最基础、最直观的情感特征，如温和柔美、刚直硬朗等，当然这种塑造过程是以能够更好地表达一定情感为前提条件。另一方面，赋予产品的功能要恰当而巧妙，并且考虑到游客操作的易用性或者是可学习性，不仅让游客在操作过程中获得良好体验与感受，而且让游客在使用过程中获得预期的情感反思。

在旅游文创产品设计中融入情感内涵需要符合一定的原则。首先，是最恰当原则，在设计项目实施前期的定位分析之中，情感应该发挥其重要作用，在某种程度上起到对造物活动的限制和约束作用。这里的情感是指预期在未来旅游文创产品中所承载的情感，包括快乐、幽默、关爱、道德、伦理等正面的积极情感。在不同的设计实践活动中，融入的情感也是有选择性的，这就需要根据目标人群和空间环境进行情感合理性选择和分析。恰当的情感能够强有力地帮助旅游文创产品获得成功，相反，不适宜的情感则会很容易就导致失败。其次，是"一个重点"原则，体现在情感的传递阶段，主要是在设计的具体实施阶段，情感应该作为一个重要而稳定的元素贯穿于整个设计技术阶段，包括未来产品的形态、色彩、质感及操作行为等都应该是为了更好地表达和凸显前期预设的重要情感。一款蕴含情感内在的产品在被用户认知理解后，可能会解析出多种情感，因此，在设计的技术实施阶段，必须要确立一个主流的情感，成为设计过程中内在传递的主导，任何产品细节和符号元素的设计开发都需要围绕这个主流的情感进行。最后，是适度的原则，主要表现在情感的外在表达阶段，指的是旅游文创产品能够将原本赋予的内在情感准确有效地传导给游客，并让游客理解和接受，从而产生情感反思。所以，产品内在情感的易理解程度成为游客能否接受这款旅游文创产品的重要前提，当然，这种易理解并不是指直白地表达，而是鼓励游客去探索和挖掘，但又不能因为过于深度的思考而产生厌烦心理，这就需要在情感设计中把握一个度，防止过犹不及。

2.4　AHP层次分析法

2.4.1　AHP层次分析法的概念及原理

层次分析法的英文全称是Analytic Hierarchy Process，简称AHP，是一种通过研究划分层次权重来做出决策分析的方法，是指将与最终决策有关的元素分解成目标、准则、方案等层次，并在此基础之上进行定性和定量分析评价。AHP层次分析法是美国运筹学家，匹茨堡大学教授萨蒂在20世纪70年代初提出，目的是将相对复杂的决策系统进行次层划分，分解为多个目标或者准则，将决策权下沉到每个层次，由多要素复杂决策转变为多层次的单要素决策。该方法能够通过定性和定量的分析得到各个层次下不同要素对于总目标的最终权重或优先级。在具体的操作实施中，利用层次分析法，根据项目的性质和预期达到的总体目标，将项目分解为各个不同的组成要素，并按照要素之间的关联影响及隶属关系将其按照不同层次进行编组，构建完成一个多层次的决策分析结构模型，最终使复杂项目解构为最底层相对于最高层的相对权重占比或相对优先级的排序。其中，最底层一般指的是可供决策的措施和方案等，而最高层指的是要达到的总目的或者是要解决的复杂问题。为了能够有效地确定各层次中各因素之间的权重占比，萨蒂等人还提出了一致矩阵法用来精确计算各要素之间的权重比例。一致矩阵法避免把所有要素放在一起进行比较，而是两两之间进行相互比较，采用了相对尺度，从而尽量降低了性质各异的因素之间所存在的相互比较的困难，以提高权重比例的准确度。

2.4.2　基于层次分析法的旅游文创产品评价维度

旅游文创产品销售环节中，游客关注的是它的使用功能、销售价格、加工工艺、品质质量等因素，而这些因素相互制约、相互关联，游客需要收集大量的相关信息，考虑各种因素，确定需求的权重和优先级才能做出相应决策，而这个过程其实就是AHP层次分析法结构模型的模糊运算结果。旅游文创产品设计并不是单纯的产品使用功能创新，还包括情感属性、文化内涵、审美要求、造型色彩、操作行为等各种要素的相互影响，而层次分析法非常适用于研究这种多要素、多目标的系统评价，利用多层次的结构分析模型，经过精确的计算和分析，能够更加明确地知晓各要素相对于总目标所占的权重值，为后续设计实践提供决策的参考依据。

旅游文创产品不仅仅是用于流通环节的商品，它还需要与消费者产生信息传导、情感交流和文化共鸣，最终使其蕴含的文化内涵得以准确而有效地传导与传承，实现以文化人的目的。唐纳德·诺曼在《情感化设计》一书中，将情感化划分为本能层情感、行为层情感及反思层情感，中国历史上对于艺术境界的探究也从未间断，唐代诗人王昌龄在《诗格》中第一次提出"意境"一词，而所谓的诗格，就是诗的格式、体裁、风格与格调，就是对诗的各种特征进行归纳和总结。王昌龄在阐述诗的艺术特征时，提出了物境、情境和意境三个层次的理论。物境是描述自然景物之境界，其注重的是对自然界中各种客观事物的忠实描绘，是客观事物表现出来的最直接的物理层次的美学特征，如形态、色彩、质地、肌理等，与唐纳德·诺曼所提出的本能层情感要素是相通的；情境主要指的是人对社会生活的感受与体验，注重的是主体情感的表达。情因感而发，或感于事，或感于物，回味旧往，感于笔端，始成情境。可以看出情境受外在环境的影响很大，不同的环境对于情感的激发也各不相同，需要人去用心感受与体验，品味出其中的喜怒哀乐。意境是一种更加抽象、更加主观的高层次境界，非常注重境界中的"意"，它是以存储于主体大脑中的思想经验作为审美对象，同时需要借用传达思想经验的媒介，将两者相融合，源自肺腑、得于心源地创造出无穷且真实感人的韵味。中国近代杰出画家李可染说："意境是艺术的灵魂，是客观事物精粹部分的集中，加上人的思想感情的陶铸，经过高度艺术加工，达到情景交融，借景抒情，从而表现出来的境界。"总体来说，唐纳德·诺曼的情感化三个层次与物境、情境与意境三个层次是相通的，这三个层次共同组成了旅游文创产品设计这个总目标下的中间层次。当然，这三个层次下依然存在多个可供决策的设计要素，利用层次分析法的结构模型将这些要素进行详细分析，计算各要素相对于总目标的权重值和优先级，建立旅游文创产品的评价体系。

2.4.2.1 物境层

物境层指的是产品通过造型、色彩、质地、肌理等物理特征为游客带来直接的感官刺激，例如，部分红色旅游文创产品设计直接复刻红色文化遗产、红色文物的造型样式、印制其轮廓色彩、仿制其质地与肌理等。游客在观赏、使用旅游文创产品时，可以依靠视、听、触、嗅等感知器官获得强烈的感官刺激，并产生相应的本能情感反馈，如喜爱、愉悦等，从而最终唤起游客在红色文化旅游过程中的记忆与联想。物境是旅游文创产品为游客构建的文化场景再现。

旅游文创产品主要借助形态关联、色彩象征、技艺溯源等方式来构建物境层。例如，在现有的红色文化创意产品设计中，普遍采用独特的中国红来象征红色革命精神内在。又例如，现阶段深受消费者喜爱的故宫文化创意产品，其彩妆口红的名称与色彩均有据可循，"宫墙红"源自紫禁城宫墙的颜色，古典深邃、极具东方魅力；"郎窑红"取色于清代景德镇窑红釉瓷，雍容典雅。不管是命名，还是色彩，故宫文创系列口红依靠其传统文化内涵与古典的东方审美，打破了故宫在人们心中威严而不可接近的固有观念，提升了游客与故宫的亲切感，更体现了中华传统文化的独具魅力。

2021年，上海中共一大纪念馆为迎接建党百年推出了文创品牌"一大文创"，将红色文化与历史文化资源整合联动发展，利用红色文化内涵有效促进中华民族历史文化的创造性转化和创新性发展。例如，将中共一大的红色符号、红色内涵与上海本地具有悠久历史的老字号品牌产品进行深度融合，创新推出了诸如小红砖冰淇淋、新青年雪糕等红色文化产品，借助色彩隐喻、形态关联及造型联想等客观物质存在的外在形象特征，构建红色文化产品的物境层。

2.4.2.2 情境层

情境层主要是指人行为层面的设计内容，核心是注重消费者的体验与感受。而与操作体验密切相关的要素是产品的功能性、操作性及叙事性，通过产品使用过程中的体验传递给游客喜、怒、哀、乐、爱、恶的情感。功能性、操作性、叙事性是这个层次的主要因素。功能性指产品具有非常实用且稳定可靠的功能，能够很好地辅助游客完成一件具体的"事"。操作性则是指通过简单便捷的操作，就能完美地实现产品的功能价值，让游客在这个过程中感受到舒适，从而产生欢喜、愉悦的情感。叙事性则相对比较烦琐，简单来说，就是通过产品来描述一件事情或讲述一个故事，让游客在使用和把玩文创产品过程中感知到故事的完整内涵，抓住故事的重点内容，明确故事的中心思想。总体来说，产品在整个故事叙述中扮演着不可替代重要角色，成为叙事的物质载体，以故事情节为线索将产品的开发、流通、使用等各个环节紧密联系起来，形成一个有机整体，给游客带来情感上的强力冲击。叙事性设计方法兴起与发展得益于后现代主义设计语境背景之下，是利用产品的外在形态、功能、操作及语义等设计要素，通过娓娓道来的方式叙述内涵、讲述故事的一种全新产品设计方法。叙事性设计需要有特色鲜明、主题突出的故事叙述文本，包含了 "5W" 和 "2H" 这七个核心问题，分别是：What、Why、Who、Where、When以及How、How mach，前者代表的是故事内容的各个关键要素，而后者主要指故事发展的具体情节。叙述文本是产品叙述故事内容的一种重要传播媒介，类似于语言、声音、形象艺术或者其他混合的介质来讲述故事的方式。产品中的故事叙述方式与文学层面上的内容叙述在一定程度上有着相似的特征。在产品的叙事性设计中，听、说、读、写这些文学层面上的叙述方式同样存在，设计师依靠经过精心润色后的特定叙事语言将设计开发的产品与游客建立一种情感交流、心理体验，甚至是具有一定说服性的联系，即用产品中蕴含的故事来打动游客。叙事性的关键是人与客观物质对象之间能够进行各种信息的有效交流，文创产品是整个故事叙述过程中的物质载体，以特定发展情节为脉络将文创产品的全环节合情合理地串联在起来，将原本相对零散而孤立的各个元素糅合成一个有机整体，给游客带来情感上的强力冲击，刺激游客的购买欲望。叙事性设计过程如同影视表演中故事情节的开端、兴起、高潮、结尾等一系列步骤，需要有突出的主题、生动的情节、完善的发展过程❶，而这整个过程都被巧妙地设计在文创产品的各个使用环节之中，构建出相对完整的情感链。叙事性设计是所有文化创意产品设计的一种重要设计方法，它是依靠具体而明确的一个个故事将纳入其中的用户、产品及空间环境三个关键要素紧密联系在一起。产品在实现其功能效用的同时，与用户形成良好的交流互动，传递故事情感与文化，依靠用户自身的生活经历及知识背景，唤醒内心深处的情感印记，产生共鸣。

现阶段的旅游文创产品设计开发大体上从两个维度进行深入挖掘。一方面，以文创产品自身为出发点进行挖掘，运用新的材料、新的工艺及新的科学技术，并且基于文化资源与现有产品相结合加以改良创新，形成新的旅游文创产品。另一方面是以外部需要为切入点，挖掘游客的需求，基于游客对文化认知与理解，寻求设计需求点与兴趣点，从而创造出全新的旅游文创产品来满足游客的真实需要。同时，在技术革新迅速发展的当下，旅游文创产品有了更多新颖的叙事方式，甚至可以打破时空的界限，直观演绎令人动容的历史故事、体验历史事迹、感受文化精神、对话历史人物等。例如，随着虚拟现实技术和增强现实技术的快速发展及普遍运用，高度还原革命历史空间场景，让游客

---

❶ 吴卫，李黎俊雄. 湖湘红色文创产品设计中叙事设计的方法与实践[J]. 装饰，2021（9）：42-45.

身临其境地体验革命斗争的艰辛与残酷，接受革命传统教育，激发游客的情感反馈，从而有效构建旅游文创产品的情境层。

2.4.2.3 意境层

意境是主观范畴的"意"与客观范畴的"境"两者结合而成的一种艺术境界，在艺术表现中强调景中有情、情中有景，情景融合为最高境界。意境的组成分为两个部分：一部分是"近在眼前"的客观因素，是对自然存在的实物的描绘，称之为"实境"；另一部分是"言外之意"的主体因素，是表达了美好的愿望和期待，称之为"虚境"。虚境与实境既相互对立，又相互依存、相互转化。虚境是由实境诱发而延伸形成的审美想象空间，是实境在精神领域的无限升华，展现了实境描述的精神追求和价值意向，体现着整个意境的艺术品位和审美价值。同时虚境在很大程度上制约着实境的表现形式，是整个意境架构中的精髓。然而虚境并不是凭空而来的，它必须要有一个实实在在的载体，而这个载体就是意境结构中的实境，最终还是会落到实境的具体创造之中。

总而言之，实境是表现虚境的物质基础，虚境是制约实境创造的前提因素，这就是"虚实相生"的意境。因此意境层指的是旅游文创产品设计创新需要契合人们对于未来生活的美好期望，对于自身精神价值的追求，对于优秀民族文化的感知、反思及认同。例如，红色旅游文创产品设计是对中国革命斗争历史中孕育的先进文化的进一步提炼与升华，并使其凝聚于文创产品之上，进而传播中华民族先进文化，增强社会精神文明建设，提升文化自信心。因此，将民族精神信仰、中华先进文化传播、生活审美哲学融入旅游文创产品设计之中，形成一个有机整体，组建成意境层的设计关键要素，让用户透过产品本身领悟到文化的深层次意境。

总之，建立基于层次分析法的旅游文创产品设计评价维度，可以将总体目标分解为物境层目标、情境层目标和意境层目标三个中间层次的指标。物境层目标下可以分解为形态关联、色彩象征、技艺溯源三个要素，情境层目标下可以分解为功能易用、操作体验、产品叙事三个要素，意境层目标下分解为精神信仰、文化传播、审美哲学三个要素。这些相互影响、相互制约的底层设计要素对于旅游文创产品设计均具有一定的价值贡献。构建层次分析评价模型，计算各个设计要素相对总目标的权重值与优先级，找出最具价值点的设计要素，为后续的旅游文创产品设计实践提供理论支撑和决策依据。

2.4.3 基于层次分析法的综合评价模型

2.4.3.1 指标体系的构建

旅游文创产品设计是一个备受关注的研究课题，也是社会研究的一个热点。建立一套综合的评价体系，不仅要将层次划分清晰、指标覆盖全面，更要能分别适用于文化元素的筛选及旅游文创产品方案的评价。在旅游文创产品设计研究中，邀请了三位企业设计师，三位文创产品设计领域的专家，十四位设计专业的在校大学生作为消费人群的代表，对旅游文创产品的评价要素进行讨论，最终确定旅游文创产品的综合评价体系（图2-4），共分为三个层级，从上而下划分为：目标层，指标层和子指标层。

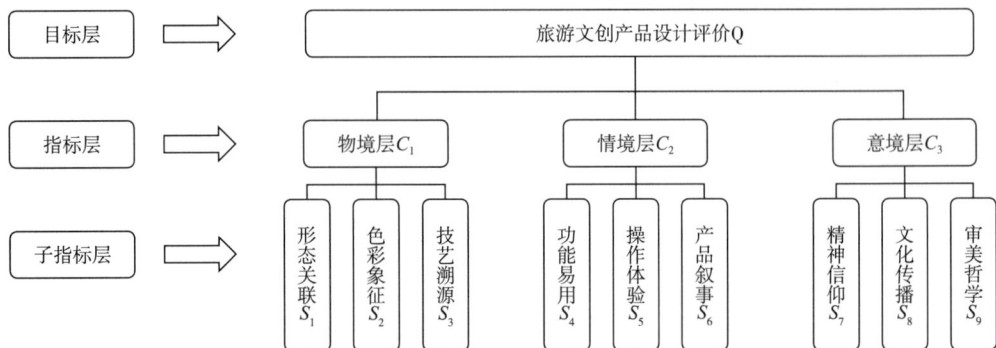

图2-4　旅游文创产品设计综合评价指标体系

目标层只有一个要素，即得旅游文创产品设计评价。指标层为旅游文创产品的一级评价指标，结合前文分析过程，将指标层划分为三组评价指标，即物境层C_1、情境层C_2、意境层C_3。构建一级指标集合Q={C_1，C_2，C_3}。子指标层是将一级评价指标的三个要素做进一步划分，构建了总共9项二级评价子指标集合C_1={S_1，S_2，S_3}，C_2={S_4，S_5，S_6}，C_3={S_7，S_8，S_9}。成功建构完成层次分析法的综合评价指标体系后，需要对各个层次指标给予相对应的权重占比计算分析。

物境层C_1下划分三个要素，其中形态关联S_1是旅游文创产品体现目标文化独特性，凸显文化内涵的重要支撑。这里的形态指的是目标文化旅游区内各种文化资源的形态特征，是经过设计提炼的图形或符号，能够让游客联想到旅游经历和回顾过往的重要因素。色彩象征S_2是旅游文创产品设计中对色彩运用做出的规范，需要符合社会意识形态的主流认知惯性。技艺溯源S_3是文化资源中文化遗址、文化器物中的独特制作工艺技巧，能够有很强的辨识度。

情境层C_2下划分三个要素，其中功能易用S_4指的是旅游文创产品有很强的使用功能，稳定可靠，属于好用性产品的范畴。具有使用功能是产品的基本特征，任何产品都有一定的用途，但是功能也存在一定的差异性，例如，现有部分产品功能非常完善且多样，但是并不稳定，同时功能的多样性也造成了操作的复杂性，导致使用过程并不愉悦，这样的产品并不是一个好用性产品，背离了消费者对产品功能简单、巧妙、好用的期望。操作体验S_5指的是旅游文创产品在操作使用中，依靠操作流畅、交互新奇、过程充满趣味和寓意等设计使用户获得快乐和愉悦的幸福感。产品叙事S_6指旅游文创产品在使用过程中，用一个特定的故事将游客、产品和空间环境紧密联系起来，使旅游文创产品使用，不再追求单一功能的实现，而是在给游客讲述一段故事，描绘一段历史，传递一份感情。产品叙事设计给旅游文创产品创新设计带来了新机遇、新方向，使其能够准确有效地传递信息、传导情感，让游客可以感知旅游文创产品所承载的历史故事或事迹，从而在情感上与产品产生共鸣，提升旅游文创产品的文化内涵与情感交流。对于产品叙事设计来说，最重要的是如何构建和定义这个"事"（设计主题明确清晰）以及如何准确有效地"叙"（情节设计高潮迭起）。在产品叙事设计中，产品是设计师讲述故事给消费者的媒介，用以营造空间环境氛围，让消费者感知其所承载的故事主题，并主动去探索故事发展的情节，感同身受，从而引起内心的触动。

意境层C_3下划分了三个要素，分别是精神信仰S_7、文化传播S_8及审美哲学S_9。其中精神信仰S_7是展现文创产品精神内涵的重要指标，是满足消费者精神世界需求的重要内容。文化传播S_8是衡量最终设计方案文化属性及文化内涵传导的准确性和有效性的要素。审美哲学S_9是旅游文创产品设计符合传统审美原则的要求，符合整个社会的审美价值取向及对未来生活美学的愿望和期待。

2.4.3.2 基于层次分析法的评价指标要素权重值计算方法

成功建构完成层次分析法的综合评价指标体系后，需要对各个层次指标给予相对应的权重占比。依据搭建的目标层到指标层，以及指标层到子指标层的各要素层级结构关系，首先对同一层次的各个元素关于上一层次中某个目标的重要性进行两两比较，构建完成两两比较的判断矩阵$A=(r_{ij})_{n \times n}$，其中的r_{ij}是用于明确两项指标要素之间相比较的结果，$r_{ij}=R_i/R_j=r_{ij}^{-1}$，而判断矩阵中的$n$代表指标要素的数量多少，对比的衡量标准采用了1~9进行标度，心理学家普遍认为成对比较的因素不宜超过9个，即在每个层次的要素不要超过9个。1表示的是两个指标要素同等重要，数字越大，则表明了一个指标要素相对于另一个指标要素的重要程度越强，由稍微重要、明显重要、非常重要直至最高的极端重要，当然倘若重要性刚好相反，则可以用倒数来进行标度。借用这个方法构建出旅游文创产品设计的四个判断矩阵。其中，一级判断矩阵$Q=(C_{ij})_{3 \times 3}$（$i, j=1, 2, 3$），二级判断矩阵$C_1=(S_{ij})_{3 \times 3}$（$i, j=1, 2, 3$），$C_2=(S_{ij})_{3 \times 3}$（$i, j=4, 5, 6$），$C_3=(S_{ij})_{3 \times 3}$（$i, j=7, 8, 9$）。

根据已经构建完成的矩阵，利用和积法来计算各要素的权重值，具体步骤参考如下：首先，将判断矩阵A的数据进行归一化处理，$\tilde{w}_{ij}=\dfrac{r_{ij}}{\sum_{i=1}^{n} r_{ij}}$；其次，$\tilde{w}_{ij}$对按行进行求和计算，得出特征向量结果$\tilde{w}_i=\sum_{j=1}^{n} \tilde{w}_{ij}$；再者，又一次进行归一化处理得出最大特征向量$w=[w_1, w_2, \cdots, w_n]^{\mathrm{T}}$；最后，按照公式$w_i=\dfrac{\tilde{w}_i}{\sum_{i=1}^{n} \tilde{w}_i}$将$Q~C$层和$C~S$层的判断矩阵进行权重值计算。当然为了能够避免若干指标对比结果有较大的偏差，需要在各要素权重值计算完成后进行判断矩阵的一致性检验，而所谓的一致性检验是指对判断矩阵A确定不一致的可允许范围。具体的计算流程如下：第一步是计算出判断矩阵的最大特征值$\lambda_{\max}=\dfrac{1}{n}\sum_{i=1}^{n}\dfrac{(Aw)_i}{w_i}$，最大特征值$\lambda_{\max}$用来评价判断矩阵的偏差程度。在判断矩阵中，被调查者是根据自身的主观认知进行指标要素的两两比较评价，很有可能会出现前后矛盾的评价结果，需要依靠最大特征值来衡量判断矩阵数值的合理性与有效性，如果数值越高，则说明判断偏差越大，很有可能需要进行数值调整。第二步则是计算判断矩阵的一致性指标 $CI=\dfrac{\lambda_{\max}-n}{n-1}$，其中$n$是判断矩阵的阶数，如果$CI=0$，则符合完全一致性，当$CI$无限接近于0，则说明有比较满意的一致性，相反，倘若CI数值越大，则表明越不具备一致性；第三步是计算判断矩阵的随机一致性比率 $CR=\dfrac{CI}{RI}$，其中RI是平均随机一致性指标，是固定的，可按照n的阶数直接获取相应的数值，见表2-1。根据CR的计算结果，一般情况下，当一致性比率$CR<0.1$时，则判断矩阵A有较为满意的一致性，可以通过一致性检验，反之，则需要重新构造判断矩阵A，调整r_{ij}的有关数值，直至通过一致性检验为止。

表2-1 平均随机一致性指标

阶数	1	2	3	4	5	6	7	8	9	10	11	12
RI值	0	0	0.52	0.89	1.12	1.26	1.36	1.41	1.46	1.49	1.52	1.54

完成必要的一致性检验之后，需要计算层次分析综合评价体系中子指标层下所有设计要素的权重值和优先级。具体的计算方法是将各二级判断矩阵的子指标权重与其所对应的一级判断矩阵的指标权重相乘，例如，子指标层要素S_1的权重值与其对应的指标层要素C_1的权重值相乘，即得到子指标层S_1的最终权重值，以此类推，可以计算出全部子指标层要素的最终权重值，然后按照从大到小的顺序进行排列，就能够很直观展示出$S_1\sim S_9$这九个不同评价指标相对于总目标的重要程度。

2.4.3.3 评价指标要素权重值计算

邀请之前参与讨论的校企文创专家和消费人群代表总计20人，使用1~9标度对Q~C层和C~S层的评价指标要素进行两两比对打分，根据打分结果建构四个判断矩阵，见表2-2~表2-5。

表2-2 一级评价指标判断矩阵及权重

指标	C_1	C_2	C_3	权重W_1
C_1	1	1/2	1	0.2500
C_2	2	1	2	0.5000
C_3	1	1/2	1	0.2500

表2-3 物境层指标判断矩阵及权重

子指标	S_1	S_2	S_3	权重W_2
S_1	1	2	3	0.5390
S_2	1/2	1	2	0.2972
S_3	1/3	1/2	1	0.1638

表2-4　情境层指标判断矩阵及权重

子指标	S_4	S_5	S_6	权重W_3
S_4	1	2	1/2	0.3119
S_5	1/2	1	1/2	0.1976
S_6	2	2	1	0.4905

表2-5　意境层指标判断矩阵及权重

子指标	S_7	S_8	S_9	权重W_4
S_7	1	1/2	1/3	0.1698
S_8	2	1	1	0.3873
S_9	3	1	1	0.4429

按照之前所描述的一致性检验计算方法，对上述的四个判断矩阵进行检验，结果符合一致性要求，见表2-6。综合所有判断矩阵的权重，形成了旅游文创产品设计综合评价体系子指标层中9个评价要素的权重优先级，表2-7所示的子指标层各评价要素相对于总目标的优先级排序和评价体系各指标要素权重折线图（图2-5）。

表2-6　一致性检验结果

参数	Q	C_1	C_2	C_3
λ_{max}	3	3.0111	3.0607	3.0205
CI	0	0.0056	0.0304	0.0103
RI	0.5200	0.5200	0.5200	0.5200
CR	0	0.0108	0.0585	0.0198

表2-7　子指标层各评价要素相对于总目标的优先级排序

层级	C_1 0.2500	C_2 0.5000	C_3 0.2500	综合权重W_5	优先级排序
S_1	0.5390	0	0	0.1348	3
S_2	0.2972	0	0	0.0743	7
S_3	0.1638	0	0	0.0410	9
S_4	0	0.3119	0	0.1560	2
S_5	0	0.1976	0	0.0988	5
S_6	0	0.4905	0	0.2452	1
S_7	0	0	0.1698	0.0425	8
S_8	0	0	0.3873	0.0968	6
S_9	0	0	0.4429	0.1107	4

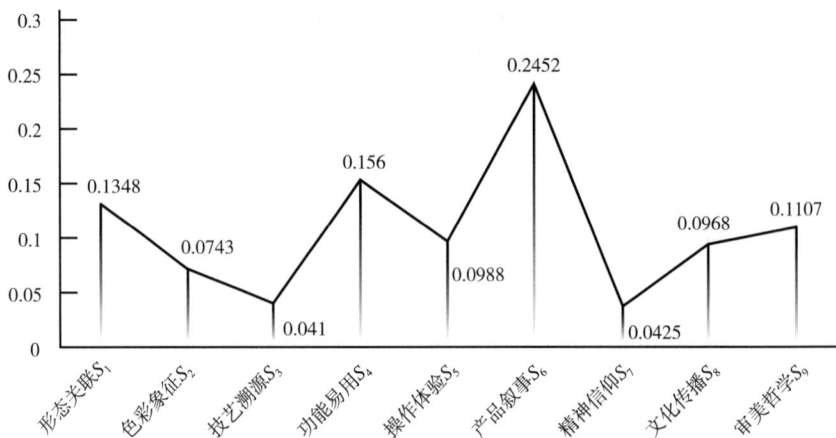

图2-5　评价体系各指标要素权重折线图

2.4.3.4　评价指标要素权重结果分析

该层次分析结构模型中9个评价指标要素的权重值排序，比较符合消费者对旅游文创产品的需求层次，为旅游文创产品的创新设计提供了一定的设计指导和理论参考。在综合评价结果中，产品叙事S_6的权重值最高，处于最优先级，说明以校企文创设计专家及设计专业的大学生为代表的消费者非常重视旅游文创产品所承载的历史故事和文化渊源，旅游文创产品是叙事的主要媒介，在创新设计中应该有效结合明确的故事主题，突出故事发展的情节设计，触动消费者的内心世界，完成情感的交流。功能易用S_4是指标权重排名第二的要素，具有较高的优先级，可以看出消费者非常重视旅游文创产品的使用功能。功能是产品的物质基础，具有一定功能性的旅游文创产品才能在人们日常工作生活中扮演重要的角色，依靠功能的重复使用，才能深刻回顾其所蕴含的文化内涵。当然在这个指标要素中，不单单指拥有功能，而且应当是有好用性和易用性的功能，稳定而可靠，展示了旅游文创产品的品质。位于第三的指标要素是形态关联S_1，众所周知，旅游文创产品蕴含丰富的文化精神内涵，它的设计开发必须基于文化资源的深入研究与充分整合，从众多分散的文化资源中提取核心元素特征。而形态与轮廓是消费者能够感知的最直观、最有效的外在刺激，能够快速地激发消费者大脑中的文化记忆图库，实现精准的认知反馈，从而理解旅游文创产品中的文化内涵与情感属性，所以文化资源的形态特征元素提炼，是旅游文创产品设计的重要内容之一。审美哲学S_9在权重值排序中位于第四，是一个相对重要的评价指标要素。任何成功的产品都需要符合消费者的审美及整个社会对于美的价值理解，审美具有时代性，不同历史时期的人对于美的理解有所差异，但对于美的追求是一个永恒的主题，是人本能的一种反应，象征着对于未来生活的无限期待和美好愿景，亦是社会不断发展进步的一种精神动力。旅游文创产品设计需要符合当代审美原则，满足消费者对美好事物的追求与期待，传播文化内涵的同时还能达到赏心悦目的精神需要。在9个评价指标要素中，色彩象征S_2的权重较低，优先级排名靠后。但在具体设计实践中，色彩是展示文化内涵的一个重要元素，例如，红色雕塑或红色文化创意产品，几乎都运用了鲜艳的中国红来隐喻其文化内涵。在该层次指标要素的分析研究中，受邀人员可能忽视了它的重要性。

2.5 多感官设计

2.5.1 概念及原理解析

"多感官"最早被用于传播学和教育学领域，它研究的重点是人体的不同感觉器官接受外界刺激所带来的反馈效果，目的是尝试在不同层面与多个角度上发挥人体各种感觉器官的本能特征，从而打破以视觉感受为唯一中心的传统观念。所谓的多感官设计理念是指在人体多个感觉器官的特征基础上，使产品创新设计突破传统的单一视觉感官刺激模式的局限，从人体感觉器官中的视觉、听觉、嗅觉、味觉及触觉五个感官机能作为切入点，多层次、多维度、多方面地刺激旅游消费者感觉器官，使其对产品的认知更加立体化，从而有效地刺激购物欲望。多感官设计是符合时代发展的一种新型产品设计理念，已经被广泛应用于产品设计、包装设计、招贴设计、广告设计、书籍设计、景观设计、展示设计及交互设计等众多领域，而对于旅游文创产品设计开发更为重要。

现阶段国内旅游文创产品还处于初始发展阶段，存在产品形式较单一、产品种类不足且大多数产品缺乏与游客的深层次情感交流及体验等问题。而多感官设计理念极大地拓展了旅游文创产品的设计内容，打开了设计师的视野，提供了更多的设计趣味性与新奇性。在现阶段设计理论研究中，多感官设计理念备受关注，成为研究的一个热点，在知网数据库查询多感官设计、多感设计，可以搜索到大量的研究论文，涉及了设计行业中的各个领域。总体来说，国内学者对于多感官设计理念的研究主要倾向于其在不同设计领域的应用探索，而在相关理论研究及架构创新上缺乏足够动力，还未能对多感官设计理论体系的构建起到有效支撑作用[1]。

心理学、生理学及人类行为学中大量研究成果表明，人体受多个感觉器官产生的联合刺激反应能够数倍于人体接受到的某种单一感觉刺激所带来的反应。在当下快速变化的信息时代，仅凭单一的传播渠道根本无法让消费者获取足够完整的信息量，而多感官设计理念给消费者带来了一种全新的联觉体验，实现了多种信息的整合，最大化地表达了产品的各种信息，让消费者对产品有了全方位的立体感受。人的大脑是通过各种感觉

[1] 吴联凡，陆定邦等. 多感官设计的可视化分析：研究进展、热点与趋势[J]. 包装工程，2022（22）：205-220.

器官获取外界信息，并将同一感觉器官获取的不同信息及不同感觉器官获取的不同信息进行整合认知，最终得以形成一个整体感知，而并不是将外界信息感知为碎片化的图像、声音或气味等，所以，假如任何一个感觉器官获取信息受阻或不协调，必然会影响人的整体直觉体验。

在现有的设计案例中，优秀的产品不只是具有单一的感官体验，而是视、听、嗅、触等身体所有感觉器官与产品的交流互动，通过多层次、多维度的体验，让产品变得更加形象具体、丰富多彩。例如，广受消费者喜爱的"关你屁事"文创手机壳设计（图2-6），通过富含冲击力的文字效果及立体视觉图像，硅胶材质的柔软触感，同时散发着桃香的气味及按捏过程中产生的声音，传递给消

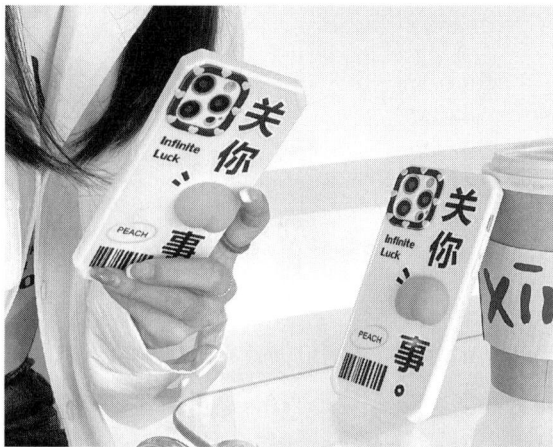

图2-6　文创手机壳设计

费者视、触、嗅、听的多感官设计体验，触发愉悦的情感反馈。又例如，乐凯撒比萨广告，创意性地将榴梿与报纸的印刷油墨混合，使报纸刊登的广告信息，散发出榴梿的香味，并与广告中的比萨视觉图形完美融合，充分调动了读者的多重感官刺激，激发了读者的深层情感记忆，使广告很好地达到了预期效果。相关研究表明在激发消费者购买行为中，各种感官刺激所占比重，从高到低排列如下：视觉所占比例为58%，味觉所占比例为31%，触觉所占比例为25%，嗅觉所占比例为15%，听觉所占比例为11%，这进一步说明了多感官设计理念对于产品创新设计开发具有非常重要的指导意义。

2.5.2　旅游文创产品的多感官设计

旅游文创产品设计是随着文化旅游兴起发展而来，广义上属于文创产品设计的范畴，但是相对于文创产品来说，它更加聚焦，是以旅游文化研究为基础进行创意设计。旅游文创产品设计处于起步阶段，现有的相关旅游文创产品比较简单、形式单一、缺乏文化内涵、体验感不足、情感属性不明显等问题层出不穷。在前文的研究中，详细阐述了情感产生的过程，是以人体的感官刺激为起点，以大脑发出相应的情感反馈指令而影响人的行为特征为终点。人体感官机能是情感产生的最初本源，游客通过不同的感觉器官来获得旅游文创产品的各种刺激信息，并系统地将这些刺激信息进行整合感知，从而给游客带来更深层次的内在情感。因此，在旅游文创产品设计过程中应当充分利用好人类身体上的多个不同感官通道，依靠多感官设计体验激起多种感官系统同时产生相应的刺激信息，促使消费者对旅游文创产品进行全方位、立体化的情感体验，更加系统地感知其各种信息特征，增强游客与旅游文创产品互动时的操

作体验，并产生相应的生理感受与情绪反馈。而当这些感受与反馈累积、上升为情感，则达到了体验的最终目标。

多感官设计理念的核心观点是根据人体不同感觉器官的刺激接收形式来规划产品各个维度的细化设计，依靠新设计的产品细节获取不同感官刺激信息在游客大脑中进行系统而全面地整合，从而让游客对产品有了整体而详细的感知。在产品设计研究中，多感官主要指的是视觉、听觉、嗅觉、味觉、触觉这五个感官通道，简称人体的五感。而各个感官通道对于产品设计而言并不是孤立存在的，而是自始至终与其他感官通道结合在一起的联觉体验，是一个整体的感知过程。

2.5.2.1 基于视觉感官通道

视觉效果是产品吸引消费者注意力的首要因素。心理学研究认为，人在认知世界过程中，总是会把注意力集中在自己愿意观看的焦点上，从而忽略了周围的景物，所以，视觉效果是人对旅游文创产品产生兴趣的起点。视觉感受的过程其实是人们最直接、最细腻的情感体验过程，以至于人们经常把精神生活和视觉感受进行正向关联，即视觉感受越美好，则获得的精神体验越充实，这也是当前设计师在进行产品设计时会对产品的物质层面属性进行精雕细琢的内在原因。视觉感官通道相对于其他感官通道来说，是一个相对复杂的感受过程，需要综合考虑人的生理状态、心理状态，及所接受过的知识文化教育背景等。不同的人或者同一个人的不同状态下，对同一个事物的视觉感受也是不一样的。而视觉感受的好与坏评价并不像触觉和嗅觉那样直接，能够被大众所认可。所以，基于视觉感官通道的设计是所有产品设计的重点与难点，是基本需求项，也是现代设计研究的主要内容。究其原因，无非是视觉感受对于产品的成功与否关系重大，而且视觉感受好坏的不可控因素太多，需要在设计前期详细地分析和研究。

现代设计研究普遍认为基于视觉感官的设计，需要从形态、色彩、比例、韵律等美学特征作为出发点，根据人群定位进行分析研究，准确把握住消费者视觉感官刺激的激发点，并以这个激发点作为视觉设计的切入口，并不断放大，在设计中进行多次的强调，形成有效的视觉感受。例如，北京2022年冬奥会的吉祥物——冰墩墩，借用憨厚可爱的熊猫形象来激起消费者的视觉感官刺激，加上其独特的内在价值，深受到消费者的喜爱。在旅游文创产品设计中，单纯依靠视觉感官刺激让消费者喜爱而购买，是比较困难的，必须要与其他感官刺激相互作用，共同传递出产品的各种信息，才能促进购买行为。当然，旅游文创产品能够成功，必然也离不开视觉感受上的强烈冲击，因此，可以从造型形态上去深入研究和挖掘探索，从色彩上去巧妙搭配，设定各设计元素之间恰当的比例关系，利用中国传统美学原则等，去匹配消费者的视觉感受，产生有效的视觉冲击。

2.5.2.2 基于听觉感官通道

听觉感官是仅次于视觉感官的人体重要感官机能，是人接受外界信息的重要通道。

视觉与听觉是对产品进行感知的两种最重要感官通道，在某些产品设计中，听觉感官比视觉感官更为重要，特别是在为一些特殊人群进行产品设计时，需要着重听觉感官的设计，如盲人相关产品的设计。听觉感官刺激的来源是外界各种声音，有悦耳的音乐或歌声，也有尖锐而吵闹的警示音等，声音的信息通过人体的听觉感官通道传导至中枢听觉系统，而后中枢听觉系统对外界声音产生的刺激信息进行简单加工、分析，如声音的强度、波长及方位等信息，同时还存在对声音的开始和结束来分别产生反应的分化细胞。传入大脑皮层的听觉刺激信息还会进行更高层次的判断认知，例如，部分能够与大脑中负责读、写、说的语言中枢相关联，进而有效地完成人类读书、写字、说话等机能，当然也有部分声音刺激信息恰巧能够舒缓大脑的负面状态，被认知为赏心悦目的音乐或歌声，从而产生相应的情感反馈。总体来说，有声音的产品更加吸引消费者的关注，充满声音情趣的产品更能满足消费者的互动体验，这也反映了听觉感官对于产品创新设计的重要价值。产品利用声音向消费者传递各种有用的信息，如使用状态、警示安全等信息，例如，倒车的提示音、洒水车的音乐声、机器运转时的轰鸣声、儿童玩具中的拟人声音等。同时，声音也是传递情感、提示功能的重要媒介，例如，游戏胜利后的音乐能够让人舒缓紧张情绪，传递高兴欢快的情绪；电梯关门时的声音反馈，提示人们门已经关紧，即将启动上升或下降功能；婴儿车锁扣锁住的咔嚓声，则暗示了婴儿车的安全性与牢固性，使家长能够相信它的品质等。由此可见，声音有着独具魅力的功能属性，能够给消费者带来各种意想不到的情感体验。

绚丽多姿的自然世界，各种声音存在于其中。有自然的声音，如瀑布撞击岩石、风吹过丛林、海水流淌过沙滩、雨滴拍打树叶等；有动植物发出的声音，如虎啸、马嘶、狼嚎、狮吼、猿啼、鹿鸣、犬吠、蝉鸣、鸡啼等；更有人为制造的声音，如说话的声音、敲打乐器声、机器运转声、音乐声、敲门声等。基于听觉感官的旅游文创产品设计，首先需要对声音进行分类研究，深入挖掘符合文化内涵的声音符号。例如，在革命故事、英雄事迹的叙述描述中，敏锐地察觉和提取出能够激起人们对于该红色文化内在记忆的音频或回响，依靠听觉感官捕捉到独特的刺激信息，在大脑中进行加工处理，与自身过往经历或所掌握的知识文化进行认知匹配，最终产生相应的情感反馈。其次，将提取出的具有文化特征的声音符号，依靠恰当的情境设计，融入相应的旅游文创产品之中，不仅能够通过声音引起游客的注意力，而且能够凭借声音的感官刺激将游客带入到相应的文化情境之中，引起情感的共鸣。例如，在革命斗争遗址或革命军事博物馆的相关旅游文创产品设计中，可以巧妙融入子弹上膛的清脆声响，在特定的情境之下，即刻就能将游客带入革命时期战火纷飞的联想之中，感受革命先辈们的大无畏精神和无私奉献精神，这是听觉感官给旅游文创产品所带来的独特魅力。

2.5.2.3 基于嗅觉感官通道

嗅觉感官机能在鼻腔的顶部，称为嗅黏膜，分布在这里的嗅觉细胞感受到挥发性物质的刺激时就会产生一种神经冲动，沿着嗅神经传导至大脑中枢系统，从而引起嗅觉反馈。不同的人对于相同气味的嗅觉敏感度具有不小的差异性，更有少部分人甚至缺乏普通人所具备的嗅觉感官能力。同一个人在不同身体状态下或不同的环境空间中，嗅觉的敏锐度也会不一样。某些症状，会影响到嗅觉感官的机能，例如，感冒、鼻炎等是降低人体嗅觉敏感度的主要病因。同时，空间环境内的温度、湿度及气压等因素的改变，也影响着人的嗅觉敏感度。

嗅觉感官是人体重要的一种感官通道，一些特殊人群，如盲人、聋哑人等在部分其他感官失效的情况下，能够像正常人利用视觉和听觉那样利用嗅觉来感知世界，非常精准有效，他们经常会凭借气味来认识事物，了解自身周围的环境，从而确定下一步的行动方向。嗅觉感官一直以来是人类所有的感觉中最为神秘、难以理解的东西，与其他的人体感官体验不同，很多无法用语言来精准描述的物质，却可以用气味来进行有效诠释。在产品中融入某些有特点的气味能让人回忆起一些特定的情感体验，从而对其产生发自内心的好感或亲近感，激发购买产品的欲望。例如，华硕品牌在2008年推出了全球第一款具有炫彩香味的笔记本电脑——F6SumerPany系列，依靠嗅觉感官体验打破了传统设计的局限性，以嗅觉感官体验的记忆带给消费者新奇性。这个系列的笔记本电脑在外壳材料中结合了特殊的香料，让消费者在打开电脑的过程中，淡淡的馨香气味扑面而来，感受完全不一样的交互体验，同时让消费者对品牌产生情感认知。设计师依靠粉色、绿色、蓝色、黑色等不同颜色的外壳散发出不同香味，传递出甜美、清新、酷爽的情感体验，让消费者联想到花的海洋，形成一种独特意境。华硕F6SumerPany系列笔记本从嗅觉感官体验的设计维度出发，对消费者的心灵形成关爱，达成的效果极大地超越了其他人体感官体验。又例如，在跑步机产品的设计中，设计师结合消费者的使用情境，在跑步机面对用户的两侧设计了出风口，用户跑动的过程形成微风拂动的效果体验，同时通过在出风口置入不同的气味，形成各种使用场景的联想，如淡淡的草香味，使用户联想到森林小路；清新的馨香，使用户联想到公园绿道等，达到嗅觉感受与心灵体验的双重效果。

基于嗅觉感官设计的旅游文创产品，设计关注的重点是气味的类型、气味的内在象征意义、气味的载体及气味被感知的情境设定等。按照不同的分类标准，嗅觉感官可以分为不同的种类。根据被感知的气味类型，嗅觉可以划分为以下几种：芳香性嗅觉，感知所有芳香物质的气味，如花香、草香、各种香料等；臭性嗅觉，感知的是难闻的气味，如臭氧、硫黄、氨气等；刺激性嗅觉，感知辛辣、刺激性的气味，如辣椒、酒精、气味剂等；烟雾性嗅觉，感知烟雾、燃烧气体等物质的气味。而根据嗅觉的功能属性划分，可以分为以下几种类型：情感嗅觉，可以引起情感上的反馈，如愉悦、喜欢、憎恶等；识别嗅觉，可以依靠嗅觉识别出不同的物体，如水果、蔬菜、香薰等；警戒嗅觉，可以快速感知具有危险性的气味，如毒气、烟雾等；社交嗅觉，帮助动物在社交中交流信息，如动物能够识别出同种群体成员的气味等。

中国古代对香味的研究极为非常细致，香料文化非常流行且高度发达。焚香、点茶、挂画、插花被称为宋朝四雅，可见香味在古代人们日常生活中的重要作用。宋代是香文化的巅峰阶段，宋人将香事诗意化、日常化推向了极致。焚香是宋朝文人雅士们在嗅觉、视觉及心灵上至关重要的文化形式与心灵寄托，氤氲之气通过香炉孔洞袅袅升起，营造出悠远典雅的诗意。古人追求焚香的至高境界，是尽量减少视觉可见的烟气，让香味低回而悠长。在宋代，焚香成为一种社会习俗，并不是富人的专属雅事，对于普通人家，同样也能享受品香之乐。在中国人的认知中，不同种类的香气有着不同的象征意义。梅花香象征着高贵、纯洁、高雅，兰花香象征着高尚、清雅、高洁、高贵，菊花香象征着秋高气爽、高洁、宁静，龙涎香象征着清香、幽雅、高雅，檀香象征着神秘、神圣、镇定、净化，龙舌兰香象征着幸福、喜悦、快乐、康健，沉香象征着祈福、镇宅、驱邪，百合香象征着庄重、高雅、祝福、吉祥，紫薇花香象征着开朗、活泼、积极、正义。在中国传统文化中，香文化源远流长，已经融入中国人的血脉之中，不同的香味会激发人们不同的情感记忆，形成不同的情感反馈。基于嗅觉感官通道的旅游文创产品设计中，需要关注香味的内在寓意是否符合文化特征内涵。例如，在中国传统文化中，梅、兰、竹、菊一直暗喻着君子品质，象征着高洁、清雅、自强不息的精神内涵，而中华优秀传统文化是红色文化的根脉，君子思想与红色文化有着千丝万缕的联系，将梅花香、兰花香与菊花香融入红色旅游文创产品的设计之中，形成嗅觉感官刺激，必然会获得相应的情感反馈，形成相应的情感认知，最终促进产品的销售行为。

当然，在不同的情境设计之下，其他的香味亦可以成为象征红色文化内在精神品质的嗅觉感官刺激，诸如象征着古朴、神圣的檀香，象征着积极、正义的紫薇花香等。隐喻红色文化精神气质的特殊香味融入红色旅游文创产品的设计之中，从嗅觉感官上激发游客的心灵感受，与其他感官通道共同传递旅游文创产品的各种信息，让游客从多角度、全方位地感知文化内涵，在大脑中形成更加直观的立体感受。正如宋代文人焚香追求诗意一样，旅游文创产品中香味的散发也需要符合特定的情境空间，最终达到抒情的意境，而不是简单地将各种香味添加到产品之中。

2.5.2.4 基于味觉感官通道

味觉是人体重要的感官通道之一，是感知外部世界的重要身体机能。味觉感官机能可以感受和辨识多种不同味道，目前普遍认为现有的味道基本是由酸、甜、苦、咸、鲜这五种味觉组成。基于味觉感官的旅游文创产品设计，一般常见于食品或者饮食用具等产品类别中，因为人体味觉感受器是味蕾，主要位于舌头表面及舌头边缘，部分分布于口腔内部和咽部黏膜表面。味觉的应用设计相对比较局限，人对于味觉的适应存在差异性，不同地区的人能够接受的味觉刺激不一样，如果设计中应用不当，反而会影响消费者对旅游文创产品的接受程度。例如，革命老区的一些食品，味道独特，具有明显的地域特色，经过精心设计，包括食品的造型、口味的调和等，完全可以成为一款畅销的红色旅游文创产品。独特的味觉感官体验，也能让游客感悟革命时期的历史艰辛和英雄故事，接受革命传统文化教育。

2.5.2.5　基于触觉感官通道

触觉是皮肤表面的触觉感受器接触到机械刺激产生的感觉，是接触、挤压、摩擦产品物质表面产生机械刺激的总称。人体皮肤表面存在着无数个触点，大小不一样，分布亦不规则，研究表明手指表面分布的触点最多，敏感度最强。其次是头部表面，而分布最少的部位是人体的背部和小腿，所以，小腿和背部的对触觉刺激反应相对迟钝。当人体皮肤深层中存在着触点受到挤压或压迫时，触点内部敏感的神经细胞会立刻发出一个微小的刺激信号，通过神经纤维传导至人体大脑之中，大脑可以马上辨识出触摸的强度及位置，给出相应的刺激反馈，人们就能切实地感受到这一次的触摸体验。触觉是人体与外部物体进行零距离接触后的体验，是人体最敏感、最真实的感官体验。触觉感官与人体其他感官机能的作用有所不同，视觉、听觉、味觉、嗅觉是用来感知外在世界，而触觉除了感知外在世界，还能保护人体内部器官远离机械伤害，抵挡外界的危险物质。触觉对外界物质进行多次感知后，大脑会储存相应的刺激信息，留下记忆图库，所以在某些情况下，视觉也能代替触觉，产生相应的信息反馈，如表面粗糙的材质，会让人产生不舒服、刺痛的感官体验。但是在多数情况下，触觉还是依靠人体表面与物体直接的接触才能产生最真实的外在刺激，获得触觉体验。

传统的产品设计是以视觉感官为中心，强调对消费者的视觉冲击来传递产品信息，但随着时代的发展，人们越来越不满足于仅限视觉美感的产品，而是更注重于产品的表面触感、温度感及重量感等身体机能感官与产品之间的交流互动。在之前的叙述中，产品的创新设计要素可以分为物境层、情境层和意境层，其中物境层是产品的基础，是情境层与意境层的支撑层。而物境层包含的因素除了形态之外，最重要的就是产品的材料质地、表面质感、工艺结构等，而这些因素都是与产品的触觉感官密切相关。材料的外显特征将产品物质层面的信息准确传递给消费者，使消费者获得丰富的认知体验，引起意境联想。触觉感官设计主要依靠材料表面固有特征、温度及肌理，这些要素都是传递产品信息的重要渠道。

（1）材料的固有特征是设计师依据产品特性选择相应材料的基础，例如，塑料材料质软、易成型，造型丰富多样，但容易老化，使用寿命较短；不锈钢材料，表面光滑，韧性很强，成型难度较大且造型方法比较简单，一般采用的是折弯、冲压等相对传统的工艺技术，但材料稳定，耐高温，质量可靠，能够提升产品品质；铝合金材料，表面有颗粒感，触感较好，成型方法相对于其他金属材料来说更加多样化，造型相对丰富，能够极大地提升产品的品质感，但铝合金材料相对于不锈钢等金属材料来说，硬度不高，表面容易刮花，从而制约了产品的使用环境。随着科技技术的不断进步，材料之间固有属性的差别也在逐步缩小，例如一些高分子材料可以替代金属材料，从而推动了航天科技的发展。然而，随着CMF工艺的不断发展，材料表面的固有特性也在不断变迁，例如，随着热转印与水转印技术的成熟，金属表面具有木纹特征已经成为现实。

（2）温度是触觉感官的另一个重要因素，也是大脑形成情感反馈的重要方面。例如，金属材料表面传导温度较快，接触时，人体皮肤的温度会迅速传导至金属内部，从而使接触的人体皮肤表面温度降低，产生一种冰凉的触感，给人一种冷酷、不易亲近的情感体验；而橡胶材质，对于温度的传导性较差，有一定的隔温效果，导致人体皮肤接触时，温度不易丢失，产生一种温暖的触觉感受，给人一种柔和、易亲近的情感体验。例如，在一些手握产品设计中，经常会使用橡胶材料来与手掌接触。一方面是增加表面摩擦力，另一方面也是增加接触面的温度，让人感觉温暖，增加手部的灵活度。材料的温度触感在很大程度上影响着人类的生活习性，例如，在北欧国家，人们喜欢用温暖触感的原木材料来设计制作家居用品；而在热带地区，人们则更喜欢使用竹制产品来获得清凉的体验。材料表面温度是人体触觉感知的一个重要方面，也是大脑识别材料特性的一个重要依据，在旅游文创产品设计中，恰当地利用材料表面的温度触感，能够有效传递出产品的特性，让游客产生相应的情感反馈，促进消费行为。

（3）肌理是现阶段产品外在形象设计的一个重要维度，它是指材料表征的各种纹理组织形式，又被统称为质感。不同类型的材料外观特征不一样，其表面的组织、排列、构造各不相同，因而，产生了人们感知中的粗糙、光滑、软硬等触觉感受。表面肌理一般是经过设计师精心设计和布局过的理想材料表征，能够让消费者感受到次序美、律变美、自然美等审美特征，而根据肌理的形成方式可以分为视觉肌理和触觉肌理两种类型。如前文所述，人们在长时间的触觉体验中积累了大量的记忆信息，以至于不用皮肤接触，通过视觉观察就能够感受到物体表面质地的差异，产生一种条件性的情感反馈，这就是视觉肌理在起作用。例如，画面中出现的无数小颗粒或凹凸不平的花纹等，虽然不是真实存在的表面质感，但是人们依然会感受到它们带来的触觉体验效果。触觉肌理一般可以通过机械加工或表面特殊处理的方式获得，是三维立体的真实质感，可以通过皮肤表面的接触获得情感反馈，如金属表面的磨砂处理、机加工的CD纹理及塑料材质表面的造型纹路等。现代产品设计中，肌理是一种重要的设计手段，给消费者带来各种体验感受，增加了产品形象特征与感染力。例如，现代家电产品、生活用品等都在尝试加入不同的表面肌理设计，来增加产品与众不同的个性与品质，以彰显消费者的独特品位，如海尔冰箱表面的大理石纹肌理（图2-7）。

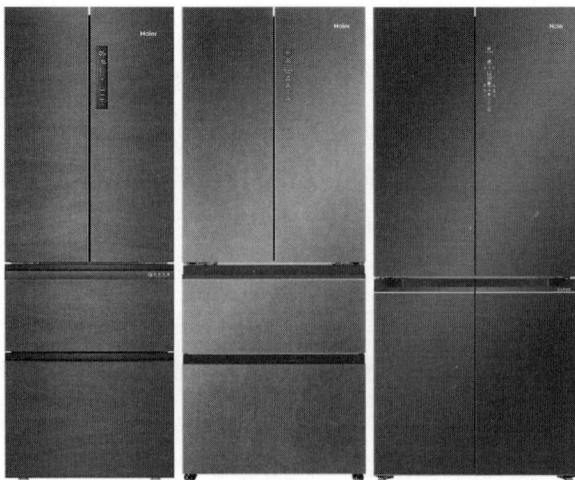

图2-7　海尔冰箱表面的大理石纹肌理设计

（4）不同表面肌理带给消费者不同的情感体验。例如，大理石纹肌理代表着奢华及高雅的意蕴，很多品牌的家电产品表面开始使用大理石纹来彰显高端品位与气质；而木纹肌理则象征着亲和与朴实的意境，因此一些比较生硬的机械产品，通过水转印或热转印的方式将木纹肌理用到其金属材料表面，改变原本冰冷的外在形象，使用户获得不一样感受与体验。与此同时，不同表面肌理会影响光的反射分布，从而可以营造出各种氛围的光泽度效果，使用户通过物体表面获得完全不一样的体验感受。例如，细腻而光滑的肌理表面，对光的反射能力强，会带给人活跃、轻快的氛围，但同时高反射特性会对人的视觉感官产生强烈刺激，使用户产生冰冷的心理感受；平滑而哑光的肌理表面，对光的反射较少，给用户带来深邃内敛、恬静淳朴的神秘感；粗糙而光亮的肌理表面，对光的反射不强，但是表面反射光点较多，会让人感觉稍显笨重、杂乱和沉重；粗糙而哑光的肌理表面，则会带给人稳重、悠远、有内涵的心理感受。在产品设计中，表面肌理触感并不是简单粗暴地大面积覆盖，而是巧妙地融入于产品细节造型的局部设计之中，类似于产品局部细节的不同材料选择和表面工艺处理等，体现出产品的精工细作及品质特性。

表面肌理在产品设计中具有以下三个作用：一是可以塑造产品立体空间感，例如一个产品的表面和局部细节采用不同的肌理效果，可以增强产品形态的立体感及层次感，当然，这取决于肌理形状及分割关系。二是可以丰富产品形态的表征，不同肌理可以展现形态不一样的表情与特征。因此，在产品设计时，表面肌理通常位于视线焦点的区域。三是具有功能提示的作用，不同表面肌理会暗示产品所具有的功能或者操作方式，例如，瓶盖、旋钮、开关等一般会在手指接触的表面设计一些特殊形状的肌理，从而帮助用户对其功能的理解，指导用户获得更好的操作体验。在旅游文创产品设计中，使用同种材料构成的肌理可以使产品表现出协调统一的视觉效果，但如果使用的面积占比太大，可能会出现单调、呆板的情感体验；而利用不同材料构成的肌理能够让产品拥有变化丰富的视觉效果，但需要避免出现杂乱无章的情感体验。因此，对于肌理的选择与应用，需要设计师根据具体的设计情境进行详尽而细致的分析。

总体来说，触觉感官体验是现代产品设计的一个重要环节，随着用户对于产品内在情感需求的不断上升，触觉感官刺激的作用越来越重要，它能让消费者获得相对于其他感官来说更加真实的情感体验。旅游文创产品设计需要重视触觉感官刺激所带来的情感反馈作用，充分满足游客的触感体验需求，在整体造型设计中，巧妙运用不同材料的固有特性来提升旅游文创产品的整体品质，同时依靠温度触感或表面肌理来丰富产品的局部细节，增强产品的语义特征，暗示产品的使用功能，让游客感受到无微不至的关怀和尊重，提升旅游文创产品自身的内在情感属性。

2.5.2.6 通感

通感是指人的对外界的各种感官机能，诸如视觉、听觉、嗅觉、味觉、触觉等的互相关联和共同作用，在现代心理学研究中，又称为联觉反应。对外界现象的直接感受是由人体表面的第一信号系统产生视、听、嗅、味、触等相关刺激信息，经过神经系统传导至大脑中枢，而大脑中枢系统在处理第一信号系统所产生的刺激信息时，会依据以往的直接处理经验或者间接学习经验，使人的体验反馈产生跃迁，即在人体某一感官机能受到外界刺激的影响下，另一种看似与之无关的感官机能也会同时产生一种情感反馈。例如，人体在受到红色视觉刺激时，会同时产生"温暖"的触觉感受；优美嗓音的听觉刺激会同时产生"甜美"的味觉感受；尖锐的视觉图形会让人感受到触觉的刺痛，而圆润的形态让人感觉舒适等。国学大师钱钟书对日常生活及大量中外文学作品中的通感现象进行了深入研究，同时借鉴了心理学的研究术语，并在此基础上首次提出了"通感说"。他认为人体的感觉器官是相互连通的，而各个感官机能的领域可以不分界结，因而颜色有了温度，声音有了形象，冷暖有了重量，气味有了体质❶。

人的认知过程使人体大脑中枢系统中的记忆图库与自然界中的客观事物建立起了抽象的联系，并启动与之对应的反馈程序，这是人类感知外界客观事物的必要过程，也是人类依靠多个感官机能收集外界客观事物的信息，并传导至中枢系统进行加工处理的过程。基于这个认知过程，游客主要是依靠与旅游文创产品自身信息的交流互动而获得相应的情感体验，而感知程序的圆满完成需要经历感觉和知觉两个过程阶段。感觉阶段是游客的感官机能受到产品各种刺激而获取信息的过程；知觉阶段则是游客将获取到的旅游文创产品刺激信息与自身大脑中枢中的记忆图库进行匹配处理，并启动相应反馈程序的过程。详细展开来说，游客利用感官机能获取旅游文创产品物质层面、操作层面的各种刺激信息，完成感觉阶段过程，并将这些信息转化成神经冲动传导至人体大脑中枢系统。在知觉的构建过程中，大脑中枢系统依靠过往经历而储存的记忆图库与输入的感官刺激信息进行认知匹配处理。当认知匹配成功，则会启用新的感官通道替换之前的感知领域，将收到的感官刺激信息相互关联并转换，形成一种感觉跃迁。同时新的感官通道产生的刺激信息在大脑中枢系统处理时，会进一步强化和丰富大脑中枢系统的记忆图库，形成由一种感官通道引发多种感官通道的综合体验，可以称为感官叠加。而知觉产生的最高层次的表现形式是由多种感官刺激信息产生一种综合的意境联想，依靠人体自身的经历感受与情感记忆，将客观存在的旅游文创产品与主观情感相互融合，形成深层次的情感体验（图2-8）。因此，通感主要包含了三个方面的内容：一是感觉跃迁，即从一个感觉切换成另一种感觉；二是感官叠加，即多种感官效果同时启动反馈程序；三是更高层次的意境联想，即形成情感共鸣。

图2-8　通感体验模型

---

❶ 钱钟书. 七缀集[M]. 北京：生活·读书·新知三联书店，2020.

2.5.3 基于多感官体验的旅游文创产品设计流程与方法

基于多感官体验的旅游文创产品设计的核心原理就是将通感的三种形式恰当而准确地融入旅游文创产品的不同交互层次之中。因此，在旅游文创产品设计流程中，需要明确文创产品想要带给游客的体验目标以及深层次的内涵，然后再来构建文创产品相应的外在表现形式及选择需要激发的感官通道。可见，旅游文创产品的设计流程与游客的感官体验过程刚好是逆向而行的，是先确定了需要的体验结果，而后才是寻求产生这个结果所需要的感官刺激通道。

具体来说，在旅游文创产品的设计过程中，首先对旅游文化可能存在的设计载体进行详细分析与功能设定，确定旅游文创产品让游客获得预期的目标体验感受。在此基础上，逆向推导能够产生这个体验感受的刺激要素。当然，这个刺激要素可能是来自多个不同的感官通道，也可能是一个感官通道的刺激要素而引起的通感体验效果。如果是后者，则需要针对所开发的旅游文创产品，分析其可以准确表达预期体验感受的方法与路径，进而设定诱发通感体验的有效形式，即从视觉、听觉、味觉、嗅觉、触觉这五种感官通道中选择一种或者多种恰当的感官通道作为主要感觉。分析产生通感体验中感觉跃迁、感官叠加、意境联想这三种方式的确定感官通道，然后将其刺激形式转化为旅游文创产品的具体设计要素，从而逆向推导出旅游文创产品最终的几种可能形式。最后的验证阶段则是将设计完成的旅游文创产品情感体验与最初的预期设定目标进行匹配，如果相符合则满足要求，不符合则是通感体验所选择的感官通道不准确，需要反复进行调整，重新寻求感官刺激的诱发因素（图2-9）。

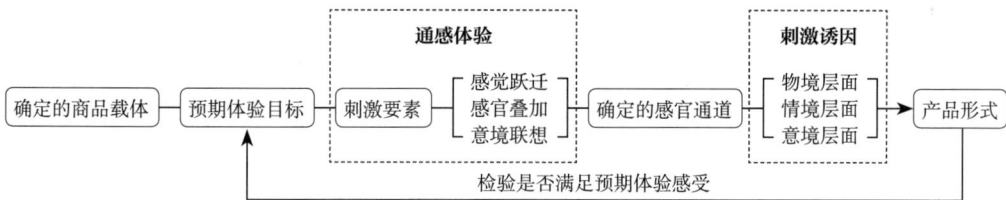

图2-9 基于多感体验的旅游文创产品设计流程

2.5.4 多感官设计的价值与意义

在传统的旅游文创产品设计中，过于强调视觉感官上的文化符号提炼和形态转化，注重文化外在形象、内在意蕴与文创产品的深度融合设计，而忽视了游客所期待的真实情感体验，在一定程度上制约了旅游文创产品向更高层次的发展。多感官设计理念的核心是重视挖掘人体每一个感官通道的刺激，让游客获得更加立体的情感体验，拓展了旅游文创产品创新设计的发展空间和维度，为旅游文创产品设计开发提供了新的创新源泉。多感官设计使旅游文创产品更加具有人性化的特征，增加了有趣的体验感受，增强了游客与文创产品的交流互动形式，有效提升了旅游文创产品的独特魅力。在多感官设计的深度介入下，旅游文创产品将得到持续快速发展，旅游文化创意产业必将大放异彩。

2.6 数字化技术应用

2.6.1 数字化技术概述

数字技术是与电子计算机技术发展相伴而生的一种科学技术，借助一定的专业设备将图文声像等转化成计算机能够识别的二进制语言，而后进行加工、储存、传播、还原的一种先进技术。因在加工运算、存储传播等环节中，需要依靠计算机对信息进行编码、解码等，故也被称为计算机数字技术。而数字化是指将客观存在的事物、信息、过程等通过电子计算机能够识别的语言转化为数字编码的过程，其核心本质是将现实世界中的客观存在与主观意识等借用数字技术的方法，转化成方便储存、传输和处理的数字形式，目的是更好地管理和利用这些数字信息，从而提高社会效率。数字化是人类社会未来发展的重要趋势。在当今社会中，数字化技术已经融入了社会各行各业，与人类的工作生活密切相关。例如随着信息技术和网络技术的发展，手机已经成为人类的一个重要智能控制终端，在工作、生活中扮演着非常重要的作用，离开手机就有一种脱离社会的错觉，这充分反映出由数字化技术推动的智能技术已经将人类社会带入了一个新时期、新阶段。

数字化技术具有方便管理、高效储存、快速传输的优越性，导致其应用范围特别广泛，主要包括以下几个方面：

（1）移动程序方面的应用，例如人们现在常用的社交媒体、购物、娱乐等方面的应用，让人们可以依靠智能手机、平板电脑等终端来进行在线交流、购物和娱乐等活动。

（2）电子商务方面，例如通过网络技术来开展产品及服务的交易，包括在线购物、在线支付等。

（3）在线教育应用，通过平台、软件、工具进行远程教学，包括在线课程、网络培训等。

（4）数字媒体应用，包含了视频、音频及图像等多媒体内容的创作、传播。

（5）虚拟现实和增强现实方面的应用，主要是利用数字技术创建虚拟或增强的现实体验。

（6）云计算方面应用，依靠互联网技术提供基于强大服务器的存储、计算和软件服务，使用户可以随时随地进行远程访问和共享数据。

（7）大数据和人工智能领域的应用，是利用大数据分析和人工智能技术为用户提供更加智能、精确和符合个性化需求的服务。

（8）物联网方面的应用，是将传感器和设备连接到互联网通信中，实现物品之间的信息和数据相互传递，带来更加智能和便利的生活体验。

在众多应用领域中，对于文化传承与保护方面应用是一个比较新的领域，利用数字化技术将中华优秀传统文化转化成数字形态，打破时间和空间的限制，能够长久有效地完好保存，这对于民族文化的保护与传承有着非常重要的现实意义。例如，敦煌壁画的数字化呈现与保护，不仅为敦煌壁画中的艺术信息永久性地无损保存与其蕴涵的中华优秀文化思想传播提供了新的思路与方法，同时，融合人工智能技术与图像处理技术，分析研究敦煌壁画的衰退演变历程并在此基础上完美地恢复其原貌。可见，数字化技术在社会各行各业中都具有无限的应用潜力，对于行业发展、产业升级有着强大的推动作用。

2.6.2　数字技术介绍

数字化技术是一个比较大的范畴，包含了众多的先进技术，如网络技术、通信技术、智能化技术、自动化技术、大数据技术等。随着数字化不断推进，不同的行业领域将产生不同的数字化技术推动该领域的快速发展。而对于文化传承与再设计领域来说，数字化技术主要包含三维扫描技术、虚拟现实和增强现实技术、动作捕捉技术等，对于文化传播与发展有着重要的作用。

2.6.2.1　三维扫描及3D打印技术

三维扫描技术是一种应用范围非常广泛的高新技术，它集机、光、电及电子计算机技术于一体，通过立体扫描物体空间形态、结构关系及色彩组合，以获取物体的各项空间三维坐标，将物体的立体数据转换成计算机能进行加工处理的数字编码，从而为重建物体的三维数字模型提供了强大的数据支持。三维扫描技术为实物转化成数字模型提供了一种非常方便快捷的技术手段，能够实现非接触式的数据测量，测量速度快，获得的数据精度高，并且可以将测量的结果数据直接对接多种三维软件，如CAD、CAM、CIMS等软件。三维扫描技术在产品设计领域的应用主要体现在将产品进行逆向工程处理。具体的流程是通过三维扫描得到已有产品的详细立体空间数据，这些数据可以直接与软件进行对接，重构成的三维数字模型，在CAD系统中对生成的三维数字模型进行修改、调整、再设计。最后依靠加工中心或快速成型技术进行打样分析，可以极大地缩短产品的生产制造周期。3D打印技术是一种快速成型的加工技术，可以将数字化的设计方案进行加工分析，编译成无数个层面信息，然后通过层层打印的方式转化成实体的样品，加速产品原型制作和生产的过程，能够有效地提高产品的设计开发效率和降低制作成本。因为3D打印是通过一层一层地叠加，最终构建成立体的效果，所以对材料有着一定的限制，现阶段常用的3D打印材料是粉末状的金属和塑料及光敏树脂等可黏合的材料。

2.6.2.2 虚拟现实与增强现实技术

虚拟现实技术（Virtual Reality，简称VR）和增强现实技术（Augmented Reality，简称AR）是近几年来数字技术领域的热点。这两种新技术可以依靠智能设备和反馈系统打造出具有沉浸式体验效果的虚拟空间，又或者在真实世界中加入虚拟信息，为用户带来超乎寻常的新奇体验。VR技术和AR技术虽然具有一定的相似性，但在应用领域及实现方式上有着极大的不同。VR技术是依靠电子计算机来创建和生成三维的虚拟空间，用户可以通过穿戴一定的智能设备，于虚拟空间环境中进行有效的互动，仿佛置身于其中，达到身临其境的效果，获得沉浸式体验。为了更好地满足这一体验目标，VR系统需要借助外部的控制系统和反馈设备来捕捉用户头部和身体各部位肢体动作，并进行实时反馈，与虚拟环境空间进行有效的信息匹配。与此同时，VR技术还必须拥有高质量的图像处理和音频加工能力，以确保用户能够获得高清的视觉画面和震撼的空间音效，从而完全沉浸于虚拟世界之中。AR技术则并不是生成一个完全的虚拟空间环境，而是在真实世界中加入一些虚拟的特效处理，而将用户带入其中。AR技术是将电子计算机创建而成的图像、文字或音频等融合到真实世界中，从而提升用户对现实世界的体验。智能手机、平板电脑和头戴式显示设备等是AR技术通常所需要的设备。它们利用摄像头捕捉到现实世界中的真实画面，然后通过电子计算机的视觉算法来识别场景中的物体和环境，将虚拟信息精确叠加到画面之中，形成强烈的感官刺激体验。

沉浸式游戏开发是虚拟现实技术和增强现实技术应用最为广泛的领域之一，为无数用户带来了更为惊险的挑战刺激和真实体验。依靠VR技术，游戏玩家可以身临其境地融入一个全新的虚拟世界，与游戏角色进行直接互动，完成各种奇妙的冒险。VR技术带来的沉浸式体验为游戏玩家提供了非常真实的代入感，提升游戏的魅力，引人入胜。近年来，大量的知名游戏开发商推出了一系列VR游戏，深受玩家喜爱和热捧，足以说明虚拟现实技术与增强现实技术所具有的独特魅力。在产品设计领域，VR技术和AR技术应用同样非常广泛。设计师可以通过VR技术将创建的产品方案数字模型转化成高度逼真的产品影像而呈现出来，帮助客户在产品方案评估阶段就能够全方位地预览到各个角度的细节效果及详细的组织结构特征，使客户能够更加直观而清晰地了解到设计方案，并提出修改意见和建议，有效地缩短产品的开发周期，提升效率。AR技术应用在设计领域主要体现在对现实环境的增强。例如，在家居产品的开发设计过程中，可以通过AR技术应用在现实空间中观看虚拟家居产品的摆放效果，有利于家居产品的设计开发。此外，AR技术还可以应用于工业设计、时尚设计等设计领域的多个方面，能够有效帮助设计师快速验证设计方案，减少开发过程时间。虚拟现实技术及增强现实技术所具有的技术优越性，在社会未来发展中，促使其应用范围得到不断拓展，从而推动各行各业的创新和变革。随着科学技术的不断创新与发展，VR技术和AR技术将不断突破，为人类带来更加丰富、便捷、智能的生活方式和情感体验。

2.6.2.3　人体动作捕捉技术

人体动作捕捉技术应用于人体动作姿势数字化的需求，它将人体动作姿势的数据信息作为特征数据来驱动虚拟图像模型或进行人体行为分析，它的技术核心是利用传感器来捕捉特定空间场景中人体的运动姿势或运动数据。例如，在人体运动过程中的关键部位安装追踪器，借用Motion capture系统来捕捉追踪器的实时位置，最后经由电子计算机加工处理，得到其在特定三维空间的坐标数据。当这些数据被电子计算机识别后，可以匹配相应的三维模型进行影视动画制作，也可以进行步态分析、生物力学、人机工程等领域的分析研究。例如，在2008年，詹姆斯·卡梅隆导演的科幻电影《阿凡达》拍摄过程中全程运用动作捕捉技术而完成，实现了人体动作捕捉技术与影视效果的完美结合，具有划时代的重要意义。

2.6.3　数字化技术融合路径

旅游文创产品的范畴非常广泛，可以是物质层面的产品，也可以是非物质层面的活动与体验。其中，物质层面的旅游文创产品设计研究已经相当成熟，包含常见的文创纪念品、具有地域特色和文化特色的各类产品等，从文化提炼到文化解码、文化转化及文化传播都有相对丰富的研究成果，且各个文化旅游景区都有少量自己特色的文创产品供游客收藏纪念，从而传播文化内涵。而非物质层面的旅游文创产品却并不多见，随着科学技术，尤其是数字化技术的不断发展与普及，相信在不久的将来，注重文化体验的非物质层面的旅游文创产品也会如雨后春笋般涌现出来。数字化技术对于旅游文创产品的设计具有很好的推动作用，不管是物质层面的还是非物质层面的旅游文创产品设计，都能够依靠数字化技术提升设计效率和设计成果。

2.6.3.1　构建文化资源数字图书馆

基于互联网信息技术的快速发展，创建文化旅游资源网络图书馆，用于收集、存储、展示各个地区的文化特色及其旅游资源。网络技术带来的便利性能够最大限度地收集到各种文化资源，包括图片、影像和声音等，并有效地进行管理和分类储存，同时也可以快速地进行传播与推广。例如，红色文化资源包括物质形态和非物质形态两个方面。其中，物质形态的红色文化资源包括革命文物、革命遗址、纪念馆、展览馆及烈士陵园等；而非物质形态的红色文化资源主要指那些附着于物质形态之上的革命精神、革命传统及价值理念等。构建文化旅游资源数字平台，征集各个地方的特色文化及资源，进行梳理汇总，不仅能够完善文化旅游资源数据库，将各种文化旅游资源转化成更加便捷有效的形式进行保存，而且拓展了文化资源的传播渠道，进行广泛的推广，更重要的是，能够为旅游文创产品的创新设计提供了可用的资源库及交流互动平台。一方面设计师可以在这个数字平台快速地找到目标文化的各种详细资源，挖掘出有用的设计元素，启发设计思路，同时也能够将各个地方的文化及其旅游资源进行分类比较，以设计师的视角洞察它们之间的差异与不同，从而设计出具有地域特色文化内涵的旅游文创产品。另一方面，设计师之间也能够相互交流，分享设计经验与经历及对各地文化内涵的独到理解与感知，有利于促进旅游文创产品的设计开发朝着更好的方向发展。

文化旅游资源数字图书馆的创建需要高度依赖数字化技术将大量的文化资源进行数字化转换，形成可以进行编码的代码，上传到数字平台并进行保存、展示与传播。尤其是一些不可移动的大型文物资源，对于数字化技术的融合运用更加迫切。例如，文化遗址、文化纪念馆等重要文物，承载着深厚的文化底蕴，但因其占地空间较大，蕴含的细节丰富，无法用照片或影像的方式很好地记录其全貌，在保存和传播方面存在大量的困难，使得人们对其没有一个整体性和全局性的了解，必然也会影响与之相应的旅游文创产品的发展。利用三维数字化技术，将这些不可移动的文物的外在形式、内部细节及所处的空间环境等重构成三维数字模型，将其全貌和每个细节都精确而详细地展示出来，并利用互联网信息技术进行完好保存，使人们不仅对其有一个全局性的浏览，还可以360°地观看其各个细节，深入了解其历史背景，领悟其蕴含的文化精神内在。

2.6.3.2 融合数字技术进行深度开发

在具体的旅游文创产品设计开发中，数字技术的融合运用能够有效地推动其设计进程，缩短设计周期，同时还可以广泛拓展旅游文创产品的新形态。对旅游文创产品设计主要是基于对现有的文化资源进行充分的分析研究，从形态、比例、尺寸、结构、组织关系等方面来提炼其特征符号，这是一个严谨而细致的分析过程，在具体实施过程中也存在较大的难度。例如，在文物、文化遗址等重要文化资源的设计分析中，由于它的文物属性而得到相关部门的精心保护，普通人根本无法触碰到其表面，"只可远观而不可亵玩焉"，更不要说在测量尺寸过程中的随意拨弄。因此，在文化资源的分析研究过程中缺少细致地近距离观察及精确的尺寸比例分析，导致设计师在进行旅游文创产品设计时无法精确掌握其文化元素的关键特征，使最终设计成果不能很好地反映文化独特特征，承载文化基因。然而，在科学技术高速发展的时代背景下，利用数字化技术将文化旅游中的重要资源转化成数字形态，深度挖掘文化元素的内涵与特征，为旅游文创产品的创新设计提供了重要的支撑。例如，利用三维扫描技术可以通过非接触的测量手段，将红色文化资源中的重要文物、革命遗址等通过精确扫描得到其表面在立体空间中的坐标数据，对接各种三维软件及工具，如CAD、CAM等，利用三维重构技术，将数据信息转化成可调整、修改的三维数字模型。三维扫描技术可以将实物进行完美地复刻，因此在这些数字模型中可以进行各部分尺寸的准确测量，轮廓形态线条的精确提取，组织架构的详细观察。在这个基础上进行文化元素特征符号的提炼与精练，能够确保提炼过程中数据的可靠性及提炼结果的有效性，为后续旅游文创产品的创新设计提供了能够承载文化内涵的设计元素，提升了设计成果的质量。更有甚者，可以直接在软件中对三维模型进行微调和修改，或增加实用功能，或减少不必要的烦琐细节，又或者融入具有游客自身识别功能的独特印记等，利用3D打印等快速成型技术进行方案的样品制作，随后通过观察或使用样品来评估、修改、完善方案细节，可以极大地降低方案设计的时间成本，并缩减旅游文创产品的开发周期，使其更加快速地进入文创产品销售市场。3D打印技术的最大优势是打破了传统的生产制造流程，能够在最短的时间内将设计方案制作成型，所以非常适合一些个性化定制的产品。例如，在旅游文创产品设计中，利用3D打印技术，将游客的个人喜好与文创产品结合起来，快速制作出一些能够激发游客情感共鸣的个性化定制产品，让游客能够参与到旅游文创产品的创新设计之中，并在整个过程中的享受愉悦、增加乐趣，获得美好的情感体验，同时也能增加游客对特定目标文化的认知和了解。

在前文论述中提到，旅游文创产品的范畴相对广泛，可以是真实存在的客观物质产品，也可以是各种非物质形式的服务以满足游客精神层次的需要。在一些特定情境下，那些基于数字化技术的新奇活动与体验更能让游客感受到文化的精神内核，从而接受文化教育，获得心灵的洗礼。例如，井冈山革命博物馆利用数字化多媒体技术还原了毛泽东、朱德等老一辈无产阶级革命家将马克思主义与中国革命实践相结合，点燃工农武装割据的"星星之火"，开辟井冈山革命根据地的伟大历程，生动而具体展示了"农村包围城市，武装夺取政权"的具有中国特色的井冈山道路及其孕育的井冈山精神。随着虚拟现实技术与增强现实技术的不断普及，极大地激发非物质形式的旅游文创产品设计开发潜力，同时利用三维扫描技术实现重要文物的虚拟三维模型创建与数字化加工制作，不仅为游客带来全新的3D立体体验效果，还能使游客身临其境地参与到数字化的互动展示之中，体验到更丰富的文化内容。将代表特色文化的元素进行挖掘提炼，转化成可以用特征符号或简洁图形进行描述的内容，与虚拟现实技术或增强现实技术巧妙结合，提升旅游文创产品的内涵，创造全新的文创产品形态。例如，利用三维扫描技术获取红色文化中各种重要资源的立体数据，利用工具和软件进行三维重构，转化为与实物完全一致的数字模型，并依靠虚拟现实技术或增强现实技术深度还原红色文化资源所处的历史空间场景，让旅客身临其境，获得沉浸式的交互体验，感受到浓厚的红色文化氛围。现阶段，各地的文化博物馆都在尝试利用虚拟现实技术及增强现实技术实现数字化体验服务，借用数字化、信息化和智能化的手段对馆内相关的文物展品进行全方位的立体展示，以确保文化博物馆的交互性与多元化。例如，中共湘区委员会旧址陈列馆利用虚拟现实技术高度还原历史场景，游客能够在虚拟的世界环境中，真实感受革命遗迹的历史背景及其时代特色，瞻仰革命先辈之风采；南昌八一起义纪念馆为满足游客的浏览需要，构建了数字展馆，通过登录线上数字展馆，游客可以任意放大、缩小，全方位旋转革命文物仔细欣赏，避免了旅游高峰期带来的排队烦恼，突破了地域和时空的限制，让游客感受到不同层次、不同维度的红色文化，从而获得一种轻松愉快的浏览经历，满足游客自身对红色文化的内在需求。

2.6.3.3 基于数字化技术的创新设计

数字化技术的发展为旅游文创产品的创新设计提供了无尽的潜力，开拓出新的发展方向，同时极大地提升产品创新设计的效率。基于数字化技术的旅游文创产品创新设计，可以从以下多个方面来展开。

（1）旅游文创产品的个性化定制。旅游文创产品面对的消费人群是来自各地的游客，而不同的游客对于地域特色文化的理解不同，感知的维度有差异。同时，不同的人有着各自不同的兴趣与喜好，大众化的旅游文创产品可能无法满足他们对于文化的需求，因此，需要针对这类目标人群进行独特的设计与制作，以达到个性化的需求。伴随三维扫描技术和3D打印技术的发展，使这一目标得以逐步实现。依靠三维扫描技术可以将游客的特殊需求点转化成三维数字模型，例如，将游客自身的特征或代表性符号转化成数字模型融入具有地域特色的文化资源的数字模型之中，形成带有独特纪念意义的产品设计方案，然后，借用3D打印技术快速成型，最终形成独一无二的旅游文创产品。游客能够亲自参与设计制作的整个流程，并留下自身独特印记，这个过程本身就是一段充满趣味体验的经历，不仅能够给游客留下美好的回忆，同时，将充满地域特色的文化根植在游客的大脑记忆之中，促进文化保护与传承。

（2）文化影视动漫创作。文化相关的影视作品是展现文化内涵的重要载体，也是旅游文创产品的一种重要新形式。随着时代的发展，影视动漫日益成为充满活力和发展潜力的新兴产业，其涉及视觉特效创意、影视拍摄、3D动画、后期合成、特效动画等，是一个相对复杂的系统。随着数字化技术在影视动漫领域的延伸和制作软件的增加，三维数字技术极大地突破了影视拍摄的局限性，带来更高的制作质量与水准，同时在视觉效果上弥补了专业拍摄的不足之处。因此，在一定程度上数字化技术为影视动漫的设计制作节约了费用成本，同时缩短了创作的时间周期。数字化技术与影视动漫的不断融合，使影视动漫的创作更加引人入胜、震撼无比。数字多媒体技术的发展导致影视特效的制作亦相对容易，可以为影视作品带来更多的文化元素和更好的视觉体验。例如，由追光动画制作的动漫电影《长安三万里》不仅蕴含了深厚的中国文化内涵，且视觉效果震撼，以人物为线索推动故事情节的发展，将中华优秀传统文化的魅力展现得淋漓尽致，对于中华优秀传统文化的推广取得了巨大的成功。红色文化是当代中国社会主流文化，是中国人的共同情感认知，创作开发与之相关的影视动漫必然可以达到较高的预期，而且影视动漫的主要受众是广大青少年人群，对于红色文化的传承与发展具有重要的社会意义。利用三维扫描技术和人体动作捕捉技术，能够为影视动画创作提供更加多样的历史空间场景及人体动作数据，有效实现各种视觉特效和人物角色复杂动作。在对抗战时期遗留下来的遗址与遗迹（如伟人故居、革命建筑、战斗遗址等）真实还原的基础上，以关键人物为线索推动故事情节的发展，震撼而引人入胜地展示革命先辈们在抗战时期的英勇事迹，用影视动漫的形式讲述一个又一个真实而感人的红色故事。例如，湖北省图书馆利用数字化多媒体技术制作了闻一多、向警予、李汉俊等革命先烈的红色历史动漫，深受人们的喜爱❶。

（3）开发具有特色文化内涵的三维互动游戏。三维互动游戏是借用空间立体计算技术实现操作体验的游戏。游戏中的人物、建筑、场景、地形都是采用三维立体模型来构建的，具有形象逼真的空间立体感，游戏中人物角色操控通过空间立体编程算法实现，人的肢体动作和表情在游戏中可以得到实时反馈。三维互动游戏借用了立体空间坐标的概念，所以让用户感觉更加真实，有很好的空间互动的随意性。相对二维游戏来说，三维互动游戏充满了高科技的新奇感，操作体验性更好，对于年轻人群更加具有吸引力。将文化与三维互动游戏结合起来，创作以文化历史事件为核心内容的游戏主题，将符合时代发展和社会进步的新科技融入新形式的旅游文创产品设计中，为中国文化的延伸与发展注入强大的生命活力。例如，在游戏的故事情节设定中，以红色文化为内容或以红色人物为线索推动情节发展，使游戏与红色文化深度关联。利用三维扫描技术、虚拟现实技术及人体动作捕捉技术等数字化技术构建出符合历史背景的空间环境、场景、人物等，并设定故事情节发展中的各个关键节点，利用外部搭载的信息反馈设备与虚拟世界的空间环境进行互动交流并实时地进行动作反馈，构建出完整的三维互动游戏体验。将游客设定为该游戏中的一个主要角色，通过故事情节发展引导游客完成相应的历史任务。在这个过程中让用户体验到革命斗争的艰辛与残酷，领略到革命先辈们勇于牺牲、无私奉献的高尚精神，深刻理解中国共产党领导革命斗争中孕育出来的红色文化精神内涵。例如，由美国动视公司出品的游戏《使命召唤》将第二次世界大战中真实的经典战役转化成三维互动游戏的形式，以用户视角作为第一视角参与到战斗中，并完成指定任务，最终获得胜利和评分。其逼真的战争体验感受，震撼视觉音效，宏大的场景设定，不仅让用户获得了沉浸式的游戏体验效果，又能感受到战争带来的残酷现实，从而更加珍惜来之不易的和平，同时也向世界输出了美式的个人英雄主义的文化价值观。基于这样的技术基础现实，完全可以将抗战时中国共产党领导的革命战争历史转化成三维互动游戏，利用数字化技术手段形成新形态的旅游文创产品。如抗战中的平型关大捷、地雷战、地道战等都是优秀的三维互动游戏题材，可以借用先进的数字化技术进行创新设计，以满足当代年轻人对红色文化教育与学习的需要，促进红色文化朝着年轻化、时代化的方向不断延伸。

（4）制作特色文化的3D情景体验。3D情景体验是建立在真实的场景景观或者真实的文化历史基础上，主要利用虚拟现实技术及必要的辅助设备，依托3D虚拟平台通过模拟或者还原真实场景及历史事实，构建一个虚拟的3D立体体验环境。用户可以被设定成为3D虚拟空间中的独特化身，在虚拟的三维立体空间环境中不受约束，从任何视角、全方

❶ 刘丽华，朱丹，魏小贞. 我国省级公共图书馆红色文化服务现状调查与分析[J]. 图书馆，2021（10）：96-102.

位地浏览整个空间场景或者观看整个历史事件的进展，形象逼真且细致生动，让游客能够身临其境，犹如置身于虚拟空间环境之中，获得真实的情感体验。3D情景的构建主要得益于虚拟现实技术的快速发展和普及，能够让普通用户接触并体验到虚拟现实技术所带来的巨大魅力。在旅游文创产品的创新设计中，利用数字化技术构建出承载文化主体的3D情景体验，通过新奇性的展示方法，让旅游能够突破时空的限制，全方位地体验到文化的起源于发展，直观而震撼地感受到中国优秀文化的伟大光辉历史，激发旅客的真实情感，在大脑深处烙刻下文化的独特印记。例如，南湖旁红船上胜利召开的中共一大会议是中国历史上开天辟地的大事件，代表着中国共产党的诞生，为中国革命指明了方向，是红色文化中的重要脉络节点，然而这样重要的历史时刻却只有文字和图片的记载及红船文物作为见证，总体来说，缺少更加有效的展示手段，略显单薄。在数字化技术普及的当下，完全可以依据丰富史料记载和历史见证来还原这一重要历史时刻，形成真实的3D情景再现，更加有效地传播红船精神。在尊重历史的情况下，利用三维扫描技术和三维重构技术还原中共一大会议在南湖红船内召开的空间场景及参会人员的三维数字模型，依靠人体动作捕捉技术，获取人体动作的各项数据，匹配到构建的人物数字模型之中，使虚拟情景中人物的各种动作和神情符合真实的历史记载，最终搭建完成中共一大会议情景再现的虚拟立体体验平台，借助外部搭载的设备获得及时的体感反馈，让游客能够参与其中，以独特的视角观看会议的整个进程，真实地感受到会议中严肃而紧张的氛围，体验到激情澎湃的革命热情，深刻地领悟到崇高的建党精神。

2.6.4　数字化技术对于文化推广的价值

数字化技术是基于电子计算机技术相伴而生的新兴技术领域，是被当代年轻人所推崇的高新科技，符合时代发展方向的需求。它的出现和发展极大地改变了当代人们的工作生活方式，带来有效的便利性和全新的体验性。一方面数字化技术具有强大的传播便利性，将数字化技术与文化进行有机结合，不仅能够产生诸如体感游戏、3D情景再现和影视动漫等多样性的旅游文创产品新形态，同时能够进行快速而有效的传播，对于中国优秀文化的推广有着不可替代的重要作用。另一方面，数字化技术深受年轻人的喜爱和推崇，而年轻人是社会的未来，代表中国社会新的生命力。文化与数字化技术有效融合而形成的旅游文创产品势必会引起年轻人的关注和追捧，在潜移默化中影响年轻人的思想，进而传播文化内涵，让年轻人更加顺利地理解并接受中国多样性的传统文化，培养社会主义事业的接班人，为中华民族的伟大复兴添砖加瓦。

3 旅游文创产品创新原则及方法

设计原则与方法是产品创新开发过程中必须要遵循的一般准则，目的是确保设计开发过程能够朝着既定的目标发展。对于不同类别的产品，设计开发的原则既存在一定的相似性又略有不同。旅游文创产品作为相对特殊的产品类别，其设计开发的原则及方法要符合其终极目标与宗旨，那就是承载文化内在，展示和传导精神文化内涵，最终对旅游消费者实现文化传统教育和文化学习。为了实现这个目标，首先需要满足的条件就是能够激发旅游消费者的购买行为，在后续的工作生活中经常地接触和使用旅游文创产品，形成共鸣，在潜移默化之中感受文化精神洗礼，由量变转化成质变，树立正确三观。

3.1 功能创新原则

具有功能是所有产品的基本特征，功能亦是产品实现流通的基本前提条件，任何产品都是具有一定使用功能的物品。产品功能包含的范围相对广泛，总体来说可以分为两类，即基本功能和心理功能。产品功能创新并不是某一个单一功能的不断完善和发展，而是指各个维度的功能协同创新，共同支撑新产品的设计开发。旅游文创产品隶属于一般产品的范畴，必然满足产品所具有的所有功能要素。旅游文创产品具有的特殊性在于其承载的文化主体特殊，不同于一般的文化概念，而是积极正向，充满多样性的先进文化，是中华民族独具特色的强大精神力量。另外，它的功能属性与一般产品也存在一定的区别，功能虽然是旅游文创产品的基础属性，但是其存在的目的是在产品使用过程中更好地体验、传承与传播文化特色，与游客产生情感共鸣。旅游文创产品设计需要在功能的前期挖掘、分析和研究中，融入更多的创新思维与方法，打破传统观念的限制和约束，创造出符合新时代下游客对于产品各类功能细分的新需求。为了实现这一目标，首要的是需要设计师对旅游文创产品所包含的功能进行详细剖析和探究，挖掘出功能的各个细分属性，并逐一探索其创新的可能性及实现路径，最终通过统筹规划、协调发展支撑旅游文创产品的创新设计开发。

3.1.1 基本功能

旅游文创产品的基本功能指的是其拥有的具体功效，依照柳冠中教授的事理学原理，产品的功能的本质其实是指它能够完成的一件具体事情，或者辅助这件事情能够更好地达到人们预期的效果，"事"是产品的最终归宿，也是产品得以生产制造的前提。按照市场对产品基本功能的需求细分，可以划分为实用功能、方便功能、舒适功能和安全功能等。

3.1.1.1　实用功能

实用功能是指旅游文创产品具有突出的使用价值，能够很好地帮助人们完成某一件事情，满足事情达成的各项要素，符合游客购买旅游文创产品时的实用性动机。在传统的认知中，产品与人之间通过物质、能量和信息交换而满足人对于某种物质或文化需要的相互作用，是构成产品实用功能的重要内容。例如，餐具可以帮助更好地进食，杯子能够提供饮水，笔可以提供书写从而记录文明，手机可以即时通话实现信息的快速传递等，这些都是产品实用功能的具体外在表现。实用功能又被称为物质功能，主要是通过产品的物质与技术层面来解决人类的切实需要，与心理功能中的审美功能和认知功能不同，前者是满足人类的物质层面上的需求，而后者是满足人类意识形态层面的精神需要。物质功能与产品本身的物质属性是两个完全不同的概念，物质属性只有与人类需求关联起来才能构成产品的物质功能，从而满足人类生理或安全方面的需要。旅游文创产品的实用功能并不是指其内部某个零部件的功能，也不是其内部所有零部件功能的简单叠加，而是由它们组成的产品整体结构与人类需求有机结合，完美地解决人类在工作生活中遇到的各种困难与问题。

实用功能是所有产品基本功能的重要内容，也是所有产品具有创新性的重要特征。是否具有新的实用功能是新产品的重要指标之一，例如，在国家专利申报中，实用新型专利代表着产品功能的创新性或独具特色的实用性。实用功能的创新需要对用户及目标人群进行详细调查分析，观察研究他们在日常工作生活中的点点滴滴，以设计师的独特视角，敏锐洞察介入其中，发掘出有价值的设计问题点进行深入的探索分析，最终创造出新的产品来更好地解决这个问题，目的是使人类社会更美好。因此，旅游文创产品实用功能的创新实际上是发现问题、分析问题、解决问题的全过程，而且这个过程的每个阶段都需要设计师具有敏锐深刻的洞察能力，细致周到的分析能力，独特创新的思维能力及利用设计技能解决问题的能力。

3.1.1.2　方便功能

方便功能主要是指旅游文创产品的功能给游客带来的极大便利性。一般来说，旅游消费者在购买产品时通常会考虑其操作便利性，从而减少在使用过程中的操作困扰，使用便捷、操作简单且易学习是游客最为关注的因素。在快节奏的现代社会发展中，人们更加注重效率和对时间的管理，日常工作与生活耗费了人们大量的精力和时间，如果产品操作复杂而烦琐，必然会让游客产生极度的厌烦心理，从而产生不好印象，必将对旅游文创产品的销售环节产生较大的阻碍。因此在设计开发中，方便使用是一个非常重要因素，不仅能够让旅游文创产品顺利实现其市场经济价值，而且符合当下人们对于简约生活方式的追求和向往。旅游文创产品的目标消费者是前来旅游的游客，除了操作简单且易学习之外，还需全方位地考虑到旅游产品本身应该具有的特性，那就是方便携带或移动，不给游客增加过多的旅途负担。现阶段旅游文创产品的方便功能主要是为游客带来各种便利性，诸如行动的便利性、携带的便利性以及运输的便利性。在物流快速发展的当下，很多旅游文创产品可以通过旅游景点购买，利用完善而发达的物流运输系统直接将旅游文创产品快递到游客自己家里，甚至有时候游客还未回家，而购买的旅游产品早已在家等候多时。因此，旅游文创产品方便功能的创新设计要结合时代的发展，详细分析研究游客的需求，发掘游客在旅游中的痛点，在旅游文创产品的创新设计中为游客带来各种操作使用上的方便，同时还要增加一些设计元素来满足旅游产品物流运输过程中的方便功能，如旅游文创产品堆叠放置的方便、搬运过程的安全方便等。

3.1.1.3　舒适功能

舒适功能是指旅游文创产品为旅游消费者提供舒适的体验与感受，给游客带来生理上和心理上的舒适性，减缓或消除疲劳感。人机工程学研究表明，舒适性来源于产品对消费者所产生的刺激，是一个非常复杂的过程。人体的舒适度是一个动态概念，是人、产品和环境三者相互作用而引起的刺激反应和心理效应，它因人而异，因时、因地而不同。产品与环境的刺激使人体的感官通道产生刺激信息，最终引起各种心理和生理反应，从而产生相应的知觉效应，同时表现出各种外显的行为。因此，刺激的强弱影响直接决定了人体的舒适度体验。当刺激信息较弱，则无法让人获得感官反应，于舒适度而言，没有任何效果；当刺激强弱适度，在人的适应范围之内，则会让人产生愉悦、舒适之感，获得较好的感受体验；而当刺激强度过大，超出了人们的容忍范围，则会出现强烈的不舒适反应，人们会想方设法地远离此类产品或者摆脱当前环境，以规避这种不舒适的感受。所谓的舒适功能，实际上可以理解为旅游文创产品产生的刺激强弱刚好在人们能够适应的范围之内，让人获得舒适、愉悦的感受体验，从而产生良好的生理和心理效应，有助于缓解人体的各项生理机能的疲劳感。

旅游文创产品舒适功能包含两种不同的类型，一种是行为上的舒适功能，另一种是知觉上的舒适功能。所谓的行为舒适功能，指的是产品的操作方式和操作行为让游客产生舒适的感受，提升行为舒适功能必须要以人为本，应用科学的分析方法来研究人的行为特征、行为习性及行为模式，科学地确定人的行为与产品之间的对应关系，进而进行合理的定位产品操作行为。例如，旅游文创产品的操作行为必须符合和满足人的行为方式和行为规律的需要，因此，设计师应该非常清楚地知道游客使用此类文创产品的目的和实现该目的的基本流程，保证游客能够非常快捷且方便地获得所需要的产品功能。而知觉舒适度主要是指产品产生的刺激信息符合游客的知觉舒适程度。游客从产品中获得刺激的主要形式是通过视觉、听觉、味觉、嗅觉、触觉这个五个感官通道得以实现。因此，旅游文创产品需要以这五个感官通道为主要对象进行设计，增加设计元素以获得视、听、嗅、味、触的舒适性刺激，并通过这些刺激让游客产生良好的生理和心理反馈，最终实现旅游文创产品的舒适功能。

总体来说，旅游文创产品的舒适功能创新需要切实符合以人为本的设计思想，既要充分考虑到人体的各项生理结构状况，又要研究游客的行为特征和习惯，同时还要关注游客的知觉感受，从多个维度来进行综合设计，最终让游客获得生理和心理两方面的舒适度。人体生理结构方面可以依靠人体工程学的研究方法和研究成果，获得相应的数据，支撑产品的舒适度设计；而行为特征和习惯方面则需要对目标游客进行充分研究，挖掘出他们在行为上的一般特征，并在此基础上设计符合其行为特征和结果的旅游文创产品操作方式；而知觉感受维度主要是依靠心理学研究方法，分析产品对人体所产生的刺激效应，通过逆向推导和思考，挖掘旅游文创产品创新设计中需要增加的，能够产生相应刺激的各种设计元素，如在嗅觉刺激维度可以在旅游文创产品中增加一些提升舒适度的气味；而在触觉刺激维度则可以在旅游文创产品表面设计一些提升触觉舒适度的肌理等。

3.1.1.4 安全功能

安全的功能是指游客在旅游文创产品使用过程中能够保障自身身心的健康安全，符合国家有关规定的安全技术标准及体系，能够确保对游客自身和空间环境不造成伤害。安全功能是所有产品基本保障，是必不可少的功能，但同时也是所有产品最容易被忽视的功能，因为在产品的使用中，安全功能并没有直接显现出来，但是如果没有最基本的安全保障，产品的所有功能都是没有价值的。旅游文创产品的安全功能可以分为两类，一类是产品自身的安全保障，另一类是产品对于空间环境的安全考虑。产品自身的安全功能指的是旅游文创产品依靠自身的安全设定，在使用、运输和销售等环节中保障游客的人体健康及人身安全、财产安全免受伤害或损失；而产品对于空间环境的安全则主要表现在对于空间环境的保护，即旅游文创产品不能含有危险的化学成分，不会对所处的空间环境造成破坏等。产品安全功能是受法律、法规约束的，是技术层面的保证，是产品不能跨越的红线，任何产品都需要在安全的框架内进行设计、生产、制造和使用。简单来说，旅游文创产品的安全功能创新其实就是尽可能地提高其安全级别，全面考虑在极端条件或恶劣的旅游环境下，能够有效维持旅游产品功能的稳定运行，提供必要的安全保障。

3.1.2 心理功能

产品的心理功能指的是产品非物质层面的功能属性，与产品基本功能不同，满足的是消费者精神世界的需要。按照马斯洛情感层次理论，当人们的低层次需求得到满足或部分满足之后，往往开始追求更高层次的精神需求，因此，旅游文创产品的心理功能其实就是在其基本功能逐步完善和丰富的基础上，开始兴起、繁荣起来，渐渐成为产品另一个维度的重要功能。通常所说的产品心理功能包含了产品的象征功能、审美功能及认知功能。

3.1.2.1 象征功能

象征这个词语的含义是用一些具体的事物代表抽象的意义，或者通过某一个特定而具体的形象用以表现与之相似或相近的概念、思想或感情，如玫瑰象征爱情、钻石象征永恒的婚姻等。旅游文创产品的象征功能指的是附着于产品之外不可见的价值属性，却能深刻地影响其销售行为。随着社会发展，物质条件不断丰富，游客购买旅游文创产品的动机不再是单纯地追求物质上的需求，而更多的是为了获得游离于文创产品之外的象征意义和象征功能，从而获得精神世界的满足。例如，消费者购买名牌产品其实是彰显格调与生活品质的行为；购买高雅产品能够表现出消费者自身的艺术修养和艺术鉴赏能力，及对艺术的渴望与追求；购买时尚潮牌，暗示了消费者所具有的青春活力等。在一些特定情况下，产品的象征功能比产品的基本功能更为重要，它让消费者获得了与众不同的情感体验，满足了自身精神世界的需要。

美国著名哲学家、符号论美学的代表人物之一的苏珊·朗格（Susanne K.Langer）将设计理解为符号学的过程。她在1942年出版的著作《哲学新解》中，将两个对艺术设计极为重要的概念进行了解释和区分，既"提示（anzeichen）"和"象征（symbol）"。"提示"是直接的符号，"象征"是间接的符号。"提示"其实是表明事物的具体存在状态，不会因人的思想或情绪不同而产生相应的变化，更像是一个既成事实；"象征"则不同，它是思想的结果和对象，代表着事物本身以外的某些非物质形态的存在，并且超出事物之外。象征的概念中包含诸如直觉、经验、价值观及文化背景等。象征并不是天然存在的，是通过人类社会中约定俗成的协议或者传统发展而来的，是可以被人们所感知的意识形态存在。

旅游文创产品设计中的象征功能是依靠其自身的外在形象，同时借助游客的意境联想，将产品的整体或局部特征指向某种与其外在形象有一定关联度，而同时又超越形象本体之外的意象或情感的一种设计表现手段。旅游文创产品中的象征功能大体上由两个要素构成，一个是象征寓意，另一个是其外在形象。象征寓意是游客对自身生活的一种主观观念或精神追求，是通过旅游文创产品外在形态设计展现出来的一种比较模糊的情感、情绪，或者是一种深刻的情结；外在形象则是一种具体可感知的客观物质存在，例如，旅游文创产品的外观造型、色彩搭配、尺寸比例、组织构架等，也可以是其所用材料的表面质感与肌理等。表现寓意的外在形象可以是旅游文创产品的整体，也可以是局部细节，总之，象征寓意需要通过旅游文创产品的外在形象作为物质基础才能得以完美地展现。象征功能的两个构成要素之间是有着密切联系、相辅相成的有机整体，外在形象是象征寓意的物质承载基础，而象征寓意能够提升旅游文创产品外在形象的魅力。象征寓意与外在形象之间能够进行有效转换，主要依靠人类社会中约定俗成的共同认知或者两者之间有着共同的相似之处而得以实现。例如，鸽子象征和平，而鸽子与和平自古以来并不存在任何关联之处，其实就是人们强制性的约定才将前者与后者进行联结，构成一种象征关系。又例如，古代军队管理中虎符代表着权力，老虎是山中之王，有着与生俱来的权力，因此两者之间有着相似之处，人们能够理解它们之间的内在联系。

实现象征功能的旅游文创产品外在形象主要包括产品的外观形态设计、色彩搭配、材料质地选择，甚至操作的行为方式等要素构成，因此，象征功能提升需要以这些设计要素为切入点，进行详细的研究和解析。

（1）外观形态的象征功能。外观形态是构建象征功能的一个最重要因素。通过旅游文创产品的形状、尺寸、比例及它们之间相互作用所营造出来的氛围感，使游客获得轻松、愉悦、趣味、神秘等各种各样的心理情绪，从而产生某种心理体验，让用户获得与众不同的感受，建立起一定的品牌形象。外观形态是区分不同产品的主要途径之一，通过产品外在形态特征表现出来的象征功能，主要表达了产品的档次、品位及性质等，所以在知名品牌产品外观设计的更新迭代中，通常会保留特定的局部细节和外观形态作为产品象征功能的传承与延续，体现出产品的品位及与众不同，彰显产品的品质。例如，宝马汽车前脸的进风口形状多年来未有大的改变，只是在细节上做了一些优化设计，这个凸显的局部细节设计，让消费者一眼就能感知其品牌特征，对于购买者来说，它不再是一个简单的交通工具，而是彰显了自身品位与格调。研究表明，产品对于拥有者而言具有特别丰富的内在含义，能够向外界传递出关于拥有者自身很重要的信息，换句话说，产品是延伸自我情感的一种重要渠道。自古以来，人们总是倾向于依据自己所拥有的物品来界定自身的身份与价值，因此，某些物品不仅是自我概念的外在显现，同时还是自我身份的有机组成部分。这也是当下部分消费者追求个性化产品、高价格产品的内在因素。在某些特定情况下，消费者所拥有的产品界定了其与众不同的特征，而这种界定得以实现的本质就是产品的象征功能。

（2）色彩的象征功能。色彩作为产品外观的主要特征之一，不仅具有很强的审美性和装饰性，而且还具有特别明显的象征意义。色彩是视觉审美的核心要素，深刻地影响着消费者的视觉感受和内心情绪的波动，不同的色彩会对消费者产生不同的心理作用。现代色彩研究中认为，红色带给人热情、奔放的心理感受；橙色象征甜蜜、温馨；蓝色象征宁静、深邃；紫色象征华丽、神秘；白色象征着纯洁、干净；黑色则代表凝重、深沉；灰色代表质朴、平凡等。正因为不同的色彩象征着不同的情感体验，所以面对不同的消费人群，产品设计中对于色彩的使用也不一样。例如，儿童产品的色彩搭配通常要鲜艳一些，色彩丰富多样，充满了童真和幻想；面对青少年的产品，色彩搭配相对于儿童来说要简单一些，色泽明度要降低一些，不显得那么鲜艳，这样的色彩搭配象征他们既天真烂漫，又走向成熟；成年人大多偏爱黑、白、灰这三个色彩，表现出他们注重品质，具有成熟稳重、简单大气的情感需求。色彩搭配应该依据产品自身的主题进行，能够很好地表现产品的特性，需要设计师掌握色彩的象征意义，根据设计实践的需要以及生活方式、生活习俗的差异，准确使用色彩的象征内涵，使色彩与产品的外在形象塑造相协调，使色彩与产品的主题、内容、氛围、情感等表现相统一，充分发挥色彩的表现力、感染力和心理影响力，对产品的象征功能实现具有重要的促进作用。当然，对于旅游文创产品这种相对特殊产品类别来说，除了需要面对消费人群进行详细的色彩分析之外，还要考虑文化自身的色彩内涵。例如，在红色旅游文创产品设计中，不仅需要分析红色文化资源自身所固有的色彩在文创产品中的体现，同时还需要充分考虑红色文化所独有的色彩特征（前文论述中阐述了"中国红"是红色文化最具代表性的色彩特征）。这些色彩都是象征红色文化内涵的重要特征元素，只有准确、恰当地运用，才能在红色旅游文创产品创新设计中起到画龙点睛的效果，并与产品的外观形态、尺寸比例等共同营造出能够让游客理解并接受的象征功能。

（3）材料的象征功能。材料是旅游文创产品象征功能的另一个重要设计方面，它通过自身的表面特性及质感肌理传递给游客独特的视觉感受与触觉感受，从而触发游客的心理情感及象征意向。在前文阐述中可知，不同的材料会带给人以不同的心理感受。例如，木材自然纯朴，纹理清晰，带给人轻松舒适的亲切感；金属材料质地坚硬、挺拔刚劲，带给人以深沉稳重、品质可靠的心理感受；塑料材料轻巧别致、色彩鲜艳，带给人柔和感；丝织品能够带给人以柔软、华丽的心理感受；羊绒材料则带给人温软、高贵的感受体验等。在高档产品设计中通常会采用较难获取或者不容易加工的材料，从而与其他类别产品进行区分，提升自身的品位与价值，所以，材料的选择在很大程度上体现出了产品的象征功能。例如，古代皇室的头饰、帽冠等多采用黄金材料加工制作成丝线，然后采用复杂的工艺编制而成，象征了皇室的特殊地位。一方面是黄金属于贵重金属，普通人很难获取，因此材料本身就具有独特的价值地位；另一方面，加工技术的复杂性使得成品率很低，加上制作时间周期很长，使得黄金饰品或帽冠等相当难得，物以稀为贵，更加突出了拥有者的权力与地位。因此，在旅游文创产品设计中，设计师需要考虑到游客自身生活经历及环境对于材料特性或表面肌理所能产生的象征意向的关联，充分挖掘材料的固有特性及蕴含的内在文化属性，与旅游文创产品所要表达的主题和谐一致，完美地展现出其象征意义。中国地大物博且各个民族特色明确，而存在各个区域的特色文化与当地的地域文化与民族文化融合紧密，旅游文创产品可以选择具有鲜明地方特色、民族特色的材料来凸显文化内涵，使游客通过材料联想而实现象征功能。

（4）操作方式的象征性。旅游文创产品的象征功能表现除了本能层的物质属性基础，还包含了操作行为方式上的深入挖掘。人类行为在很大程度上受意识形态的影响，而意识形态受到社会传统观念或者社会习俗所制约，导致人们的行为往往承载着一种文化或者传统习俗。例如，中国人传统观念中强调行如风、站如松、坐如钟、卧如弓等，其实均象征着中国人的一种传统生活方式。产品的象征功能在一定程度上受其操作使用方式的影响，当然这种象征意义一般是隐性存在，与外在形象对于产品象征功能的展现完全不同，但是操作行为层面上的象征意义相对于外在形象的象征性更能让游客记忆深刻，直接而真实的操作体验可以强化产品蕴含的象征价值。例如，枪式打火机，其造型源自手枪的外观形态，操作方式与传统的打火机完全不同，通过扣动扳机，类似开枪的方式来使用打火机，具有非常独特的趣味性。其独具一格的操作方式加上不一样外观造型，极大地展现了拥有者与众不同的个性与品位。产品的操作方式多种多样，部分产品追求智能高效，而另一部分产品则追求传统而严谨，这其实并没有对错之分，只是人们追求的生活方式不同而已。例如，菲利普·斯塔克的外星人榨汁机（图3-1），其与现代榨汁机相比，操作过程相对复杂，需要人将切开的橙子放在榨汁机的顶部，用力按压，把其中的果汁挤出来，费时费力，并不符合现代人的操作行为习惯，但是并不影响这个产品成为跨时代的经典设计。消费者购买这类产品并不是为了快速地得到其功能效果，而是为了感受整个操作行为过程的乐趣，既通

图3-1　菲利普斯塔克设计的外星人榨汁机

过视觉直观感受到付出劳动而创造价值的成就感又彰显了生活品质。产品的操作行为方式是产品展示象征功能的重要因素之一，因此结合深层次的文化历史研究，深入挖掘蕴含其中的独特行为方式，并转化成符合当代游客认知且满足象征功能需求的旅游文创产品操作方式，可以让游客更加深刻地感受文化内涵，促进文化传承与发展。

（5）象征功能设计思考。象征功能是更深层次心理上的一种特殊精神需求，象征功能的产生与人类社会属性有着密切的联系。产品象征功能设计的最终目的是体现产品的社会象征性，因此，产品象征功能的实现必须要依靠其自身的外在形象与人类社会的约定俗成或社会传统进行对应，而后者是储存在人体大脑中的知识背景和生活经历等各种信息，所以拥有不同知识背景或生活经历的人对于象征功能的感知灵敏度也完全不一样。例如，受过高等教育的旅游消费者更容易理解和接受旅游文创产品的各种象征意义，有着丰富生活阅历的旅游消费者更能体会到旅游文创产品所承载的精神内涵。一款具有象征功能的旅游文创产品所展现出来的信息能够被旅游消费者普遍感知到，或者其象征意向与社会共同的认知习惯相匹配，那么它就具有了明确的社会象征性。因此，旅游文创产品象征功能能够被大众所感知，并最终发挥作用，需要从两个方面去深入分析研究。一方面是分析旅游消费者对该产品有没有象征性的需求，或者是有哪些维度的象征性需求，这需要设计师对旅游消费者内在心理进行分析研究，并能够做出精准的判断；另一方面是对旅游文创产品本身进行深入分析，探索通过外在形象的氛围营造使其成为象征物的可能性，以及如何利用象征性的设计方法使其外观造型、色彩搭配和材质肌理等具有所要表达的象征功能。例如，红色旅游文创产品的主要内容是传播红色文化，弘扬红色革命精神，因此其象征功能的完美体现是一个非常重要的设计维度。随着红色文化的

深入研究及研究成果的广泛推广，人们对于红色文化及其内涵已经具有了一定深度的认知，在大脑中已经形成了丰富的知识储备和认知经验。在红色旅游文创产品创新设计中，需要设计师在外观造型、色彩搭配、材质肌理以及操作方式等维度的设计能够与人们大脑中对于红色文化的认知相匹配，与社会的共同认知惯性相对应，那么必然能够实现文创产品整体氛围对于红色文化的象征意义，实现红色文化教育的价值目标。

3.1.2.2 审美功能

审美功能是指旅游文创产品具有符合旅游消费者美学感官体验的各种要素，能够为旅游消费者的审美活动创造出各种美感。产品的种类繁多，但是不管产品是不是属于艺术品的范畴，都需要给用户带来符合其审美价值的感官体验。让用户获得美感是产品设计开发的前提基础，也是产品的高层心理功能之一。旅游消费者对于旅游文创产品美的追求，可以依靠该类产品自身所包含的美的使用功能来实现。例如，那些具有艺术观赏价值的旅游文创产品，可以通过外观形象设计来实现；还可以依靠给旅游消费者带来美的空间环境来实现，如那些具有装饰性功能的旅游文创产品能够美化居住空间环境等。在现代设计理论中，对于产品的审美研究主要涵盖的是产品自身的外观形态美，其理论认为产品的美感源自其外观造型、色彩、材质及功能等设计要素，进而有了审美功能中的形态美、色彩美、质地美及功能美等评价维度。旅游文创产品受旅游消费者喜爱，必然是有着符合他们审美要求的外在形象。不同种类的旅游文创产品外观形态必然不一样，因此，需要设计师综合各方面的因素来深入分析，依据目标旅游消费者的审美需求择优选择最恰当的设计方案，进行不断地升级完善，激发旅游消费者的购买冲动，引导消费行为。

随着当代人们生活理念和工作方式的改变，伴随在人们周围产品的创新设计几乎都已经脱离了传统的以实用功能为主导的设计思维，越来越重视产品的审美功能和体验价值。作为文化的主要载体，旅游文创产品更需要尽可能地满足旅游消费者的审美需要，最大限度地挖掘其能够为游客带来的美的享受。当前社会经济高速发展，物质生活非常充裕，为设计行业发展提供了肥沃的土壤和广阔的发展空间，使其发展迅速，如今，设计已经渗透到人类生活的每个角落。旅游文创产品设计是一门综合性的交叉学科，集艺术学、经济学、心理学、文学、人类学、环境科学、市场学、社会学及材料学等各个学科于一体，是一个相对复杂的综合体，需要考虑的因素非常广泛。随着时代的发展，这些相关学科的审美标准也在不断发展变化，必然导致相关产品设计的审美层次及维度也会产生相应的变化。当技术相对于产品来说，已经不存在任何问题时，产品审美就会显得越来越重要，因此，分析产品的审美属性对于旅游文创产品创新设计具有非常重要的意义。旅游文创产品在满足人们基本实用功能要求的基础上，更要突出设计美感，设计开发出符合人们时代审美要求的全新产品，实现基本功能与审美功能的完美融合与统一。从某种程度上来说，旅游文创产品中与文化关联密切的审美特征，相对于其功能特征来说更能激发旅游消费者的购买欲望，因而，如何构建旅游文创产品的审美要素及审美特征是其设计开发的重中之重。旅游文创产品审美价值的重点是其物质层面上的美给旅游消费者带来精神感官上的愉悦体验。由此可见，旅游文创产品的审美价值主要包含两个方面的内容：一个是旅游文创产品本身客观存在的可感知的物质形式美；另一个则是旅游消费者通过对文创产品物质形式美的认知理解而获得的精神世界的满足感，而这种精神世界的满足感受到社会整体审美观念的制约。简单来说，能够满足人们审美需求的旅游文创产品，必然是反映了社会整体认同的审美观念。换句话说，现代产品的审美价值属性是一种形而上的社会审美意识形态。例如，人们喜爱某件艺术作品，则说明这件艺术品物质层面的美感符合社会整体意识对它的审美认知评价，而人们对这件作品所谓的"喜爱"就成了学术概念上的"审美"。旅游文创产品正是以其物质层面的各种美的方面，及其蕴含着的深厚文化内涵，生动而具体地反映出旅游文创产品作为社会物质文化所承载着的时代性、流行性、民族性等美的特性。因此，评估一款产品是否具有审美价值或者其所蕴含审美价值的高低，需以社会整体的审美需求为出发点，而审美需求是人类的一种高级需求，具有强烈的社会属性。制约人们精神感受的审美观念往往隐藏于人类社会文化的最深处，不易被感知，也无法通过具体而精确的语言来进行描述，通常是依靠被客观存在的物质形式所折射而体现出来。因此，任何产品物质层面的形式美与社会整体的审美意识及观念必然保持高度一致，而这是产品具有审美价值的核心本质。

（1）审美功能的设计思考。旅游文创产品设计开发是在一定的社会背景下进行的并且是以满足社会对文化的需求为前提的，因此，在一定程度上它是社会文化、生活等方方面面的综合体现。审美功能与使用功能是旅游文创产品创新设计最重要的两个维度。在设计开发过程中，既要注重其审美价值，又要注重艺术与技术、科学的完美融合，实现功能的完美展现，它们之间的有机结合可以使旅游文创产品的审美效果更好地得以体现。传统产品设计开发虽然看重产品的样式和款式，但也并非不注重产品的功能。相反，产品的形式应该服务于产品设计的其他要素，以引起人们的想象和思考，起到产品与消费者之间的信息交流，形成有效的产品语义。例如，包豪斯的设计思想，强调形式追随功能，以产品的功能需求作为设计出发点，设计出来的产品具有其特殊的外观形态，而这种造型就很好地体现出了功能美的特点。包豪斯设计思想之所以如此重要，在当代社会中依然被人们所重视，主要就是其强调产品中的功能美，虽然受当时社会发展的影响，有些极端及不近人情，但是，对当代产品设计具有很好的指导意义。当代产品设计的审美，不仅体现在产品外在形象的审美，更重要的依然是体现在其功能美上。一件优秀的产品必然是其功能性与操作性紧密结合在一起，而其外在形象，即造型、色彩、材质与肌理等，是其内在功能的承载与体现，也就是所谓的功能美。在一些情况下，产品的外部形态构造不单指外部造型，还包括了与此相关的整体构造，在某些产品设计中，其外部结构形式直接与功能相关，是功能的核心组成部件。而对于用户来说，产品的外部形态的构成方式可能直接暗示了产品的使用功能。例如，饮料瓶的瓶盖外部有着竖条纹的结构形态，能够让消费者快速地理解为可以通过旋转的方式拧开盖子，从而喝到内部的饮料；又例如，厨房调料瓶的瓶盖设计，通常会在外部边缘有一个小小的凹陷和与之配合的凸起，让消费者能够直观地理解其打开方式。同样是瓶盖设计，为什么会有这么大功能差异呢？主要原因是不同的使用环境影响，迫使人们产生了不同的使用方式，最终决定了产品的外观形态。而对于旅游文创产品设计也是如此，在其外部形象的塑造中需要充分考虑其功能属性及操作使用方式的制约，实现功能美和形式美的高度统一。

外在形象是审美的重要内容，相对于功能美来说，形态美更直观地展现了旅游文创产品的外在特征，更能对旅游消费者产生强力的感官刺激。一般认为，旅游文创产品外在形象的审美内容主要包含两个方面，一个是匹配游客的心理感受，获得精神层次的满足感；另一个是符合游客对未来生活的美好期望，展现对游客的美好祝愿和祈福。前者需要挖掘探索符合时代发展的游客心理感受，后者则需要研究如何通过产品的外观形态，构建其意境，传达产品对游客的美好祝福。在当代社会发展下，物质丰富，各种各样的产品层出不穷，解决了人们生活中方方面面的困难与问题，然而在众多产品可供选择的条件下，人们越来越重视自身价值的体现，重视产品所展示出来的符合人们自身心理感受的形象。在现有的研究表明，消费者对产品的整体感受包含了体量感、厚重感、柔美感、张力感、运动感、金属感、机械感和科技感等，这些感受都是比较抽象的感觉，是消费者对产品展现出来的气质的笼统感受，无法用很精确的词语或语句来进行分析和描述，只可意会不可言传，而且不同类别的产品对于审美感受的需求全然不同。例如，柔美感一般是依靠产品外观曲面及材质、色彩等综合展现出来的一个整体感受，曲面想要柔便不能有很强的张力和紧绷的状态，因此柔和的曲面往往给消费者带来舒适、慵懒、放松的心理感受，所以家居用品类产品的外观形态大多采用曲面进行设计，展现其柔和、曲美的产品气质。而体现柔美感的另一个重要因素是色彩和材质，色彩应避免高明度、高亮度及高饱和度，往往采用的配色是偏灰度、低饱和度的颜色，不会给消费者产生非常强烈的感官刺激和冲击力。在材质的选择上，偏向于质感柔和、韧性较强的材料，如塑料等高分子材料广泛应用于人们日常生活中的产品设计。

意境是人们对于意识形态领域的审美追求，它是以产品客观存在的外在形象作为用户意向感知的物质基础而形成的。在前文中已有描述，意境是人们追求的一种高层次的心理感受，带给人们希望与美好的祝福，在中国古人造物活动中备受关注，当然，对于现代旅游文创产品创新设计同样也很重要。宋代文人非常注重艺术创作中的"意境"，宋代画家郭熙在山水画中首次提出"重意"，认为创作应为"意造"。宋代文人画及宋诗宋词都非常强调景中有情、情中有景，情景交融的最高境界。在造物活动中的体现，则是将宋代文人内敛的情感通过精致的器物展现出来，托物言志以实现宋代文人的精神寄托，在宁静淡雅的外观形态下，融入了更多的精耕细作及内在思考以展现其深层次的文化意境。例如，南宋灯笼罐瓷器（图3-2），其表面采用宋代非常流行的青白釉色，隐喻为人清正廉明，要留清白在人间，是宋代文人的自省与自律；同时在中华优秀传统文化中，灯笼象征着喜庆和团圆，也是照明的工具，带给人以光明和希望，体现了宋人追求美好幸福生活的愿望。结合南宋时期山河破碎的历史，可以看出这件青白釉灯笼罐具有深厚的文化意蕴，是宋人对于山河统一的期盼，对家人团圆的美好祈愿，也是宋代文人的浓烈家国情怀在器物上的寄托。由此可见，产品设计中融入美好的意境能够为产品注入灵魂，起到画龙点睛的效果，让消费者在感受产品外在美的同时，满足消费者的内在期望，获得精神层次的内在审美需要，提升产品审美的维度和范畴。

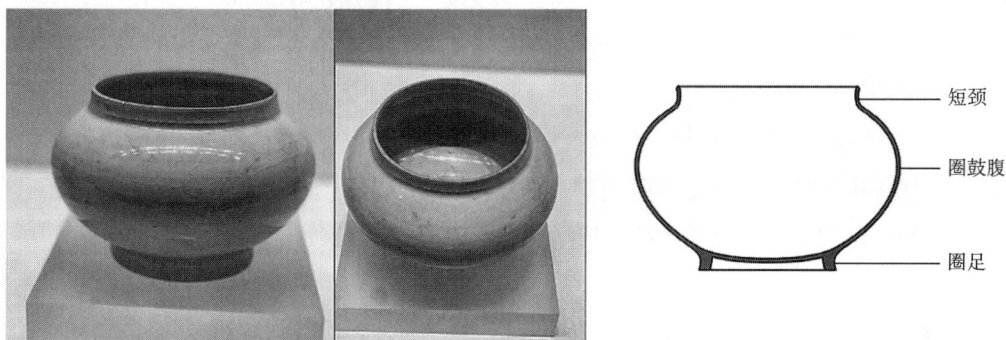

图3-2　南宋灯笼罐瓷器

　　材料美是旅游文创产品外在形象审美的另一个重要因素。在材料的选择上设计师需要遵循一定的传统，并将这种传统的感受带给旅游消费者。选择能够恰当体现旅游文创产品功能属性的材料，并符合旅游消费者验证功能与材料相匹配的心理预期，从而使这种材料与特定功能的关联在旅游消费者的心底留下印记，从而认定该功能的实现需要搭配这种材料，且这种搭配更符合产品使用功能。在后续的产品设计中，不同产品的外观造型可能会存在较大差别，但只要材料与功能之间的关联符合旅游消费者的传统认知，旅游消费者就能够顺畅地识别出其功能特征，而不会出现违和感。例如，橡胶材料的独特特性，使人们对其功能认知是与皮肤接触，所以在产品设计中，只要是使用橡胶材料的区域或局部细节，旅游消费者自然而然地会认为这个外观造型细节是与人体皮肤亲密接触的位置，从而具有很好的功能暗示效果，使旅游文创产品具有符合人们心理感受的审美观念。同时由于旅游消费者对旅游文创产品的固有认知，长此以往，会形成一定的习惯性，倘若设计师能够突破常规材料，尝试使用能够匹配文创产品功能特性的新材料及新工艺，必然为旅游消费者带来强烈的感官刺激及新奇感，产生巨大的冲击力。因此，在进行旅游文创产品设计开发分析时，应该尽可能地尝试各种新型材料，挖掘出最契合文创产品功能特征的材料，依靠创新且合理的技术手段设计出兼具功能与审美的优秀旅游文创产品。功能与审美是相辅相成、缺一不可的，任何产品的完美功能必然会带给消费者更高的审美感受，而完美的审美也必会推动产品功能达到极致。通过设计实践使产品具有全新的使用功能或用途，或者使产品的使用功能得以完善和发展，例如，汽车由手动挡演变到自动挡，最后发展成无级变速等；又或者同一类产品有了更高的审美价值和社会意义，例如，同一品牌手机不断使用新的材料与工艺，提升其外观品质，符合消费者的精神层次的审美需求，那么就可以认定在一定程度上实现了产品的设计创新。

（2）审美功能的一般原则。旅游文创产品审美功能的评价标准，是以其自身所拥有的社会属性和物质属性这两个维度为评价依据。其中，社会属性的审美需求及可能潜在的审美需求是评价旅游文创产品审美功能的内在动因；而物质层面的美及其所应当遵循的美学规律则是评价旅游文创产品审美功能的外在依据。社会属性的审美需求具有客观性、历史性、时代性和具体性，并且随着社会发展而不断演变，很难用一个或多个固定的标准来进行衡量。因此评价产品审美的标准，只能从社会审美所需要的一般性原则中去探究和总结。

① 经济、实用相结合原则，这是评价旅游文创产品审美的重要原则。在人们的传统观念对于产品的认知中，"性价比高""货真价实""物美价廉"等依然还是消费者所关注的第一要素，是激发消费者购买行为的主要动因。在一些具体案例中，消费者购买产品也许并不是因为真正的迫切需要，而是觉得"很值"，感觉获得了很大的优惠，或者是占到了较大的便宜等，心理上得到充实和满足感，这也是现阶段商场进行产品促销往往会带来巨大的人流量的内因。所以在产品社会属性的审美原则中，让消费者体验到获得感和成就感是产品获得成功的关键。

② 是共性为主，个性为辅，两者共同组成社会审美意识。人们对于审美的认知既包含了普遍性，也存在一定的特殊性，这是构建一般产品审美评价的主要依据，而对于旅游文创产品亦是如此，既要满足广大旅游消费者的共同审美需求，还需要顾及小部分旅游消费者的个性化需求。审美共性指的是整个社会群体表现出来的一致性审美倾向，主要是人的从众心理在起作用，即个人受到外界人群的影响，从而使自身的知觉、判断等符合于大众的认知，从众心理在人类社会中是普遍存在的一种心理现象。例如，随着科学技术的快速发展，大多数人对于具有科技感的产品独具偏爱，这其实就是具有时代性的社会共同审美倾向，不断影响着越来越多的人接受并推崇这种美学观念；审美个性则是指社会中的个体所表现出来的独立性的审美情趣，是社会中少部分人群所追求的与众不同、彰显自身独特性的标识。例如，市场上个性化定制和小众产品也很受欢迎，不仅销量可观，价格还相对昂贵，满足了社会中部分个体的独特审美需要。总体来说，审美的共性与个性是产品审美需求中错综复杂的存在，是具有内部矛盾的辩证统一体。共性充分体现了产品在审美需求演变中的一般规律，反映了引领社会整体认知观念上的审美意识，是进行产品审美价值评价的主要依据。审美共性是产品在形态、色彩、体验等方面展现出来的总体倾向。例如，当下简洁化倾向的产品设计，体现了快捷、高效、科技与艺术高度融合的现代审美趋势。因此，评价旅游文创产品审美功能需要从总体上把握产品的民族性、时代感和流行趋势等特征。而个性则代表着审美情趣上的差异性，体现在旅游文创产品的独特性和丰富性，社会中之所以存在着多种多样、各有不同的同类旅游产品也是源自于此。独特性反映了旅游文创产品的独具一格、与众不同，丰富性则是

旅游文创产品满足了不同旅游消费者的多样化需求。独创能力越强，则旅游文创产品的丰富性程度越高，更加体现出社会审美的个性化需求和差异化需要。在社会审美中，共性代表着旅游文创产品发展的整体趋势，个性则促进了旅游文创产品类别的丰富多样性，一个是纵向发展，而另一个是横向延伸，是具有矛盾，但又相互支撑的有机整体。

③ 功能美与形式美高度统一。旅游文创产品审美包含了主要的两个维度，一个是内在的功能美，另一个是外在的形式美。在审美相关实践活动中必须秉承内在功能美与外在形式美的协调统一，功能一定程度上影响着产品的外在形式美，而外在形式美也能很好地展示产品的功能美。旅游文创产品的外在形式是其审美价值和审美功能实现的客观物质基础，因此，追求审美价值，必须坚持内容与形式的完美统一，使功能美与形式美紧密结合，相互支撑。外在形式美能够有效提升产品的内在功能美，但是如果脱离了产品的实用功能而片面追求其外在形式美或装饰美，必然会削弱旅游文创产品的功能美，最终还是无法满足旅游消费者的综合审美。因此，在旅游文创产品的审美构建过程中，需要依据具体的设计实际，合理地规划其内在功能美与外在形式美，让两者辩证统一，实现完美的融合效果。

3.1.2.3 认知功能

认知是人们获取新知识、应用已有知识的整个过程，它是一个完整而连续的心理过程。而对于旅游文创产品来说，认知功能指的是能够让旅游消费者识别出其所拥有的特征属性，并被旅游消费者精准感知，从而进行有效而准确地判断。认知功能是旅游文创产品的一种重要辅助功能，产品依靠认知自身的功能向外界传达着一些有用的信息，其传递的信息需要消费者依靠自身的感官器官接受，产生一种神经冲动进入大脑的感知中枢，最终产生认知功能，是一个心理实现的过程，这个过程在前文中已经有详细的论述。因此，认知功能能够产生作用，主要还是依靠旅游消费者自身的知识和经历才能得以实现。认知功能一般包含两个方面，一个是指示，另一个是展示。

指示的功能是旅游文创产品认知功能的一个重要内容，它在一定程度上为旅游文创产品功能的完美实现起到了非常关键的引导作用。旅游文创产品是一个不会说话的物品，旅游消费者在使用这类产品时却需要与之进行信息的有效交流与沟通，在这个过程中难免会信息受阻，交流出现障碍，如何才能避免这样的事情发生呢？因此形成了产生语义学，目的是能够在设计活动中为旅游文创产品增加一些可以用外在形态细节来进行类似语言的表述，从而让旅游消费者能够更好地理解其所要表达的信息，更好地实现旅游文创产品的功能价值。而这些类似语言表述的外在形态细节设计可以产生作用的关键就是指示功能。所以，旅游文创产品的指示功能是跟外界进行顺畅交流的渠道，是一种无声的语言。而指示功能设计的核心要素就是消费者自身的认知习惯，例如，食品包装袋上设计一个小的缺口，消费者就能够理解需要从这个缺口来打开包装袋，获取里面的食品。这个指示功能是如何实现的呢？一方面是通过间接学习获得的知识，另一方面是通过无数次的尝试，最后总结出来的经验，即从这个缺口位置撕开包装袋更容易。所以，指示功能设计的对象表面上是产品自身的外在形态细节，而核心的本质却是人脑海中的知识背景和生活经历。当然，指示功能不仅可以通过形态实现，也可以通过旅游文创产品所使用的材料和其表面的颜色得以实现。如前文所述，人们对于材料的认知存在一种黏性，尤其是一些外在特性相对特殊的材料。例如，硅胶材料让人感觉柔软、舒适，人们更愿意去接触它、触摸它，所以使用硅胶材料的产品局部细节所指示的功能更多的是拿、握等会产生皮肤接触的行为。而表面色彩的指示功能作用，依靠的是色彩给人带来的刺激效果或者是依靠约定俗成的社会制度。不同色彩的特性及反射的波长对人产生的刺激不同，例如，在交通信号灯的色彩使用中，红、黄、绿三种颜色色泽鲜艳，明亮度高，能够有效地对人体的视觉感官产生刺激，同时这三种颜色的波长较长，有较好的穿透性，能够让人在较远的距离就能观察到。而在一般产品设计中，对于颜色的应用同样有着其显性特征的考虑，也有着强制性的约定俗成。例如，产品外观色彩中，红色指示着危险警告，黄色指示着警告，绿色则代表着安全，所以很多电子产品的开启按键都采用红色，而关闭按键则采用绿色。

总体来说，指示功能的实现可以通过旅游文创产品的外观形态细节设计、局部材料的使用及表面色彩的应用来产生效果。指示功能是旅游文创产品创新设计中必不可少的一个设计内容，它是与外界进行信息交流的重要途径，也是消费者认知该类产品，使用该类产品的一个重要辅助，是能够让消费者获得良好使用体验的一个关键前提。尤其是中国已经迈入老年化社会，而老年人的各项生理机能减弱，反应能力明显变慢，对于指示功能的诉求会更强，这对于设计师来说是一种设计机遇，也是一种设计挑战。

认知功能中的展示功能是旅游文创产品通过自身的外在形象所展示出来的气质和品位。传统概念认为，产品的最终归宿是被消费人群所使用，而如古语所说，"龙生九子，各有不同"，说明自然界中存在事物不会完全相同，人类也是一样，不同的人群有不同的喜好，有不同的追求，有不同的生活方式。旅游文创产品的展示功能则是为了适应不同的旅游消费群体而展示出不同特性，以满足不同旅游消费者的需求。象征功能与展示功能有功能重合的部分，例如，在体现消费者身份与品位等方面。旅游文创产品展示出来的气质将其自身进行了区分，例如，针对男性游客与针对女性游客，不管是使用功能上，还是外观形态上，又或者是色彩搭配上都会存在明显的气质差异。针对女性游客的旅游文创产品需要具有外观柔美，表面处理细腻，色泽相对粉嫩、艳丽等特性，产品整体展示出无穷的韵味和独特魅力；针对男性游客的旅游文创产品则需要外观形态相对硬朗，色泽偏深沉，多以黑、灰色为主色调，体现出男性独有的深邃和坚硬的品质。然而，随着社会物质条件的不断充裕，这种代表着不同人群需求的产品差异性会变得越来越重要，进而产品的展示功能必然会越来越受到设计师的重点关注。旅游文创产品展示功能的目的是表现产品自身的整体外观气质，它是辨识产品潜在旅游消费群体的重要指标，同时是旅游消费者在挑选和购买该类产品时的一个重要参考依据。

3.2 文化凸显原则

旅游文创产品的内核是文化特色，从这个概念的进一步解析中可知，文化是其核心本质，旅游是其存在的周围空间环境，而产品是其客观物质载体。与一般的大众产品不同，旅游文创产品的主要任务是通过文创产品的日常使用让旅游消费者潜移默化地学习文化知识，接受文化教育，进而有效地传播文化内涵，弘扬社会正能量，为中华民族伟大复兴提供无穷无尽的精神动力。特殊的文化内涵是旅游文创产品有别于其他类别产品的关键特征，是突出产品特色，避免同质化的重要因素。因此，旅游文创产品创新设计中，需要在满足使用功能的基础上，首先突出其独特的文化内涵，用设计技术手段实现特色旅游文化的创造性转化和创新性发展。

特色文化内涵是旅游文创产品的重中之重，而如何凸显旅游产品中的特色文化内涵是其设计开发的关键所在。文化性是旅游文创产品的根本特性，也是旅游文创产品创新设计的首要原则。广义上来说，文化性不仅指旅游产品具有文化所蕴含的各种文化元素，同时也包含了文化资源原型自身所承载的各种艺术风格和工艺传承，以及与文化资源原型创作有一定关联性的社会背景、历史典故、人文习俗和自然风貌等。如此这样，旅游文创产品才能脱离文化旅游景区环境，进入旅游消费者日常生活之中，依然能够有效传播特定的文化精神内涵。因此，在旅游文创产品创新设计中需要选择提取文化资源中能够强烈表达且浓缩了精华的文化特征元素，同时加以放大和突出，使旅游消费者一目了然，很直观地感受到文化元素的强烈冲击。

在前文阐述中，可知文化可以分为两个方面，一个是物质方面的文化，另一个是非物质方面的文化。物质方面的文化包含了文化的外在形象，如形态、图形、符号、组织结构、色彩、材料和质地等；非物质方面的文化主要包含了宗教、信仰、技艺、行为、观念、思想等。而文化的形态又可以划分为器物文化、行为文化和观念文化三种。器物文化是人们在物质生活资料的生产实践过程中所创造出来的文化外在表现形式，包括了衣、食、住、行等维度的物质；行为文化则反映了人们的各种社会组织关系，以及生活方式上的各种礼仪约束等；观念文化是精神层面的文化范畴，是以社会价值观或者人类文明价值体系为中心，包含了文化理想、文学艺术、社会观念、宗教信仰、伦理道德等内容。旅游文创产品的设计开发需要站在游客的视角对文化及其资源进行深入研究、探索和提炼，同时在旅游文创产品开发的具体实践过程中，需要秉持文化内涵这个中心主题，即一切设计活动的最终宗旨是为了凸显文化内核。

3.2.1 以游客的角度挖掘文化特征

旅游文创产品面对的消费人群是前来观赏文化景区风貌、体验文化内涵的游客。因此研究游客对文化的感知角度，以及分析游客对文化景区关注的热点，是产品突出文化内涵的重要前提。旅游是为了体验不同的自然风景和民族风俗。游客在旅游过程中体验到文化景区各种新奇性的同时，潜移默化地接受文化洗礼。那么在游客浏览文化景区时，关注的重点是什么？猎奇性主要体现在哪些方面呢？这需要设计师去深入地挖掘和研究。以游客的关注视角来挖掘和提炼文化旅游景区的重要文化元素，融入旅游文创产品创新设计之中，那么就会让游客在接触到旅游文创产品的第一眼就能接收到精准的感官刺激，形成首因心理效应，回想起自己在旅游过程中的所见所闻，从而有效感受到文创产品中的文化内涵。当然，在旅游过程中，每个游客的关注重点必然会有所差异，猎奇性也会根据游客的不同认知能力而不一样。在这种情况下，需要设计师的有效引导，利用旅游消费者的从众心理，将游客的关注重点和猎奇性引导到蕴含深厚文化内涵的核心资源上，对游客进行多次重复的心理刺激，让游客产生深刻的印象。如此，能够让游客在接触到以文化为内在的旅游产品时，理解过程更加顺畅、更容易接受其蕴含的文化内涵。

3.2.2　以文化为中心进行产品开发

旅游文创产品设计开发是一个复杂的技术过程，包括前期分析、挖掘载体、功能创新、审美创新以及加工制造等内容。其中每个阶段的内容都是一个相对复杂的综合过程，并且具有一定的独立性，假如没有一个紧紧围绕的中心，很有可能会导致最终设计结果的主题思想散乱，无法凸显设计开发的主旨。因此，在旅游文创产品前期的设计研究及规划中，抓住文化传播这个核心主题，一切设计的过程和技术手段都是为了更好地体现出旅游文创产品的文化特征。在现有的文创产品设计理论中，认为文化与设计载体融合的形式大体上有三种：一是文化的外在形象与设计载体融合，二是文化的行为方式与设计载体融合，三是文化的精神内核与设计载体融合。可以是单一维度的融合，也可以是多个维度一起融合在设计载体上。

首先，文化的外在形象与设计载体的融合是旅游文创产品最基础的设计方式，指的是利用文化资源的外在形象（包括外观形态、尺寸比例、工艺细节及色彩搭配等可见的物质层面信息），再通过特征提取与精炼，直接或者间接地运用到产品的创新设计之中，从而体现文创产品的文化内涵，这是一种比较浅层次的文创产品设计方法，也是当下旅游文创产品设计开发中比较常见的一种设计方法，广泛运用于各个文化旅游景区文创产品开发。而值得注意的是，提取出来的具有鲜明特色和代表性的图形与符号，巧妙而合理地运用于旅游文创产品设计之中，既可以使旅游消费者顺畅地联想到与之相关的文化资源原型，又不会让旅游消费者产生违和感和突兀感，引起负面的情感反馈。

其次，文化层面的行为方式与设计载体之间的融合，指的是将受文化约束或礼仪制约的人类行为特征融入旅游文创产品之中，使用户在使用产品过程中的操作行为符合文化内在的礼仪习俗等。众所周知，红色文化是中国革命斗争实践中形成的特色文化，它对广大中国人民的日常行为必然存在着一些影响和约束。例如，听到国歌和看到升国旗，所有中国人都会神情庄重、肃然起敬，且少先队员还会自觉地向国旗敬队礼。可见，红色文化对人们日常行为的影响是方方面面的，只是未被人们所察觉和关注。因此，在红色旅游文创产品的设计开发中，可以将文创产品的操作行为或使用方式与红色文化中的一些有特色、代表性强的行为方式相结合，使旅游消费者在使用红色旅游文创产品的同时，感受到红色文化的内涵。

再者，精神内核层面与设计载体之间的融合属于比较高层次、有深度的旅游文创产品设计方式。这种方式不局限于文化资源的外在形态、纹饰色彩等元素，而是通过全方位地理解文化资源深层的精神意蕴，探究符号之外的象征意义，结合大众的生活需求和时尚审美需求，开发出与设计原型"形不同而神似"的旅游文创产品。这需要设计师不仅对文化资源中的设计原型的内涵和意蕴有着非常深刻的理解与熟练的把控能力，又拥有足够的能力将它通过符号提取、诠释、转换，最终依靠创意设计的技术方法运用于旅游文创产品开发之中。依靠这种融合方式设计开发的旅游文创产品，仅仅依靠外观造型也许看不出与文化资源之间的联系，但是通过仔细欣赏、心灵感悟及重复使用，方能领略其一脉相承的文化内涵及艺术情趣。例如，一款蕴含中国传统文化精髓的熏香套装文创（图3-3），以曲水流觞作为文化主题，配合流畅的柔木线条，少量规矩的几何纹，体现平易、典雅的艺术特色。正面的竹林纹饰寓意着对君子清雅脱俗、高风亮节品质的追求。塔香自酒坛口缓缓流入溪流，勾勒出中国古代文人墨客的淡然形象，于溪水、竹林，抚琴畅饮，体现出中国传统文化中的淡泊宁静、与世无争的精神内核。

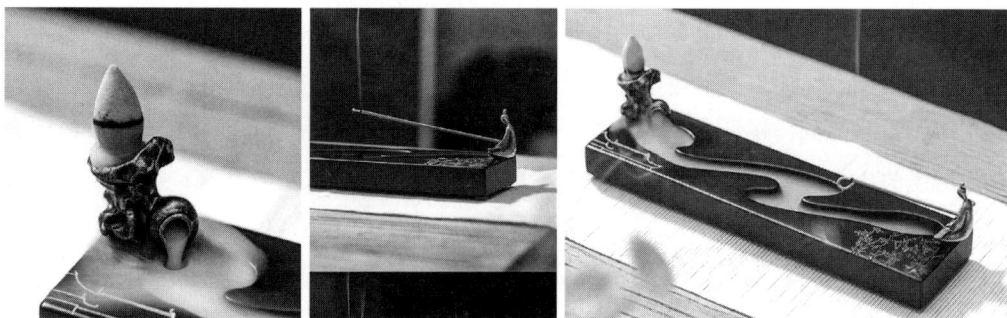

图3-3　熏香器韵文创

3.3　独特性原则

独特性是旅游文创产品设计的重要原则，也是体现出旅游景区地域文化特色和民俗文化风貌的重要内容。在现有的旅游文创产品调研中发现，文创产品的同质化现象较严重，跟风现象比较突出，造成这种现象的一方面原因是文化创意设计产业发展较晚，市场上未能生产制造出品类丰富的旅游文创产品；另一方面原因是旅游文创产品的独特性在设计过程中未能得到足够重视。各地旅游文创产品存在较大的相似性，这对于景区特色文化的有效传播产生了不良影响。虽然大环境下的中华民族文化在整体上存在本质相同，核心特征大同小异，但是各地域之间的文化存在一定的地域性差异。因此，开发的旅游文创产品形式必然也存在着不同，设计师在设计实践中可以借鉴的设计资源各不相同，同时不同旅游景区内，游客的构成及审美品位亦不一样，如果设计开发的旅游文创产品千篇一律，没有自身的特色，不仅无法取得有效传播文化的作用，也难以取得很好的销售成果和市场口碑。

3.3.1 旅游文创产品的独特性特征

独特性是旅游文创产品的核心要素之一，是区别于其他同类产品的重要指标。旅游文创产品不同于其他产品，从以下两方面体现。

3.3.1.1 超物质功能

旅游文创产品的使用价值不仅是用来满足游客在旅游过程中的吃、穿、住、行等基本物质生活方面的需求，而且是在欣赏风景、体验文化等旅行途中对游客构成一种美好享受，获得猎奇感受和全新生活体验上的精神需求，满足游客的远大理想、生活希望、精神信仰等更高层次的心理需求，所以旅游文创产品的使用价值属性是抽象性和实用性相结合的二元组织结构，且表现为精神层面需求的抽象性价值更为重要。例如，现有的一些旅游文创产品作为摆件或纪念品放置在家庭或办公空间之中，实际上并没有或者只是很少拥有具体的使用功能，其展现出来的功能其实是为了满足人们精神世界需求的超物质维度的功能，属于抽象性价值体现。

3.3.1.2 系统性满足功能

旅游文创产品具有系统性满足功能，完善的旅游文创产品需要满足游客在旅游活动过程中可能会涉及的吃、穿、住、行、玩、购、娱等各个环节的需求。一般产品只能满足消费者的某一个需求或者几个特定的需求，而旅游文创产品则是需要满足消费者的综合需求，这是由旅游活动的特殊性决定的。旅游与一般的日常生活不同，是人们从一个熟悉的环境到达一个陌生的环境，进行短期的崭新生活体验，必然会遇到各种各样的突发情况和困难，可以这么说，旅游生活期间是人们日常生活中最兴奋，也是最脆弱的一段时光，对于产品的各种功能具有极大的需求，这也是旅游能够促进产品消费的动因。因此，需要旅游文创产品尽可能地满足游客各个环节的需求，形成一个综合性需求的产品类别。从旅游文创产品的各部分物理形态上分类，旅游文创产品的构成包含文化资源、设施设备、购物消费及旅游服务等；而从游客的消费形式来分类，则包含了住宿、饮食、交通、观光、娱乐、购物及其他体验服务等。总之，旅游文创产品在构成上具有系统结构复杂的特性，需要从各个维度来分析，进行设计，最终满足旅游消费者的系统性需求。

3.3.2 独特性设计

具备独特性特征的产品能够吸引消费者的注意力，产生强烈的感官冲击，从而能够有效地激发消费者的购买欲望，引领消费发展趋势，提高市场占有率，创造出有利的市场环境。旅游文创产品的独特性可以从两个维度进行设计，一个是设计切入点的差异化，另一个是对游客的精准定位。

3.3.2.1 设计切入点的差异化

设计切入点的差异性指的是设计过程中有独具一格的创新思维和独特的表达方式。设计切入点的差异性是在旅游文创产品设计供给端进行深入探究，开发出与众不同的旅游文创产品。各个旅游文化景区所蕴含的文化内涵有一定的区别，同时文化资源及承载着文化资源的地域也不同，这些都是旅游文创产品具有独特性的重要设计源泉。设计师以旅游文化景区中的特殊文化资源为中心，从挖掘提取特殊文化资源的轮廓形态与文化符号入手，融合符合当代社会发展的科学技术，创造出以满足现代人生活方式和审美需求为最终目的的设计载体，形成具有独特性与创新性的旅游文创产品。例如，在红船文化旅游景区中，停靠在南湖旁的红船是该旅游文化景区的核心文化资源，也是区别于其他文化旅游景区的独特资源，具有唯一性和不可替代性。在旅游文创产品设计中以"红船"作为设计挖掘、提炼的主要目标对象，挖掘其轮廓形态特征和文化元素特征，提炼成精简、抽象且文化内涵突出的图案或符号，结合满足时代发展的科学技术，融入具有一定新颖性的设计载体之中，最终形成的红船旅游文创产品必然与其他文化景区的旅游文创产品在外观形态上与文化内涵上，甚至是功能的使用体验上均不同，是一个具有独特性的旅游文创产品。

地域差异性是旅游文创产品独特性设计的另一个重要切入点。例如，从红色文化的发展脉络研究中可知，红色文化存在于中国辽阔大地上的各个区域，从南到北，由东到西，空间跨度非常大。因此，红色文化与当地的地域文化结合相当紧密，从某种意义上来说，红色文化的发展其实是依托了地域文化这个坚实的基础。在旅游文创产品创新设计中，以地域文化为切入点，挖掘红色文化与地域文化的融合之处，将两者进行关联研究，提炼出具有红色文化内涵特征，同时又具有地域文化特色的元素符号，融入设计载体之中，形成有特色的旅游文创产品。这需要设计师去实地进行田野调研，通过切身地体验与感受，领悟旅游文创产品设计的真谛。例如，现有的井冈山旅游文创产品将井冈山的自然风貌以及特殊的五指峰形态与红色文化融合起来，成为井冈山红色旅游文创产品的重要设计元素，有效区别于其他文化景区的旅游文创产品，具有很强的识别性，游客能够在初次见到这些旅游文创产品之时，形成强烈的感官刺激，从而产生首因心理效应，认定其独特地文化内涵。又例如，延安红色旅游文创产品将陕北少数民族的民间艺术、人生礼仪、年节风俗、社会礼俗及民风习俗等地域特色文化习俗与红色文化进行结合，融入红色旅游文创产品设计开发，形成独具特色的旅游文创产品（图3-4），深受游客的喜爱和追捧，如以窑洞、腰鼓、竹马、剪纸等为元素的旅游文创产品特色鲜明，文化意蕴丰富。陕北民俗文化能够与红色文化产生有效联结，并且能够被大众所接受和理解，其中最重要的一个原因就是延安曾经是中国革命斗争的心脏，老一辈无产阶级革命家在这里工作与生活多年，红色文化早已经融入了当地的文化习俗，同时也为当地的文化习俗注入了红色文化基因，使陕北民俗文化与红色文化相辅相成，随着时代的不断发展而逐渐融为一体。

图3-4　延安旅游文创产品

3.3.2.2　对游客的精准定位

对游客的精准定位是旅游文创产品具有独特性特征的重要前提，指的是通过对市场和游客的深入研究，挖掘出游客的独特性需求，并以这种需求为出发点，设计出符合消费者个性需要的旅游文创产品。这是在旅游文创产品的需求端进行研究，然后逆向推导，以用户需求指导具体的旅游文创产品设计开发。在文化旅游市场中，用户主要指的是来观光游玩的游客，这是一个非常广泛的人群范畴，有男女性别之分，同时还有不同年龄段之别。而不同的游客对于旅游文创产品的需求必然是千差万别的，各不相同。如何才能设计出满足不同需求的旅游产品，最关键之处就是在对游客进行人群划分的基础上，精准分析出他们的特殊需求，以满足需求为最终目的进行旅游文创产品的设计开发，促进旅游文创产品的独特性。例如，在故宫文化创意产品中，利用具有代表性的中国传统文物的表面色彩，为女性游客专门设计了彩妆口红，传承文化内涵的同时，也体现了设计师对于女性游客群体的重视，使女性游客感受到被尊重、被关爱，从而刺激了她们购买欲望，促进购买行为。当然，对于不同的游客群体，旅游文创产品选择的设计载体也不一样。例如，对于儿童游客来说，设计载体定位在玩具类和文具类更能激发他们的兴趣，从而促进文创产品的销售；青年游客关注的重点则是新的科学技术和个人的品位喜好，因此，旅游文创产品的设计载体选择应该是符合时代科技发展的电子类产品或者能够凸显个性化特征的产品类别更为恰当。对于老年游客来说，旅游文创产品的设计载体则更偏向纪念品类，因为老年游客生活经历丰富，情感体验的敏锐度相对于其他类别的游客群体来说更高，对文化的感知与理解更为顺畅，而纪念品所拥有的纪念价值，能够很好地满足老年游客群体的精神需求。总之，独特性是旅游文创产品设计的重要原则，是旅游文创产品区别于其他产品的关键要素。以游客群体的独特需求为导向，精准分析各类游客的真实需要，设计开发出具有独特性的旅游文创产品是当下旅游文创产品市场发展的必经之路。

3.4 多样性原则

　　旅游文创产品设计的多样性原则是其设计开发的必要原则，能够丰富市场上的旅游文创产品类别和数量，提供给游客更多的选择性，尽可能地满足不同游客的多样性需求，从而深挖旅游消费市场的经济价值。多样性原则主要体现在三个方面，一是产品多样化，二是目标对象多样化，三是价格多样化。这三个方面之间存在非常明显的前后逻辑关系，是相互支撑的有机整体。目标对象的多样化决定了产品的多样化，而产品的多样化必然会导致产品价格的多样化，同时价格多样化对目标对象的多样性划分起到了推动作用。

3.4.1　产品多样化

　　旅游文创产品多样化是一个相对简单且容易理解的概念，指的是针对旅游消费者需求和市场需要，设计制造出多种不同类型、不同用途的文创产品，或者同类产品中产生多个不同款式、不同规格的文创产品——前者是文创产品的纵向发展，强调的是产品类别的多样化；而后者是文创产品的横向发展，指的是在同类产品中的款式多种多样。产品多样化发展是设计师进行旅游文创产品设计开发的一个重要目的，即丰富市场上的产品种类与数量，而实现的具体手段就是持续不断地进行旅游文创产品的创新设计。在前文的阐述中可知，旅游文创产品的创新包含了功能创新、外观形式创新、操作体验创新及情感内在属性创新等多个方面的内容。文创产品创新的核心是在看上去没有任何关联的事物之间挖掘出创意的联结点，创造出让人意想不到、耳目一新的产品。当然前提是创造出的新产品能够满足人们的功能需求，满足社会整体的价值体系等。对于同一种旅游文化资源，综合运用其外在表现、行为方式或精神内核等设计方式，可以设计出各种各样、不同类型的旅游文创产品。其中与文化资源原型相差甚远，却能巧妙地传递出其文化意蕴的产品，更能反映出设计者的高超智慧和艺术魅力。旅游文创产品多样化特征是市场不断发展完善的结果，随着人们生活水平的不断提高，物质条件不断充足，人们对于产品的多样化需求就越突出。文创产品多样化发展程度越高，满足游客独特性需求的概率就越高，也就是设计领域里常说的产品细分可以满足不同消费者的独特需要。

3.4.2 目标对象多样化

目标对象多样化指的是产品设计开发所对应的目标人群具有复杂的多样性特征。在之前的描述中可知，文化旅游活动中的人群按照性别可以有男女之分，按照年龄可以被划分为老年、中年、青年、少年和儿童等群体，按照健康程度又可划分为普通人群和特殊人群，而按照受教育程度或者工作背景等因素还可以进行更多类别的人群细分。所以，游客人群的划分是一个非常复杂而烦琐的过程，往往是根据旅游文创产品设计所针对的具体目标来进行群体分类。游客人群的多样化，必然会导致旅游文创产品的需求多样化，因此在旅游文创产品设计开发时，需要针对不同游客人群的具体需要展开。例如，针对儿童群体的旅游文创产品设计开发，功能设定上要具有一定的童趣，色彩搭配上要采用色泽鲜艳而明亮的色彩，整体造型上多采用柔和曲面设计和符合儿童操作体验的细节设计，同时，还需要融入更多的可爱元素，以满足儿童得情感需要。而对于中青年群体来说，他们思维活跃，对科技的敏感度高，旅游文创产品的功能设计需要与先进的科学技术相结合，符合时代发展的潮流，而在色彩运用上则更倾向于灰度较高而明度偏低的色泽，体现出旅游文创产品的品质与内涵，在整体造型上偏爱形态简约时尚、干净利落、逻辑性强的风格。当然，这只是社会对于不同人类群体的一个模糊的习惯性认知，而群体中还会存在个体上的差异，如果继续深入探究下去，则是一个非常复杂而庞大的工程，当然在现阶段的技术条件下，无法有效地解决每个个体的独特性需求。众所周知，产品的最终归宿是消费者，满足不同旅游消费者的不同层次需求是旅游文创产品得以实现其自身价值的根本，是设计师持之以恒的目标。因此，目标对象多样性是导致旅游文创产品存在多样化特征的最直接因素。

3.4.3 价格多样化

价格多样化是一种市场销售策略，指的是旅游文创产品的价格具有多元化和阶梯性。依据不同的市场环境与状况，采用不同的价格策略，当然不同的价格定位也是基于不同的文创产品功能与档次。根据营销心理学原理及销售实践活动总结，设计开发不同档次的旅游文创产品投入到旅游消费市场，从而产生不同的价格定位，对于旅游文创产品实现其自身经济价值是非常必要的，不同档次和不同价格能够满足市场上的不同旅游消费群体的差异化需求。国外旅游商店经过多年的销售实践总结和价格定位策略，已经形成相当成熟的旅游产品价格体系，每一个同类产品中均会提供多个不同价位的旅游产品，当然旅游产品的功能和档次也会根据价格的变化而有所不同。例如，大英博物馆"雕塑"

类产品下设有6个不同的价格区间，售价从几英镑到几千英镑的旅游产品总计有大约120余件，给游客提供了多样化的选择。当然，这种多元化定价策略在国内市场上也是非常常见的，主要取决于消费者购买产品的动机，如果消费者在意的是产品的品牌效应或者是产品所象征的内在品位，而并不是产品的功能优越性，那么低价的同类产品会展示出更加突出的性价比，激发消费者的购买行为。例如，在国内智能手机的销售环节中，同类品牌的智能手机因为内在硬件配置的不同会导致销售价格差别较大，而处于顶级配置的智能手机销售量并不高，往往是那些配置并不高，但价格相对低廉、性价比高的智能手机，反而销售量占比很大，因此，手机生产商往往将设计开发的重心放在此价格区间的产品之上。在旅游文创产品设计的前期分析中需要对其进行翔实而精细的市场定位，包括产品的档次、品质及价格等。其中价格定位非常重要，因为价格直接决定了旅游文创产品的层次、档次和品位等多个指标，每一种价格定位其实都代表着一种不同的旅游文创产品的设计呈现。因此，价格定位应该是多元化的且具有明显阶梯性差别的价格控制，而处于中间区域的价格定位需要特别慎重考虑，因为它很有可能是整个文创产品类别中销售量最大、产生的经济价值最高的产品，对它定价过高或者过低，都会对市场销售产生较大的影响。

3.5　系列化原则

系列化是指产品系统化的过程，是系统化的高级形式。系列化是对同类产品的结构形式及主要参数规格进行科学合理规划的一种标准化形式，从而使系列化产品之间存在一定的内在联系，构成一个类似于"家族系统"的概念，而系列化的产品都是其中的成员。假使产品是一个系统，那么系列化则是一个多极的系统，各个系统之间存在的一定联系，使相互之间形成一个相对散漫的整体，既可以以独立的形式存在，又可以与其他产品组成一个套系，形成一个更加完整的成套产品。在现代激烈的市场环境下，系列化是一种重要的设计方法和原则，能够有效地提高产品的适应性，从而可以满足不同的市场需求。同时，系列化设计体现出了一种成套审美意识，使系列化产品造型更加统一而整齐，具有良好的视觉审美效果，使产品具有更强的可选择性，突出了产品的市场经济价值，而且更容易占领市场，形成品牌效应。系列化设计使产品存在关联性、独立性、组合性及互换性的特征。

关联性指的是系列化的产品之间存在着一定的特殊联系，可以是看不见的内在联系（如功能结构具有统一性），也可以是外在的显性联系（如外观形态具有一定的关联性或者有统一的设计元素等），还可以系列产品之间的因果关系（如一款产品的设计生产其实是为了辅助另一款产品具有更好的使用功能）或者共生关系，缺少了哪一个都显得不完整。

独立性指的是系列化产品相对来说具有一定的独立特征，具有完善的功能，可以作为一个独立的产品进行销售和使用。系列化不同于产品零件配套，系列化中的每个产品本就是一个完整的系统，只不过产品之间存在的一定的联系，在形式上可以将它们组成一个整体的概念。

组合性则是指系列化产品的不同功能可以进行相互匹配，从而形成更加强大的功能系统。例如，系列化文具用品包含了诸多的产品，比如美工刀、尺子、橡皮等，每一个产品都有完善的功能，但是将它们组合在一起，能够更好地解决学习过程中的各种问题。

互换性则是指系列化产品之间的功能可以相互交换，从而产生更多不同的使用功能。这些特征使得系列化产品不同于一般的产品，而是一个系统性的产品概念，产品也不再是一个独立的个体，而是成套产品系统中的一个组成部分。因为这些特征的存在，消费者在选择产品时更愿意倾向于具有一定内在联系的系列化产品。

旅游文创产品的系列化设计可以从两个维度展开，一个是围绕景区的主题元素开展系列化产品设计，另一个是围绕文化景区里的知名文化资源展开系列化设计。景区的主题元素指的是该景区的文化内核，可能是一个历史事件，一段历史故事，又或许是历史伟人遗留下来的知名典故等。在围绕主题元素进行旅游文创产品系列化设计时，需要挖掘文化中的精神内核，融入各式各样文创产品的设计开发，虽然在产品的外观形态上关联性不明显，但是在产品的精神内核或行为操作上具有明显相关性。这一种系列化设计方式是比较高层次的文创产品设计，注重的是系列化产品之间的内在联系，需要设计师能够深刻领悟景区的文化内核，并匠心独运地挖掘其中的文化特征，巧妙地运用到各类产品设计之中，形成系列化。而围绕知名文化资源进行系列化旅游文创产品设计相对来说更容易一些。知名文化资源具有独特的外在形象特征，同时，因为它的知名度较高，游客对其认知理解深刻，易识别。因此，提取其相关特征的轮廓线条，进行精炼、抽象、简化，利用巧妙的设计手法，运用到各类旅游文创产品的外观形态之中，形成套系产品。依靠外观形态中统一的造型元素进行系列化设计是比较简单却很实用的一种设计方法。基于系列化设计的原则和特征，旅游文创产品的系列化设计实施可以从功能结构相统一的维度着手进行设计开发，但在具体的设计过程中，以统一的文化元素作为系列化设计的核心关联指标更为恰当。对于普通消费者来说，视觉刺激带来的冲击力更为强烈而明显，同时视觉上的元素关联使人们对于系列化的理解更简单、有效，自然而然地会将这些具有相同造型元素的产品归类为一体。在旅游文创产品设计时，将提取的文化元素特征运用在不同类别的产品外在形象之中，使之具有视觉上的套系化特征，同时，相同的文化图案、符号或者纹饰出现于各种各样的产品之中。整齐统一的美学特征必然会给游客带来强烈的视觉冲击，而且多次重复的造型元素在产品的平面或立体局部细节进行多种形式的应用，必然会突出此造型元素在游客心中的烙印，从而强化游客对文创产品所承载的文化内在的感知力度，同时，系列化也为游客提供了更多可选择的文创产品品类，促进旅游经济发展。

3.6 时尚性原则

时尚即符合时代发展的潮流，符合当代人们的生活方式和审美需求。时尚产品是在特定时代下率先由部分人群购买和使用，然后被社会大众所推崇或效仿，从而争相购买的热销产品，是一定时间内的部分人为满足自我需求而使用的各种新兴产品。时尚产品是能够带给人们品位和不凡、愉悦和舒心的优质生活产品，是满足时代下人们生活方式和时尚性需求的各种产品。时尚性原则涵盖了产品设计方面的诸多内容，如形态、色彩、样式、主题及生活方式等。由此可见，时尚性原则是一个包罗万象的重要概念，已经延伸至人类生活中的各个角落。时尚给人们带来了愉悦、优雅、纯粹与不凡的感受与体验，赋予人们独特的气质和神韵，反映了人们各不相同的生活态度与人生感悟，体现出与众不同的个性。时尚一词最早出现在南宋俞文豹《吹剑录》中："夫道学者，学士大夫所当讲明，岂以时尚为兴废。"意思是：道学，是学士大夫所应当讲清楚、说明白的，它的兴起或废置怎么可以被时下所崇尚潮流所左右。时尚这个词语最初的意思是受时代所崇尚，时尚性原则的最大特征就是具有时代性。时尚代表着一个时间段内的社会风尚，与流行有本质上不同，是人们对更高生活品质的一种追求，有更加丰富的文化内在，体现了人类社会中共性与个性的辩证统一。不同的时代，所追求的时尚必然是完全不同的，对于产品也是如此。例如，在物质溃泛的历史时期，时尚产品的代表是那些质量可靠、经久耐用的产品，被人们所青睐和追捧。而在物质条件充足的当下，产品质量固然也很重要，但是已经不是人们关注的第一要素，现如今人们所推崇和追捧的时尚产品是那些能够体现自身生活品质、彰显个性与价值的产品。所以，时尚性是受时代深刻影响，随时间流逝而不断波动变化的社会喜好。当然，时尚性除了受时代影响之外，受到社会政治因素的影响也比较大。

时尚能够引导旅游文创产品设计发展的方向，是旅游文创产品设计开发的本质属性和终极目标。据相关部门统计，时尚这个概念已经进入中国大部分年轻人的视野，被他们各自所理解和接受，并产生强烈的兴趣和需求欲望。随着时间的推移，现如今这批年轻人已经成为社会经济消费的主力，他们所理解的时尚消费观念及文化思想正深刻影响着市场上各类产品的设计开发以及产品的服务形式，例如，当下网络购物成为经济消费的主流。另外，时尚也是驱动社会经济消费的重要商业元素。国内外产品消费市场中，所有知名企业都是依靠提升品牌效应，开发符合时尚需求的产品来占有市场，扩大影响力，从而获取巨大经济效应。例如，智能手机市场，时尚成为手机设计制造企业宣传和推广自身产品的重要标度。旅游文创产品设计开发中有效地把握时尚性设计原则大体可以从以下三个方面进行深入探讨。

3.6.1 把握时尚风向

在前面的阐述可知时尚是时代所推崇的风尚，虽然随着时间的推移而不断发展变化，但在社会整体趋势下，时尚依然有迹可循。旅游文创产品时尚性设计开发，可以从两个方面开展。一是把握当下社会时尚潮流，在已有的其他产品品类中，尤其是走在时尚前端的服装产品和女性用品这些产品中挖掘出时尚特征，融入产品设计，缩短产品的开发周期，在较短时间内推出符合时尚需求的旅游文创产品，追赶时尚发展的步伐。二是通过时尚研究及前卫的时尚资讯，在时尚之风兴起之前进行旅游文创产品的设计开发，把握时尚先机，占领市场份额。这需要设计师具有敏锐的时尚感知力和判断力，并且时刻关注各类产品的前卫设计，从中探究时尚兴起的趋势，并能够及时地运用到旅游文创产品的设计开发之中。

3.6.2 时尚趋势预测及评估

时尚趋势预测，就是在已有的对时尚研究的基础上，评估未来时尚的发展方向和趋势。当然这种预测和评估可能会存在着一定的风险，因为时尚具有时代性的同时，还会受到社会政治、经济因素的影响而产生不稳定性的波动。但总体来说，社会发展的整体趋势及人们对于美好生活的向往是明确的，所以时尚发展的趋势也是有迹可循的。这就需要旅游文创产品设计开发部门及设计师共同努力，结合市场发展经验或者历史演变规律等，在进行充分研究的基础上，科学评估时尚流行趋势并做出准确地预测，具体内容包括研究产品的形态色彩、结构功能、操作使用等各个设计要素，使其有极大可能成为引领时尚的产品，从而提前布局相关文创产品的开发计划，实现文创产品的时尚设计。例如，初代苹果手机，就是乔布斯在结合科学规律的基础上，准确预测未来手机时尚发展趋势，打破技术壁垒，开发出具有颠覆性的新产品，走在了时尚的潮头，引领时尚发展。因此，苹果手机占领了智能手机市场的高份额，一蹴而就成为市场的佼佼者。但是随着时间推移，这股时尚之风逐渐趋于平静，演变成为一种平淡的设计样式，导致智能手机成为一种普通产品，不复当年的魅力，那么又需要结合市场规律和科学技术的发展，挖掘新的时尚趋势，探寻新的突破口。

3.6.3 提取时尚元素

时尚的本质是一种社会现象，是时代发展的痕迹，是人们对社会中新鲜事物永恒探索的过程。因此，关于时尚的旅游文创产品设计可以从社会中的各个角度来汲取最新的时尚元素，并将其运用于全新旅游文创产品的设计开发之中。依靠这种方式，能够将某个领域中的时尚潮流元素嫁接到旅游文创产品之上，以至延伸时尚潮流的广度。当然，作为旅游文创产品这个特殊的产品类别，其体现出来的核心气质应该是严谨、端庄、大气及有品位等正向情感，要避免一些诙谐元素和低级趣味，因而在社会各领域的时尚元素提取中要取其精华，去其糟粕，为旅游消费者带来社会正能量的鼓舞和激励。

3.7 便携性原则

便携性原则顾名思义就是方便游客随身携带，它是现代所有产品设计的一个重要原则，也是旅游文创产品创新设计的一种重要方法。随着科学技术的发展，大部分的产品，尤其是私人用品都朝着便携性的方向发展。例如，现代笔记本电脑越来越精致，体积和尺寸变小的同时，功能却日益强大。随着人们对于产品便携功能的需求越来越大，各种便携性的产品层出不穷，便携音响、便携加湿器、便携热水机等各类产品数不胜数。便携性设计原则的目的是让消费者更加方便携带和使用各类产品，在物质欲望浓厚的当下，减少消费者对于产品携带的负担，使消费者能够轻松出行，生活更加惬意。市场中绝大多数产品都有着向便携化设计发展的趋势，便携化设计的目的也从最初的方便携带慢慢转变为产品是否能够适用于特定的使用环境，因此，便携化设计不单单是缩小产品体积和尺寸，还需要考虑消费者的内在需求。旅游文创产品设计开发的初衷是文创产品能够适应多种不同的使用情景，能够被消费者方便快捷地使用，而方便携带只是其外在形态展现出来的基本功能。在当下旅游文创产品便携化设计的重点是准确定位文创产品的便携功能，在特定环境下可以进行精准而方便的操作。便携化旅游文创产品的使用环境存在多方面的随机性和极大的不确定性，需要设计师站在旅游消费者的角度，分析研究相对宏观的人类行为模式，挖掘出其中的一般规律。通过仔细观察和详细分析旅游消费者基本行为模式，构建出完整的使用行为过程，挖掘便携化设计的切入点。

在旅游文创产品设计中，如何快速而准确地定义便携空间场景，挖掘便携化设计的需求，从而有效地发挥其所具有的功能效应，成为旅游文创产品便携化设计研究的主要目的。在已有的便携化旅游文创产品分析研究认为，重量、空间体积、缩放尺寸、易操作等是影响旅游文创产品携带的最基本设计要素。重量大小决定用户携带该产品是否轻松，而产品体积和尺寸对用户携带空间的限制非常大，拆解和组装是多数产品携带或使用前的必要准备程序，因此产品在操作层面的便携性还受步骤及工序多少的影响。在旅游文创产品便携化设计中，将产品重量、体积、尺寸及操作工序数量确定为文创产品携带能力的基本设计要素。因此，在旅游文创产品设计时，需要从多个维度进行便携性创新设计。减少重量、优化体积及尺寸、整合操作步骤等是提升旅游文创产品便携性的重要设计内容。

3.7.1　选择恰当材料，减轻重量

旅游文创产品的目标人群是前来旅游的游客，这类人群所具有的特征是短期逗留，游玩结束后还需要回到之前生活的地方。而在路途中的游客所面临的最大问题就是身边需要携带各种各样的短期生活用品，极其不方便。而旅游产品是游客最愿意购买和携带的纪念品，但是携带能力有限成为旅游文创产品实现销售流通的重要阻碍。因此，在旅游文创产品设计中，如何减轻文创产品重量，使游客能够轻松携带，成为一个热点问题。随着科学技术的快速发展，各种材料不断推陈出新，伴随新型材料的加工工艺技术逐步成熟，完全可以利用质量轻、韧性好且硬度高的材料代替原本质量较重的材料，从而减轻旅游文创产品的重量，实现便携性。例如，高分子材料的韧性和硬度已经可以取代部分金属，成为航天科技必备的材料，随着技术的不断发展，不久的将来必然能够普及到各种产品之中，从而有效地减少产品的重量。又例如，曾经昂贵的炭合金材料，因其优良的物理特性和化学属性，现在已经广泛应用于各种产品设计之中。随着技术的进步，旅游文创产品设计制造中可选择的材料必然越来越丰富，设计师应该大胆地采用新型材料，不仅可以提高旅游文创产品的便携功能，同时还因为新材料所带来的新特性，有效提升旅游文创产品的新奇性而受到旅游消费者的喜爱。

3.7.2　结构创新，优化体积与尺寸

旅游文创产品体积和尺寸也是困扰游客购买行为的一个重要因素。体积和尺寸较大会占用游客的携带空间，从而限制了游客所带产品的数量。因此，在旅游文创产品设计中，要么选择体积较小的产品品类作为旅游文化的载体，要么通过结构创新设计优化旅游文创产品的体积和尺寸。前者主要是一些小产品，如文具、书签或小型纪念品等，而后者受产品类别约束较小，可发挥的设计空间较大。

3.7.2.1　折叠结构

利用折叠结构缩小旅游文创产品体积。折叠结构是产品的部件单元之间通过功能连接件实现其在三维空间的体积变化，可以根据产品的状态来改变其结构。例如，在运输储存状态时，可以收缩产品的三维尺寸，减小占用空间；而在使用状态时，可以伸展产品的尺寸和体积，方便进行功能使用，提升操作体验。折叠结构主要包含轴心旋转式折叠和平移推拉式折叠两种。

（1）轴心旋转式折叠，顾名思义就是用一个旋转的轴心，产品部件单元可以依靠这个固定的轴心进行旋转收缩或者旋转扩展，以实现产品尺寸和体积的变化，以达到便携的目的。例如，笔记本电脑，不使用时可以通过旋转折叠成为一个很薄的物品，从而方便携带，而需要使用时又可以通过旋转折叠打开到一定角度，满足消费者的特定使用

环境。

（2）平移推拉式折叠，主要指的是单元部件依靠几何平行原理进行空间移动而实现体积和尺寸变化的一种结构方式。这种折叠结构使用灵活，线条丰富且具有韵律美感，但是因为是平行结构，如果不加以辅助结构设计，会导致稳定性不足的缺陷。例如，常见的可伸缩式行李箱，在箱体的侧边常设计有很多可拉伸和收缩的长直线条造型，目的就是在行李箱的不同使用状态下，通过平移折叠来改变行李箱的体积和尺寸，同时整齐规律排列的线条丰富了行李箱箱体的造型形态细节，增加了独特的韵律美。

3.7.2.2 拆解、组合形式

通过旅游文创产品部件的拆解、组合等形式的结构设计实现便携化。拆分和组装结构设计在普通产品中比较常见，尤其是在玩具类产品的设计之中，而在旅游文创产品中，这种结构设计并不多见。旅游文创产品通过拆解和组合方式，可以灵活调节在不同状态下的形状和尺寸，对于文创产品的携带方便具有非常好的效果，但是如果拆解和组合过于复杂，那么又会大大增加文创产品使用的操作步骤，对于文创产品使用的便捷化并不友好，因此，需要把握一个适度原则，否则会形成过犹不及的效果。对于体积比较庞大的旅游文创产品，可以拆解成多个重要部件来方便携带，提升对运输空间的合理使用，在需要使用时将部件进行组合，形成完整的产品。而在这个过程中，需要注意旅游文创产品部件之间的联结方式及必要的安全性考虑。设计师需要根据不同的产品类别来设计部件之间的联结结构。对于只有装饰纪念价值的摆件，可以通过简单的榫卯、卡接等方式来完成产品组装；而对于具有特殊使用环境和使用功能的产品，则需要重点设计部件之间的联结形式。例如，电子类旅游文创产品的部件之间可能有通电的需求，那么在联结结构位置需要考虑电流是否能够有效传输，同时还要考虑联结位置的绝对安全性。又例如，旅游文创产品的使用环境比较特殊，可能需要考虑联结位置的防水、防潮等。总之，拆解和组装是提高旅游文创产品便携性的一种结构设计形式，而设计的关键点在于部件之间的联结位置，需要设计师全面而精准地设计分析，保证旅游文创产品具有正常使用功能，满足其在特定环境下的使用便捷。

3.7.2.3 扁平化结构设计

利用更加扁平化结构设计实现旅游文创产品的便携性。主要依靠特殊材料及特殊切割方式，在使用时需要用户进行一些简单的操作，就能实现产品的使用功能。这种扁平化的结构设计可以充分提升旅游文创产品便携性，但是对于旅游文创产品的功能和形态具有较大的限制，相对复杂，比较难以运用这种特殊的结构设计，只能在一些相对简单的创意产品中能够很好地将其运用，并对文创产品的创意趣味性起到了事半功倍的效果。例如，韩国设计师设计的一款口袋杯产品，采用安全无害的硅胶材料，平时不使用时是扁平状态，可以放在口袋里，使用时只需要用户稍微用力挤压就能形成一个可以喝水的杯子，使用功能基本完善。结构设计是一门应用性很强的基础学科，随着时代进步和科学技术不断发展，未来必定会有更多新型结构出现。设计师应该广泛了解、积极接纳新材料所带来的新结构工艺技术，并创造性地将其运用于旅游文创产品设计之中，满足旅游消费者对于便携性的需要。

3.7.3　减少操作步骤

操作步骤数量多少及操作过程的复杂程度直接决定了旅游文创产品的方便程度。随着社会分工协作的发展和完善，人们在复杂的工作中投入了大量的时间和精力，必然会迫使人们追求生活中的简洁与舒适，以达到一种动态的平衡，从而导致了各种生活方式的出现。例如，"断舍离"的生活方式就深受年轻人的认同，"断舍离"指的是将生活那些不必要、不合适、过时了的物品全都舍弃、扔掉，断绝对它们的留恋，追求简单清爽的生活。在这种生活方式的影响下，必然会使人们变得清心寡欲，对于产品的需求也会发生较大的改变，以往那种奢华艳丽、形态烦琐、操作过程复杂的产品不再受到追捧，而那些形态简约，功能明确且操作步骤简单、明了的产品将会成为主流。因此，在旅游文创产品的设计开发中，需要简化整合操作步骤，尽可能实现功能的一步到位，不需要用户投入较多关于功能使用的思考精力。但是在现有的一些产品设计中，却忽视了这一点，从而让消费者产生不好的情感体验。例如，一些产品包装过于严谨，也许是担心在运输过程中会产生碰撞而造成损伤，所以产品的每个零部件都绑定得非常牢固，更有甚者还用螺丝钉将其固定在包装盒内衬上，使消费者需要使用专用工具才能进行产品包装的拆解，这其实产生了一定的弊端，烦琐而复杂的操作步骤让消费者投入了过多不必要的精力，产生了不好的操作体验。又例如，一些产品在部件组装过程中过于复杂，需要仔细阅读说明书才能完成产品组装，这些现象产生的原因就是设计师未能深入有效地研究消费者的一般行为模式，在设计中增加了产品不必要地操作步骤，不利于产品便捷性。因此，旅游文创产品设计开发，需要研究游客的行为模式及产生这种行为模式的内在原因。在此基础上，减少游客行为中的不必要步骤，尽量简化旅游文创产品的操作过程，让游客获得舒适、愉悦的操作情感体验。

3.7.4　适应特定环境

所有产品都是在一定的环境中进行使用，而环境的随机性和不确定性成为产品开发的一个难题。部分产品因为没有完善考虑其使用环境的特殊性而成为一款失败的产品。例如，有些产品虽然功能完善且好用，操作体验也很好，但是消费者可能会在一些残酷的环境下进行使用，从而影响了产品的部分功能或操作体验，使产品最终未能得到消费者的认可。因此，在旅游文创产品的设计开发中，需要对旅游消费者使用该类产品的潜在环境进行分析设定，从而进行相应的设计，使其能够适应特定的空间环境。例如，水下环境、寒冷环境、高温环境或者高海拔环境等，这些环境相对特殊，对于产品的要求较高，需要设计师在进行旅游文创产品开发时，对其各项指标进行评估和测试，使它能够在这些特定的环境下进行便捷舒适的操作。

3.8 环保性原则

《增长的极限》这本书详细地阐述了地球上的资源总量是有限的，随着经济的发展及人口增长，资源在不久的将来必然会被消耗殆尽，而技术的进步只能延长整个消耗的过程，并不能阻止资源的枯竭[1]。书中的观点引起人类社会中各行各业的重视，使可持续发展成为社会发展的整体认识。在设计行业中，设计师也需要反省自身的社会责任和思考对子孙后代的资源如何有效地进行保护，不能忽视产品的过度商业化设计而带来的环境损害、生态破坏及资源浪费和过度消耗等社会问题，必须担起社会职责，共同维护人类生存的自然环境，鼓励设计资源节约型且有着可持续发展意义的优秀产品，确保用户健康且对产品周边的小环境具有一定的积极意义。旅游文创产品设计环保性原则就是要强调主张设计不能只是追求产品的市场价值，而更应该将目标放在人类社会长远发展的根本利益上，注重人与自然的和谐相处，保护人类赖以生存的生态环境。在设计的每一个阶段和每一个过程，都需要充分考虑到环保，节约资源，减少对环境的破坏。在形式创造美感过程中，没有必要过于突出产品外观形象的标新立异及材料和色彩的奢华艳丽，而是要强调资源保护和节约，将设计的重点定位在功能创新和低碳环保上，创新开发出简洁而又充满内在意蕴的形式之美感，满足功能与审美的高度统一，为人类社会的可持续性发展提供设计行业的解决之道。

旅游文创产品设计的目的是推广旅游文化内涵，创造美好且充满文化内在意蕴的生活环境。衡量设计是否成功的标准有很多，其中，是否以人为本是一个重要的评价指标，但是实现这个目标不能以浪费资源、牺牲环境为代价。在设计的前期定位分析中，就需要充分考虑到旅游文创产品的回收和再利用，将产品的整个生命周期都与环保性原则进行关联，避免对环境的破坏。而旅游文创产品设计的环保性原则可以从材料的使用、结构的创新及使用周期这几个维度来进行深入挖掘和探究。

3.8.1 应用环保材料

各种材料是旅游文创产品设计制造的物质基础，而材料也是从自然环境中摄取的重

---

[1] 《增长的极限》是美国德内拉·梅多斯、乔根·兰德斯、丹尼斯·梅多斯等人合著的经济学著作，首次发表于1972年。

要资源。设计师应选择绿色环保材料来进行产品的形态和功能设计，提高材料的利用率，防止材料的浪费。产品设计中减少材料使用的数量和种类，避免使用那些难以再生的稀有材料，尽可能地采用可再生且容易获得的材料，在加工过程中减少对自然环境资源的破坏。同时，要对材料进行详细斟酌和筛选，不要使用对人体有害、对环境会造成污染的材料。

随着科学技术的快速发展，材料科学为人类社会提供了各种各样可供选择的材料。新型材料的不断出现，也使旅游文创产品设计有了更多的材料选择，提升了产品设计的广度，同时伴随新材料出现而形成的新加工工艺技术，也为产品设计提供了更广阔的发展空间。如今很多新型材料是以天然材料为基材，衍生出许多对环境友好的新材料，完全可以在旅游文创产品设计中广泛使用，满足设计需要的同时，还能符合可持续发展的设计理念。例如，秸秆、麦秆、稻草等植物纤维材料来源广泛，既可再生，又对人体无害，同时属于可降解材料的范畴，是对环境友好型的天然材料。随着材料科学的发展，对这些天然材料进行加工处理，形成新材料加以利用，不仅能够替代现有的一些人造材料，而且能够极大地提升农业废弃物的再利用，防止因焚烧而形成新的环境污染。在现有的一些创意设计中，用稻草加工成粉末或颗粒可以代替泡沫材料制成诸如饭盒之类的小产品；用淀粉加工制作的牙签，不仅可以完全降解，对环境没有任何污染，而且不含任何有害物质，达到可食用的级别，更重要的是相对于传统的牙签来说，它对自然中的树木和竹林起到了一定的保护作用。旅游文创产品的文化内涵中包含了人们对美好生活期待和对中华民族伟大复兴的向往，而绿色环保材料所具有的环境友好特性和可持续发展理念与其具有一定的匹配度，两者之间有着一定的共通性，能够有效衬托出旅游文创产品所承载的文化意蕴。

3.8.2　环境友好型结构设计

结构设计是产品设计开发环节中的一项重要内容，是产品得以生产制造的前提，而结构设计的好与坏也直接影响着产品对材料的有效利用率。恰当的结构设计能够有效提升材料的利用率，节约材料资源；反之，则会造成极大的浪费。同时，在结构设计过程中，融入环境保护和可持续发展理念，可以使产品展现出明确的环保性原则。例如，传统的一次性筷子，使用完后就直接扔掉，不仅产生极大的资源浪费，还对环境造成极大的负担。大部分的一次性筷子是由竹材料制作而成，虽然竹子的生长周期较短，但是在大量使用下，必然也会对生态环境平衡造成破坏。而如今通过结构设计的改良和创新，一次性筷子被分为两个部分，手握部分采用金属材料，而嘴接触部分是一次性的木制或竹制材料，可以多次更换，两者通过螺纹联结形成完整的筷子进行使用。这样能够保证健康卫生的前提下，又减少了资源的浪费，充分体现了环境友好型的结构设计。像这种类似的结构设计可以运用到多种产品的改良或创新设计之中。对于旅游文创产品来说这也不失为一种好的设计思考，通过便捷更换的方式，替换掉容易损耗的部件，减少旅游文创产品的浪费，达到节约的目的；另外，通过更换部件的方法，让旅游消费者可以选择自己喜欢的形式和色彩，实现局部的个性化设计。

3.8.3　延长产品使用周期

产品的使用周期是指产品在保证使用功能完善的基础上，可以被用户正常使用的年限。任何产品都有一个使用周期，达到使用周期就会面临着淘汰和报废。使用周期长的产品能够吸引更多的用户群体，能够长时间的陪伴用户；而使用周期短则会导致产品更换的速度快，那么必然也导致资源的过度消耗和浪费。因此，在旅游文创产品设计开发中，需要定位好文创产品的类别，设定文创产品的使用周期，延长文创产品的使用年限。周期长的产品能够大大提升用户的使用体验感，而且对于旅游文创产品来说，长时间出现在用户周围，能够让用户更加深入地体验到文化的内在意蕴，增进感情，更容易形成情感的共鸣。延长使用周期的方式较多，主要有以下几种。首先是精耕细作，保证旅游文创产品的品质，使其具有稳定的功能和良好的操作体验，能够让旅游消费者放心使用。其次是具有强烈的文化内涵，旅游文创产品能够被用户长期使用，依靠的不只是优美的外观造型或具有趣味性的操作体验，这些要素只能短期吸引用户的注意力，时间一长，很容易让用户产生审美疲劳。用户真正看重和欣赏的是产品的文化属性，具有突出文化内在的产品才会让用户爱不释手，舍不得丢弃。在一般消费产品中，文化属性是通过产品的品牌效应体现出来的，而对于旅游文创产品这个品类，文化属性是通过设计师深入挖掘文化元素特征，运用巧妙的设计表现手法赋予文创产品，并凝聚在文创产品之上。再者，通过一些全新的设计方法和设计理念来延伸产品的使用周期，如模块化设计理念，将旅游文创产品分成多个模块进行设计，每个模块都可以进行更新与迭代，从而使旅游文创产品总是保持着与时俱进的特征，永不过时。延长旅游文创产品的使用周期可能会在一定程度上影响其市场经济价值，但是对于自然环境的保护、生态资源的合理利用及人类社会的可持续发展具有重要意义。因此，旅游文创产品的环保性设计原则需要尽可能地达到环境保护、经济发展与产品耐用三位一体化，寻求一个动态的平衡点。

4 旅游文创产品设计程序

旅游文创产品虽然隶属于一般产品的范畴，但是又存在着明显的独特性，其核心功能是突出产品的文化价值和文化传导功能，宗旨是通过文创产品的使用进行文化教育和文化学习，提升国人的爱国主义热情。在大众产品中，绝大多数消费者优先考虑的使用功能，对于旅游文创产品来说，是为了更好地衬托出它的文化价值和文化地位。当然，这并不能简单地理解为使用功能不重要，在旅游文创产品中，使用功能是承载和传播其文化功能的物质基础。因此，在旅游文创产品设计开发的实践活动中，突显文化内涵是贯穿于设计开发过程中的每一个阶段，而且与普通产品设计是从用户需求为出发点不同，旅游文创产品设计的起始阶段是对目标文化的研究和梳理，挖掘和提炼其中的文化元素和文化基因。另外，旅游文创产品与文化创意产品在设计过程中具有一定的相似性。根据产品品类划分，旅游文创产品是文化创意产品与旅游产品的交叉重合区域，在概念上存在一定的相关性，研究方式与方法必然也会有比较多的相似性，但是在研究的重点内容却各自落在不同的关键区域。文化创意产品侧重的是文化元素、文化符号的研究和提取，是对本土文化和地域文化的创造性转化和再塑造，而旅游文创产品不仅需要分析提炼文化元素和文化符号，还需要具有旅游产品的一般特性，即旅游产品所具有地域特色和民族特色，是为了强调其旅游纪念性价值。总体来说，旅游文创产品在设计程序上具有一定的特殊性，一是研究的主体文化具有特殊性，二是研究的内容不仅包含旅游文化，还包括文化的地域特色和民族特色等。

4.1 文化研究

对文化进行梳理研究是进行旅游文创产品设计开发的重要前提。文化梳理研究指的是对目标景区内的文化进行深入地挖掘和探究，对文化的渊源、兴起、发展和趋势进行分阶段的详细梳理和总结。详细分析景区内的各种文化资源，挖掘蕴含在其背后的文化故事、文化历史事件等，总结其文化内涵。具体内容包含提取目标文化的独特元素，包含物质层面的文化形态、图案、符号等，以及非物质形态的精神、观念，同时还包括重要文物自身所蕴含的技艺、行为、习俗、民风等，并将它们进行现代语境的诠释和转化。不同类型文化的梳理研究存在明显的不同。以红色文化为例，红色文化梳理研究的方式方法与一般的文化梳理略有不同。一是红色文化源自中国共产党领导的革命斗争，是革命精神的总结与提炼，发展历史较短；二是红色文化构成元素的范围较广，例如，革命故事、革命精神、革命传统、英雄事迹、革命遗址遗迹、伟人故居等均可以作为红色文化梳理研究的内容；三是红色文化与地域文化、民俗文化融合非常紧密，使红色文化具有比较鲜明的地域特色和民族特色。从发展历程、组成内容及地域民俗这三个维度可以对目标景区内的红色文化进行有效而详细地梳理，挖掘出其独特特征，为目标景区的红色旅游文创产品设计开发提供设计源泉。

在精神层面梳理方面，红色文化孕育红色精神，相对于红色文化的梳理来说，红色精神的梳理研究难度更大一些。红色文化一般具有客观物质层面的载体，比如之前阐述的各种遗址遗迹等；而红色精神则是意识层面的内容，其呈现的方式更多的是文字、口号、思想、传统观念等，如果只是收集汇总整理则相对容易，但是要对其进行特征提炼和元素挖掘，则具有较大的难度。一方面，红色精神内容是形而上的存在，本身就是经过提炼和总结，已经是比较抽象和精炼的内容；另一方面，精神层面的内容更多是心神意会，而难以用具体的图形和符号去表达。但是精神可以理解为比较通俗的"精气神"，也就是人们常说的气质、品位和人格魅力等，所以，在红色精神层面的梳理研究中，可以将其拟人化，然后赋予它一些人们能够理解的美好内在神韵，比如正直、正义、善良、积极向上、刚正不阿等具有正能量的词语，而后将这些词语所展示出来的气质、韵味形象化运用于红色旅游文创产品设计之中。通过这种方式，巧妙地依靠红色旅游文创产品所展示出来的气质匹配红色精神内涵，完成精神层面的梳理与提炼。

4.1.1　研究方法

4.1.1.1　历史文献法

历史文献研究是一种比较常见的研究方法，指的是从一些历史文献资料中挖掘研究内容，收集所需要的各种信息。这种研究比较适合用于前期的基础研究，即通过文献资料查找、阅读和记录一些关键信息，对目标景区内的文化有初步了解，在大脑中形成一个相对粗略的整体概念，为后续进行实地调研或观察研究做一些准备工作。但历史文献研究方法也会存在一些缺陷，首先，文献和资料是经过学者整理和撰写的，已经经过学者分析并进行相应整理后的间接信息，并不是最原始的信息。从刑侦学的角度来说，经过处理的信息很可能掩盖了很多不为人知的关键信息，并不能真实的还原现场，对于设计研究来说，亦是如此。虽然学者会秉持客观公正的研究态度对收集来的各种信息进行汇总整理，但是难免会融入一些个人情绪和情感。其次，观看者对文献资料中所蕴含信息的理解不一定精确，文字性的描述能够在大脑中转变成具象化认知的前提是需要大脑中已经储存了与之相应的记忆图库。因此，在对文献资料研究的时候，难免会产生偏差，实际理解的结果和文献资料所记载可能不完全一致。历史文献研究法是重要的研究方法之一，但是不能作为旅游文创产品设计前期研究的唯一方法，还需要与实地调研法和观察法进行结合研究，才能获得更为精准的信息。

4.1.1.2　田野调查法

从人类社会学研究的独特视角分析不同生活经历和文化背景的游客对于旅游文创产

品的内在需求，以文化为研究对象，挖掘其历史脉络和精神内涵，是指导旅游文创产品进行设计开发的重要依据。研究的主要内容包含两个方面：一个是目标对象是什么样的人群，即设计开发的旅游文创产品针对的是哪一类细分的游客群体，如何满足细分游客的差异化需求；另一个是设计内容是什么样的文化，即文化特色是其旅游文创产品设计的重要源泉，而旅游文创产品所承载和展现出来的文化属性能够明显反映目标景区的特色和文化内涵，是目标景区旅游文化的一种呈现方式。而解决这两个方面的问题，最有效的方式就是通过田野调查获取最真实的一手资料。

田野调查（Fieldwork）又叫实地调查或现场研究，是人类社会科学研究的一种最基本、最常见的研究方法，是英国人马林诺夫斯基进行科学完善的，而中国著名社会学家费孝通先生在田野调查研究领域也颇有成效。田野调查法最核心的研究手段就是参与和观察，要求在一定的时间范围内，调查者亲自融入调查目标的生活之中，进而观察、了解、认识他们的社会与文化。通俗来说，调查者需要深入目标文化的地域，以观察者或参与者的角色，从自身所需特定的视角来从事研究或实践工作。田野调查需要融入当地人的生活，在日常接触中，利用非结构性访谈的方法，在闲聊或谈话中了解、掌握一手资料。因此，整个调查过程是一个长时间的研究过程，需要预先设定一个时间期限，一般认为的理想状态是调查者在目标区域生活两年以上，并能够精通当地的语言和说话方式，这样才能比较容易地获得当地人的认同，从而对目标文化进行深入探究和分析整理。因此，田野调查相比于其他研究方法来说，不仅需要花费更多时间和精力，有时候还需要一定的资金支持。在现有对于田野调查的研究中，认为田野调查可以从三个维度进行，即历时态研究、同时态研究和社区内外关系研究❶。历时态研究主要指的是随时间发展而发生演变的纵向研究，归纳起来就是研究"昨天"已经发生过的、"今天"正在发生的和"明天"将要发生的。同时态研究则是指在同一时期，其他同类相关文化的研究，是一个横向的比较研究，即在特定时间内它们的文化特点和社会生活特征。社区内外关系研究则是一个相对笼统的整体研究，结合纵向研究和横向研究，复原研究目标的原貌。对于游客在不同旅游阶段下的文化需求可以采用历时态的研究方法，从旅行前、旅行中和旅行后三个阶段来观察游客，分析其心理状态和行为动机的变化；而对于目标文化资源的研究是对其历史发展进行梳理和探索，需要采用社区内外关系的研究，通过纵向和横向研究，尽可能地复原目标文化之原貌。

田野调查实践主要分为三个阶段：准备工作阶段、调查实施阶段和整理分析阶段。每个阶段实施的主要工作任务不同，针对不同的调研目标，各个阶段研究的内容也会有所差别。

（1）准备工作阶段。这个阶段的主要任务就是在查找已有研究成果和资料文献的基

❶ 周武忠，等. 中国当代旅游产品设计研究[M]. 北京：中国旅游出版社，2014：55-60.

础上确定调研的具体目标，熟悉调研目标的一些具体情况，明确调研目的及拟定调查纲要，制订具体的调研计划与步骤等。在对目标文化进行田野调查之间，需要了解现有的文献资料和调查成果，因为田野调查的重点和目的是获取新的，其他人没有发现过的材料，或者是从其他人没有调查分析过的新维度进行调查研究。如果对现有的调查结果或文献资料一无所知，那么，一方面在正式调查初期需要花费相当长时间来熟悉目标文化的各种情况，耽误调查的发展进度；另一方面，则很有可能将前人已经调查分析过的材料当成新的调查研究成果，从而使田野调查没有任何意义。同时，如果调研者自身对于目标文化没有一点概念，完全不熟悉的话，很难得到当地人的认同和尊重，甚至可能轻视你，从而得不到有效的配合，对于一些调研和访谈敷衍了事。只有调研者自己做足了充分的前期准备，才有可能获得有价值的研究材料。

（2）调查实施阶段。调查实施阶段是调查者融入目标文化所在的地域，在一定时间段内与当地的人们一起生活，依靠参与观察和深度访谈两种主要的方式进行调查。由于调查者的目的及对目标文化了解程度的差异，导致调查程序也因人而异。在调查过程中首要注意的是，要了解当地人的一般社交礼仪和禁忌等，要入乡随俗，尊重当地人的民风、习俗。英国著名人类学家哈登曾说过，调查者的一举一动应该像绅士一样。所以，调查者扮演好自己所设定的角色，是田野调查能够取得成功的重要前提。参与观察是田野调查最重要的方式之一，是指调查者成为游客群体中的一员，从而获取到翔实而可靠的材料。同时，它对调查者的自身要求也比较高，需要有敏锐的洞察力和感知力，能够充分调动身体的感官机能，获取外界各种信息。深入访谈法是田野调查中获取信息的另一个重要渠道，包含结构型访谈和非结构型访谈两种形式。结构型访谈又称问卷访谈，即调查者本身对目标文化有一个整体性的结构框架。然后根据问卷中的问题进行提问式的访谈，一般有选择式提问和开放式提问两种。选择式提问是列出了诸多选项由受访者进行选择问答；开放式提问则是受访者可以根据问题进行自主回答。非结构型访谈指的是没有提前准备的问题和问卷，而是以闲聊的方式自由交谈，倾听受访者对于目标文化的理解和认知，在此基础上挖掘他们对该文化的需求，看似在漫无目的的谈话中抓取到所需的重要材料。访谈在某种程度上是挖掘受访者内心深处的一些想法或秘密，因此，受访者可能会存在一些抵触情绪。在访谈调查中需要注意一些礼仪和技巧，例如，对于重要受访者可以准备一些小礼物，拉近彼此之间的关系，有利于接下来的深入访谈。而在具体访谈中还需要利用一些谈话技巧，例如，谈话具有一定的启发性，能够一步一步地启发受访者能够有层次、系统性地表达出自己的内心观点；对于一些不方便直接提出的问题，适当采用旁敲侧击的方式，避免心理的直接对抗；多问"为什么"，对于一些文化旅游中现象或问题，游客习以为常，可能不会意识到背后的逻辑关系，调查中多问"为什么"，能够激发受访者深层次思考，很可能就能获得意外收获。

（3）整理分析阶段。这其实是一个汇总和总结的过程，一般来说是边调查边整理，但是调查过程中对于一些问题可能无法获得及时的材料，导致在期间整理的资料前后混乱，需要在调查结束后进行一个系统性的总结，以客观、理性的思维形成自己的独到见解。

4.1.1.3 类比分析法

文化的类别分析研究指的是对不同区域的文化类型进行物质、意识形态之间的分类比较，研究挖掘它们之间的相同、相似和相异之处。依靠这种横向的比较，挖掘出目标文化在物质层面和意识层面的独特特征。不同文化之间物质层面的类比相对容易，各自特色也比较明显。首先是地域差异，不同文化所处的地域不同，那么他们之间的自然风貌必然不同，民族特性也不一样，社会文化特性亦存在一定的差异。其次是文化资源各异，每个文化景区内所具有的文化遗址、遗迹或文物各有特色，文化故事或历史事迹各不相同。另外，不同文化之间意识层面的类比则相对难一些，意识层面的文化主要是精神内核方面的内容，是经过精心提炼和抽象过后的文化内在。但是，通过仔细研究文化脉络和分析各个区域文化的重心，依然可以挖掘出一定的差异。例如，井冈山文化与红船文化均属于红色文化的范畴，在整体的精神内核方面具有相似性，但是在精神内核的重心却有着一定的区别。红船精神内核侧重的是党的诞生，井冈山革命精神内核是中华人民共和国奠基石，是道路精神。因此，在横向类比分析的基础上，不同类型文化，甚至同一类型的不同文化，在精神内核上依然可以挖掘出各自的特色。

4.1.2 "形与意合"的文化研究

形与意合的概念出自于太极拳中的"三合"，即"形与意合，意与气合，气与神合"，在太极中，"形"和"意"不相离而相合，"有是意即有是形也"。意是形的主导内涵，形是意的外在表现形式。在中国传统易学中，也有对"形"与"意"的辩证关系阐述，认为"形"决定了"意"的范围，而"意"给了"形"生命活力，形容易分析，意则难表达。"形"与"意"在艺术领域中的关系诠释与其在易学中辩证关系相似，很有可能就是从易学中领悟而来的艺术表现形式。在艺术领域中认为，"形"与"意"互为依托，以形表意，用意传神，而"神"指的就是形的精神气质和内心世界。因此在艺术领域中，狭义的"形"指的是事物的外在形态，包括尺寸大小、结构特征、色彩配置等客观存在的物质属性。广义的"形"，则是存在于人们生活周围各种各样的形式；"意"则指的是内在含义与意境，及展示出来的美好寓意。中国传统文化中注重文以载道，通过文学和艺术的形式来传递思想道德与价值观念等，因此，形与意成为表现和传播文化内涵的重要方式。

在针对目标文化的研究中，主要从物质和非物质两个方面来进行研究。物质方面是目标文化中可以看得见的各种客观存在，包括地域自然风貌的形状、建筑形式、器物形态及各种图案、符号等，这些元素都是目标文化研究的物质层面的重要内容。非物质方面是文化中那些形而上的观念和意识，是附着在各种物质形态之上的非物质存在，包括技艺、行为、习俗和民风等。总体来说，无论是物质方面内容，还是非物质方面的内容，其实都是存在于目标文化区域内的各种形式，只是有主观与客观之分。在形与意的辩证关系中，这些都可以被称作为广义上的各种各样的形式。而目标文化中的"意"则是指文化整体所展现出来的让游客感受到的一种精神意境，包含那些积极向上的观念、蕴含美好祝福的寓意等。例如，游客从一个熟悉的地方进入到一个完全陌生的环境中去旅游，其实是为了体验到不同的文化魅力，其意境是提升游客自身的生活品位，获得美好的生活经历和新奇的感官体验。而为了满足游客的意象需求，景区内会相应地挖掘更多具有特色的旅游景点，凸显奇特的自然风貌，开发更多的民俗文化体验项目等来丰富游客游玩的形式，这充分体现了"形与意合"的主旨思想。而对于红色文化旅游景区来说，游客来到这里欣赏的主要意境是领悟红色精神内涵，接受革命教育洗礼，获得精神世界的满足。由此可见，红色文化旅游区中，"意"的主要内容应该是由红色文化衍生出来的革命精神，其代表着目标红色文化的精神价值，是游客前来旅游体验的最终目的。

在目标文化的梳理中，需要重点研究文化景区中"与意合"的各种物质和非物质的形式，而这些形式必然是能够集中反映该文化景区精神内核的重要资源，是能够体现该区域文化特色的重要元素。例如，南湖红船文化旅游中，游客追求体验的意境是红船精神内涵，在旅游过程中学习和感悟红船精神，期盼在与历史记载重叠的地点瞻仰同样的红船，从而打破时空限制，深刻体验中国革命历史中的大事件。在这个中心思想之下，景区不仅将红船文物作为旅游打卡的核心区域对游客开放，同时还在景区范围内精心设计了一些独特场景和建筑，比如南湖革命纪念馆、七一广场、伟人雕像、中共一大会议情景还原等，这些具有特色的各种文化资源都是为了更好地匹配游客所追求的意境，由形达"意"。当然，游客在感受精神意境的同时也需要体验具有特色的地域文化，所以，南湖周边的自然风貌、人文景观、民俗习惯等亦成为展示精神意境的重要辅助形式。

总之，在目标文化分析研究中，需要把握精神意境这个中心思想，将研究的重点放在围绕凸显精神意境的各种文化形式之上，分析其历史价值，挖掘其特征元素，并进行整理汇总，最终实现"与意合"的各种文化形式地研究梳理。而对于一些非知名的文化旅游景区，则需要设计师依靠历史文献、田野调查和类比分析的方法，对景区内各种形式的重要文化资源进行分析研究，挖掘提炼出它的精神内核，也就是意境，完成"以形表意"，最终实现"形与意合"。

4.1.3 "由意化形"的设计挖掘

目标景区文化特征挖掘是进行旅游文创产品设计的重要前提，也是旅游文创产品具有独特文化内涵的重要内容。在前文中论述了利用符号学思想，从语意、语用、语构和语境四个角度来对文化进行特征的挖掘和提取，而从这四个维度开展符号提炼工作之前，最关键的是需要明确目标景区文化所展示出来的精神意境，这是进行符号提炼的核心内容，也是进行相关旅游文创产品设计开发的最终目的。意境是依靠形式塑造而表现出来的内在韵味，但并不是完全受形式的制约和限制，同时还会受到人的主观认知影响。因此，在目标景区文化特征挖掘提炼时，不仅要从体现精神意境的各种形式入手，还需要从影响精神意境的人的主观意识中进行挖掘。尹定邦教授所著《图形与意义》一书中强调了"形"与"意"的四种转换方式。第一种方式就是由意塑形，根据意义、意境去创造形态与形式，即依据意境的内在属性及意境的表达要求，去寻找和挖掘恰当的形态或形式，使之成为意境的有效载体。第二种方式是由形表意，设计师通过创造具有深意的形态或形式，吸引人们通过自身的观察、认识、运用及体验的方式产生意义。第三种方式则是人们主观意识下的形意转换，即人们结合自身的生活经历、知识背景、个人好恶等因素，对形态或形式产生个人主观认知上的意义与意象，会受人的身体状态和心理情绪等因素的影响而各不相同。第四种方式是图形在使用过程中获得高度认可和良好评价，从而产生意义❶。尹定邦教授的研究中详细论述了形与意在设计艺术中的辩证关系，对于旅游文创产品设计具有很大的启发价值，但是书中对于"形"的定义范围略窄，在体验盛行的当时代下，"形"不再是狭义上的图形，而应具有更广阔的范畴，是存在于社会中的各种各样的形式，如体验和服务等。

"由意化形"指的是对意境进行分析研究、诠释内涵，然后利用有效的技术手段将其转化成现代人能够快速理解和明确感知的图形或符号，是从抽象概念到具体形式的转换（图4-1）。这要求设计师对目标文化了解非常细致而准确，对其展示出来的意境具有非常深刻而独特的理解，在已有的文化资源中，挖掘、提取、创造出新形态或新形式，并结合人们主观意识上的整体认知，对形态或形式进行进一步的加工完善，使创造的全新形态或形式能够完美达"意"，最终运用到旅游文创产品外在形象塑造中，使意境得以完美而巧妙地体现。例如，前文提到的红船文化基因特征提炼，需要在对红船精神意境进行深入研究、理解、释义的基础上，挖掘、提取红船本身及其周围具有特色的各种形式元素特征，并结合社会中主流人群对于其精神内核的主观认知，得以创造出全新的图形或符号，实现由意境联想转化成人们可以直观感受的形态或形式。

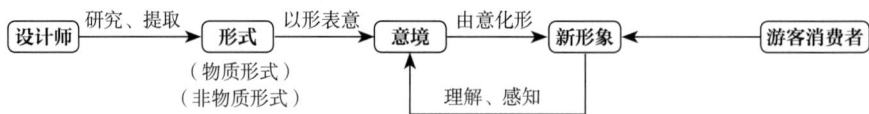

图4-1　形与意转化流程

---

❶ 尹定邦. 图形与意义[M]. 长沙：湖南科技出版社，2003.

4.2 用户研究

这里的用户主要指的是旅游消费者，对其进行研究是旅游文创产品设计流程中的关键前提，核心内容是研究旅游消费者对购物需求的方方面面，是一种理解游客并尝试将他们的目标与需求无限扩大的研究行为。以旅游消费者需求为主要宗旨，设计开发出既巧妙融合文化内涵又满足旅游消费者需要的集功能创新、审美需求、操作体验、纪念意义和经济价值等多个要素于一体的旅游文创产品，同时，依靠旅游文创产品传播文化内涵，促进文化传承与发展。用户研究是一个极其复杂且全方位的研究过程，包含了多个维度的细节分析。现阶段主要从这两个关键维度进行研究探索，一个是对游客自身需求的研究，而另一个则是游客对于文化的认知理解程度的分析。

4.2.1 基于游客自身的需求

游客需求是进行旅游文创产品设计开发的关键因素，因为有需求才会有市场，有了市场才会有各类产品的设计开发，而游客需求又是一个比较复杂的概念。首先，游客本身就是一个比较笼统的概念范畴，在前文中已经进行过分析，依据性别、年龄、职业、知识背景等不同额维度可以进行多个人群细分，而不同人群对于旅游文创产品的需求是不同的。其次，游客需求是一个动态的需求，在不同的旅游阶段对于旅游文创产品的需求是不一样。例如，在游客在旅游中所需要的旅游文创产品是能够解决旅游过程中的衣食住行等方面的问题，在旅游后所需要的旅游文创产品更多的是对本次旅游具有纪念性的特色产品，用于馈赠亲友或个人收藏。再次，不同游客对于旅游文创产品的需求层次也各不相同，根据马斯洛需求层次理论，需求可以分为五个层级。因此不同游客对应旅游文创产品的需求层次是不一样的，例如，部分游客侧重的是最基本的安全和生理需求，而另一部分游客可能追求的是最高层次的自我实现需求。游客及其需求的多样化和不确定性使用户研究不可能无限地扩展，细化到小众群体，毕竟工业化生产的特征是大批量的生产，而且除了少量的个性化旅游文创产品之外，大部分旅游文创产品的生产制造依然还是需要依靠工业自动化才能得以实现。因此，在游客需求研究中，需要将游客设定为一般性的游客群体，而研究的重点需要放在其核心的需求上。

4.2.1.1 基础需求

旅游文创产品的基础需求是保证游客在旅游活动中的各种基本物质需要，主要指的是具有一定的使用功能，能够满足游客自身在旅游过程中的生理需要、安全需要和生活需要等，这是旅游文创产品具有市场价值的重要物质基础。旅游文创产品与普通产品的显著区别是存在于文化旅游景区，富有文化所处的地域性特色和民族特色，同时还具有丰厚的独特文化内涵。而在满足游客基础性需求上，旅游文创产品与普通产品在本质上是一样的。俗话说"穷家富路"，指的是在家里的时候物质资料基本齐全，生活方面，一般不需要花太多的钱购买一些新的日常产品；而在旅游途中则不同，因为能带的物资用品有限，所以必须要多预算一些费用，防患于未然，用于购买可能急需的日常生活用品。心理学研究认为，旅游途中的人们是开心、快乐的，但同时心理防线也极其脆弱，因为到了一个陌生的地方，本能地缺乏一种安全感，对于物质资料的需求快速膨胀，从而更容易产生购物冲动，所以旅游是促进消费的重要手段。在这种契机下，设计师选择游客切实需要的产品作为设计载体，融入鲜明的文化特征，在满足游客基础物质需求的同时，亦满足游客对精神文化的追求，更重要的是在这个过程中潜移默化地向游客传导文化精神内核，提升了游客的旅游体验，促进旅游商品经济的发展。例如，受旅游景区环境或天气影响，保暖物品、雨具、护具等是游客在旅游途中必需的一些基础性生活产品，在满足游客易用性和便携性功能基础上，进行一些独创性设计，融合目标景区内文化元素特征，形成受旅游消费者喜爱的旅游文创产品，可以有效地提升消费行为。由此可见，挖掘旅游消费者在旅游途中的基础性需求，依然是旅游文创产品创新设计的关键内容。而基础性需求的挖掘需要依据旅游景区自身的特性，以游客自身行为方式作为出发点，敏锐洞察旅游途中可能遇到的各种困难与问题，并提前备好解决方案，形成具有相应使用功能的旅游文创产品。

4.2.1.2 新奇性需求

旅游是追求精神世界满足的一种方式，属于马斯洛需求层次的高层次需求。游客之所以进行文化旅游，一方面是为了体验文化，感受文化精神内涵，追求心灵的富足；另一方面是为了暂别日复一日的枯燥生活，追求一种全新的生活体验，所以游客的猎奇心理是促进旅游活动的主要动因之一。而对于旅游文创产品来说，为了满足游客的猎奇心理主要体现在两个方面。一方面是文创产品本身的新奇性对游客产生强大吸引力，是促进游客购物行为的内在因素。在前文论述中，阐述了旅游文化与地域文化、民俗文化融合紧密，因此，在旅游文创产品中融入一些富有新奇特征的地域性特色和民族特色，能够有效提升旅游文创产品独具特色的魅力。例如，一些具有地域特色和民族特色的文化工艺品，独具特色的土特产产品及各种民俗文化体验活动项目等，不仅满足了游客的猎奇心理，体验到文化的魅力，同时一些旅游文创产品还能作为小礼品馈赠亲友，作为纪念，从而获得心理上的满足。另一方面，具有新奇性的旅游文创产品购物体验同样刺激游客购买欲望，与众不同地购物环境及独特地购物方式是促进游客购物行为的重要外在因素。文化所在区域的社会民俗差异，必然会导致旅游购物环境与消费方式的不同，从而让游客在购物行为中获得新奇的消费体验。例如，延安红街将红色文化融入当地生态系统，在浓厚的红色文化氛围中品尝地方特色美食、体验民俗文化、购买红色旅游文创产品等，远离大城市的喧嚣，在古色古香的历史街道，获得自我精神的升华。

4.2.1.3　情感需求

情感需求是游客的高层次需求，是在文化旅游过程中的各种经历、感受、体验汇集起来形成的一种精神反馈。情因感而发，或感于事，或感于物。人有七情六欲，对任何事物都有好、恶、喜、怒、哀、乐之情。情感也并非无来由，而是人们对于某一件事或物所产生的外界刺激，在大脑中形成有效认知，做出的无意识或有意识的心理反馈。例如，游客在游玩红色文化旅游景区时，因美丽的自然风貌而自然产生的愉悦之情，又或体验红色文化项目感受到革命先辈们的不畏艰辛、敢于牺牲精神而产生奋发爱国之情等。总之，游客在游玩的过程中接触到许许多多的事物而产生各种各样的情感，然而情感如白驹过隙，会随着时间流逝而慢慢平静下来，最终成为一段生活经历而储存在大脑中枢系统。对于游客来说，旅游过程中的情感是有感而发的真实感悟，是值得留念的美好记忆，期望在以后的工作生活中能够时常唤醒并回味这份真情实感。由此，对旅游文创产品的设计开发提出了新的要求，成为一款承载情感记忆的产品，具有很强的纪念意义，使游客在使用或者观赏旅游文创产品的同时，唤醒过往的经历和记忆，形成情感共鸣。

4.2.2　基于游客对文化的认知理解

探究游客对文化的理解程度是进行用户分析研究的关键内容，是旅游文创产品中所承载的文化内涵得以有效传导的必要前提。例如，中国人从小的教育学习中包含了众多的红色革命教育内容，直接或间接地接受了红色革命精神洗礼，对于红色革命精神文化的认知和理解是融入血脉之中的基因传承。接受教育可以让人精神世界得以充实，而书本上的知识是间接知识，真正地理解和感知还需要依靠各种近距离的观察实践作为支撑。伴随着国家和相关政府部门的大力发展和推动，使红色文化旅游逐渐"火起来"，成为当代中国人开展文化旅游活动的主要内容。人们在红色文化旅游中，通过景区内相关红色文化资源地瞻仰和学习，产生相应的神经刺激信号，传导进入人体大脑中进行分析加工和认知匹配，从而唤起储存在大脑中的学习记忆，产生准确的文化认知反馈，并通过现场获得的直接知识进一步加深相关红色文化在大脑中所形成的烙印。由此可见，游客对文化的深刻理解是建立在一定的知识储备之上，不同的游客群体对文化的感知灵敏度不一样，这使在进行文化元素特征提取时，需要仔细斟酌并进行一定的取舍，并对游客群体进行充分的背景调研，确保大部分的游客群体能够依靠提取出来的文化元素特征感知到相应的文化内在，深刻理解文化背后的精神内涵。

游客感知和理解文化，一方面依靠自身记忆中的间接知识，另一方面则是依靠浏览和瞻仰各种文化资源获取到直接知识。充分挖掘旅游景区的文化资源，通过仔细浏览和瞻仰，使游客获得新知识，并强化游客对相关文化内涵的理解和接受程度。游客在浏览文化资源、观赏独特自然环境和体验民族习俗的过程中，对文化内涵会有一个初步印象留存在大脑之中，形成一种近期的生活经历。而当游客在购物消费过程中，接触到印刻着相关文化资源特征的旅游文创产品时，会产生相应地神经刺激，唤醒留存在大脑中的初步印象，再一次地形成强烈的神经冲动，触发内心情感，加深对该文化的印象，激发游客的求知欲望，从而主动通过网络或书籍等间接知识，去深入了解该旅游景区的相关文化渊源。因此，在旅游文创产品设计开发中，设计师需要以游客的视角重新审视旅游景区内的各种文化资源，充分挖掘核心文化资源的关键特征，利用特色地域文化、民族文化等特色，从主题、功能、造型、材料、色彩等设计要素入手，创造出特征明确、特色鲜明的旅游文创产品，尽可能地符合不同知识背景的游客对于目标景区内文化的理解和接受程度，激起游客强烈的求知欲，主动去探究旅游景区中的文化事迹、文化故事、文化历史等，从而深层次地理解蕴含其中的精神内核。

4.3 创意设计

创意设计过程是设计师思维发散的过程，在实现用户对功能需要的前提下，依靠思维的创造力构建出各种新的可能，并将这些可能性通过设计师的整合能力组合成全新的产品。主要包含了两个层面的内容，一个是构思，另一个是执行。构思这个层面反映出创意可以是天马行空的想象，是一种无限的发散性思维，不受任何条件的限制和制约；执行层面则反映了创意的最归宿，是一种趋于定向的聚合性思维，即创意最终还是会聚焦在一个技术可执行的层面。也可以这么说，所有完美的创意最终还是需要依靠一种可以表现的形式展现给大众，而可以表现的形式则会受到各种技术条件的制约和限制，是执行过程中的重要内容。在对文化进行研究梳理及对旅游消费者进行分析调研的基础上，实施旅游文创产品的创意设计，本质上是对文化所蕴含的各种文化元素特征进行主题创新设计或文化再创造，最终通过旅游文创产品的形式展现出来。

4.3.1 设计载体的选择

载体最早出现在基因工程重组DNA技术中的一个概念，指的是一种承载了目标基因信息的DNA分子。从这个概念中可知，载体更多的功能是一种工具，目的是承载重要的内在信息并使其能够完好保存，最终通过自我复刻与传导，展示出它的外在魅力。同理，设计载体是在设计领域中的一种承载物，它所承载的是文化内涵，是设计师赋予它的一种精神价值与精神追求，并通过产品的市场流通，将蕴含的精神价值与精神追求进行完美复刻并传导给用户。而在旅游文创产品中，旅游文化的精神内核就是设计载体所承载的重要内容，并依靠游客对载体的购买和使用进行复刻与传导。因而，设计载体的恰当选择和创新设计是旅游文创产品创新开发的重要物质内容。恰当的载体能够有效地传导其承载的精神内涵，起到事半功倍的效果；反之，则会阻碍其承载的精神内涵的传导，无法让游客感悟蕴含其中的文化精神内在。在设计载体的选择应用中，需要注意以下几个方面：一是载体自身具有一定的创新性；二是载体的功能属性需要与文化内涵具有一定程度上的契合；三是载体的外在气质符合目标旅游文化的内在神韵。

首先，创新性是所有新产品的关键标识，是产品具有市场魅力的核心要素。对于旅游文创产品来说，具有一定创新的设计载体才能吸引游客的驻足和关注，进而产生购买行为，而这是实现文化精神内涵传导的前提条件。产品创新性所包含的范围相对广泛，可以从功能、形态、材料、表面工艺、使用方式等多个维度进行革新，但旅游文化设计载体的创新需要具有一定的深度，这样才能充分展示其文化魅力。例如，从品类上进行创新，创造出全新的产品，给游客带来新奇性，满足游客的猎奇心理。当然这种深层次的创新存在一定的难度，尤其是物质资料充足的当下，各色各样的物质用品充斥着人们生活的各个角落，帮助人们解决工作生活中方方面面的问题，以至于很难再发现还未被产品功能所解决的新问题，但是这也并不是绝对的，可以尝试通过以下三个方面进行深入挖掘，洞察出有设计价值的问题点。一是从问题本身的细枝末节入手，挖掘一些不被设计师所关注，但确实存在的小问题，从而创造出新的产品种类，例如，现阶段市场上存在的大量创意小产品，诸如厨房创意小产品、客厅创意小产品等解决的都是人们意想不到的小问题，但确实给人们带来方便，深受用户的喜爱。二是可以从小众需求入手，进行具有独特性的设计开发，小众需求指的是针对一些特定的小部分人群需要进行小批量的设计生产，因为消费人群的进一步细分，使产品具有一定的新颖性和独特性。三是随着社会进步、时代发展及科学技术的日新月异，人们生活方式不断改变，而新生活方式的出现必然会导致人们生活周围出现尚未及时解决的新问题。设计师要持续关注人们生活方式的变化，并敏锐洞察出有价值的设计点，及时设计开发出新产品来有效解决出现的新问题。总体来说，通过问题的洞察、挖掘、分析、研究、解决，设计开发出独具创新的载体，是旅游文创产品设计开发的重要内容之一，也是文化内涵得以有效传导的关键。

其次，设计载体的功能属性与文化内在具有一定程度上的契合。在载体的选择中需要考虑其自身功能效用是否能够很好地契合文化特性，符合人们对于文化特征的认知习惯。从文化这个大的范畴上来说，文具与文化的关联性最为密切，它是所有文化传承最为直接的工具，因此，选择具有一定创新性的文具类产品作为文化的承载物最为恰当，且在意境联想中自然而然地认为两者之间存在着某种内在的联系，符合旅游消费者的认知惯性。另外，单纯从使用功能来考虑，可以用载体的功能来暗喻文化的内在特性。例如，测量类产品最核心的要素是精确和公正，将它作为设计载体可以暗喻社会主义核心价值观中的"公正"品质；修剪类产品可以与"破旧立新"内涵进行一定程度上的内在契合等。总之，在旅游文创产品设计开发中，设计载体的选择与运用不能过于随意，需要经过严谨的思索和筛选，功能与意境相匹配能够让消费者更加真实而具象地感受到文化的内涵，使文化传导过程顺畅。

最后，设计载体的外在气质要恰当地展示文化内在神韵。例如，红色文化本质是对中华民族优秀传统文化的选择性传承和创新性发展，其内在神韵传导出一种端庄、典雅、古朴、刚毅、方正、低调、内敛的君子气质，体现出"人间正道是沧桑"的气魄。因此，在旅游文创产品设计开发中，对于设计载体的选择尤其需要注意，作为载体的产品外在形象所展示出来的气质是否符合文化的内在神韵。所谓的产品外在气质指的是由产品的材质、形态、色彩、纹饰、肌理及光泽度等设计要素综合营造出来的一种整体感受，是一种拟人化的比喻。例如，形态过于复杂则会让人感觉不够雅正，色彩过于丰富而琐碎则体现出不够稳重等。由此推导出那些个性张扬、花里胡哨而没有内涵的产品与红色文化的内在神韵不匹配，不符合人们对于红色文化内在特性的理解和认知，不适合作为红色文化的承载物；而那些具有雍容恬静、稳重质朴、雅正端方等气质的产品更符合社会主流人群对于红色文化内在的认知，展现红色文化特性。

4.3.2 文化融合方式

文化作为设计载体所承载的内在主体，只有与设计载体进行充分融合，才能很好地被设计载体完美复刻和展露出来，并最终传导给旅游消费者。而有效融合的方式与文化所包含的三个层次内容有关，即文化外在形象与设计载体的融合，文化行为特征与设计载体的融合，以及文化精神内核与设计载体的融合。当然，这三种融合方式并不是完全独立的，可以是单个层次的融合产生作用，也可以是多个层次的融合共同产生效果。

外在形象融合指的是目标景区内文化所展示出来的外在形象通过巧妙的构思融入设计载体之中，形成能够被游客感知的产品特征。文化中各种资源的形态、图案、符号、色彩等外在特征，以及与目标景区内文化关联密切的自然风貌或者民族特色等特征在设计载体中得以突出体现。例如，2024年元旦火爆全国的哈尔滨冰雪旅游带动哈尔滨文化旅游，冰雪资源促进旅游文创产品有了更多的创新形式，让人们重新认识到这个中华人民共和国的"长子"。文化的外在形象融合主要有两种方式：一是图案轮廓的直接运用，取其形而延其意；二是元素解构与重构，变其形而重其意。前者是文化外在形象的浅层次运用，与设计载体的结合度较低；后者是对文化外在形象进行挖掘、提取、精炼并通过"由意化形"的转化，参与到设计载体外观形态的创作之中，是较深层次的紧密融合。

行为方式融合指的是设计载体使用功能的操作方式上能够与文化内涵产生隐喻性的关联，从而使操作过程充满文化内涵的象征意义。例如，在一些革命纪念馆的旅游文创产品设计中，实现使用功能的操作是通过类似扣动枪扳机的形式得以实现，那么在这个使用过程中，游客会不自觉地联想到革命斗争中的战斗场景。不仅在操作方式上体验到与众不同的新奇性，同时还感受到革命斗争的意境。

精神内核融合指的是设计载体本身具有文化的内在属性，展示出文化精神的气质与独特魅力。这种融合方式是只可意会不可言传的一种内在意蕴设计，简单地从外在形象上很难辨识出设计载体与文化之间的关联，但是可以通过材质、色彩、形态、肌理、气味等设计元素的综合表现来感受和领悟其文化内涵。不同游客群体对于内在意蕴的感知和领悟可能会出现一定的偏差，因此，在精神内核融合设计中，需要明确主题立意，精耕细作，塑造符合文化精神内核神韵的设计载体。

4.3.3　设计情绪板

情绪板分析是设计分析中的一个重要环节，也可以称为设计师的灵感板，是通过大量的图片、文字、色彩、纹理等元素来具体而形象地表达设计师的创作意愿。这些元素通常会被整合在一个大的版面上，类似于拼贴画。在版面布局中，通常会把同类元素放置在一起，通过同类元素之间的比较分析，发现设计的灵感。情绪板的使用非常重要，在旅游文创产品设计展开初期，设计师先用情绪板来确定和完善旅游文创产品的外在气质，明确设计方向，同时也能够更直观而具象地传达设计意图，方便与团队成员或者客户进行沟通演示。因此，情绪板在整个设计过程中的作用是多方面的：一是可以整理和记录设计师的设计构思和想法，使设计目标逐步明确和清晰；二是情绪板的格式非常灵活而简便，可以快速有效地记录设计师大脑中一闪而过的设计灵感，避免遗忘或丢失；三是有效提升沟通效果，可以清晰而具象地描述和展示设计师的想法和思路，方便进行交流，更加形象地理解设计目标。情绪板是一种有效的设计辅助方法且应用非常广泛，适用于大多数产品的设计开发，对于旅游文创产品的设计开发亦是如此，不同之处在于旅游文创产品设计情绪板中的图片、文字、色彩等元素更加聚焦旅游文化及其资源相关的内容。

在设计情绪板时，首先，要明确设计想法和设计目标，挖掘关键词或短语，并进一步研究，抓取大量与关键词或短语相关的图片、文字、色彩、纹理等元素。其次，是情绪板内容整理，分析研究抓取的各种元素，保留特征明显的元素，剔除关联性不强的元素，并依靠一个共同的线索将所有元素组合成一个丰富的版面，方便后期的展示。再次，是要突出关键元素，所谓的关键元素就是能够凸显设计想法和设计目标的元素，或者是和设计目标非常接近的元素。在突出显示关键元素的基础上，围绕关键元素构建其他的相关元素，更加丰富而形象地展示设计目标的各种特征。在情绪板的设计构思中，需要注意选择真实的照片和图片作为元素，一方面是能够为情绪板提供更加真实的心理感受，另一方面也是确保设计目标和设计想法在整个设计流程中具有可行性。

4.4　产品化选择

产品化选择是整个设计流程的后期阶段，指的是旅游文创产品设计方案最终能够落地生产，成为一款在市场上流通的产品。设计方案成为产品需要考虑的因素非常多，是一个集时代、市场、技术、成本、利润等各种要素综合评价的结果。单纯从设计与制造的维度进行产品化的选择，主要是从以下几个方面进行。

4.4.1　可行性分析

旅游文创产品设计方案的可行性分析指的是设计方案在具体的实施过程中是否具有可执行性，能否通过一定的技术手段实现其产品化，并进入市场完成产品流通，获得其经济价值。一般来说，方案的可行性分析，需要从以下几个方面来评价分析：一是技术方面的可行性评价；二是经济方面的可行性评价；三是法律方面的可行性评价；四是运营方面的可行性分析。技术方面上的可行性评价指的是设计方案符合现有的加工技术条件，或者能够依靠成熟的加工技术进行生产制造。不同的材料和表面效果所需要的工艺技术完全不同。例如，塑料材料造型更加容易，加工条件较简单，在符合模具制造的前提下，几乎都能进行有效地加工；金属材料则造型难度较大，只能进行简单的折弯、拉伸等处理，当然部分金属材料也可以进行压铸成形，但是整体成本较高。而表面处理工艺对于不同的材料有不同的选择，例如，金属材料可以采用表面氧化技术或电泳技术，增加表面的质感和肌理，而塑料材料的表面处理一般采用喷涂、镀膜等技术获得光泽细腻的表面效果。同时技术可行性分析还包括技术风险分析，指的是技术加工实现过程中可能出现的关键难点或者无法解决的产品缺陷等，这对于设计方案的产品化至关重要。因此，技术方面的可行性分析评价是旅游文创产品能够生产制造的前提，如果技术可行性分析未能通过，则其他可行性分析没有意义。经济方面的可行性分析则是指设计方案产品化之后进入市场流通，能否产生其应有地经济价值，从而获得经济利润。投资和回报是经济社会至关重要的两个要素，除了少数公益性质的投资行为，其他任何投资行为的目的都是为了获得相应的回报。因此，经济方面的可行性分析主要从成本、收益和盈利三个方面来进行评估，从而会对设计方案产生重要影响。法律方面的可行性分析是指设计方案是否符合国家法律法规、行业标准和相关政策的要求。运营方面的可行性分析指的是方案成为产品之后，在市场流通过程中可能出现的各种问题进行评价分析。例如，可能存在的市场竞争风险、供应链风险等。总体来说，可行性分析是旅游文创产品设计方案面临的一道重要程序，一定程度上决定了设计流程能否继续进行下去。而在某些情况下，可行性与创新性是一个矛盾体，可行性会限制创新性发展，创新性有时候又难免要突破可行性的制约。

4.4.2　创新性分析

创新是旅游文创产品设计开发的主要内容，也是吸引游客关注和购买产品的主要因素，具有足够创新价值的产品能够开辟新的市场，有效提升市场占有率。产品创新设计的主要动因来源于市场需求变化及随时代发展而不断推进的技术更新，因此，对于旅游文创产品设计方案的创新性分析评价需要基于这两个方面的内容进行分析探讨。

4.4.2.1 主题创新

主题创新是产品类别地创新，指的是旅游文创产品具有新颖的功能与形式，给游客带来全新的感受与体验。这需要对市场及游客需求进行深入挖掘研究，发现问题、分析问题到最终解决问题，从而设计开发出符合市场和游客期望的全新产品。在发现问题阶段，创新立意主要来源于问题的价值点是否足够新颖而且重要，如果发现的问题是游客之前没有注意到但确实存在，且急需一种产品来辅助解决这个问题，那么这个发现就有很大的价值，值得深入研究和分析，并很有可能衍生出具有一定创新性的旅游文创产品。相反，如果发现的问题已经被游客所熟知，且旅游市场上已经有很多种相关产品，那么从某种意义上来说，已经没有较大的研究价值，或者说很难设计开发出创新立意的产品。在分析问题阶段，创新来源于分析的角度是否新颖。同样的问题从不同的角度去分析和探究，得到的结果会全然不同，所以设计师需要有别于常人的分析能力，能够从看似细枝末节的地方挖掘出新的价值点。在解决问题阶段，创新来源于与众不同的解决方式，让游客获得出乎意料的新体验，感受到新奇性。例如，旅游文创产品创新设计的核心内容是文化内涵的体现和传导，现如今常见的设计方式大多依靠文创产品的外在形象来展示其文化内涵，如果设计一款产品是通过新奇的操作方式或者与众不同的多感官刺激来体现其文化内涵，必然会让游客产生不一样的心理感受，从而凸显其创新性。在旅游文创产品设计开发中，创新是一个永恒的话题，具有足够创新性的旅游文创产品才能得到市场的认可，并发挥其传播文化的功效。

4.4.2.2 材料创新

材料是产品的重要物质基础，一定程度上决定了产品的档次和品位，在旅游文创产品设计开发中不仅需要挖掘、利用具有明显地域特色的材料，彰显旅游文创产品的地域性和民族性特征，同时还需要创新运用符合时代发展的新型材料，丰富产品的感官体验，提升产品的品质及内涵，增加科技感和高端感。例如，竹材料因其独特的物理特性及生长周期短，成为中国最常用的传统材料，蕴含着丰富的文化内涵。许多城市都申请了竹编的非物质文化遗产，四川省眉山市的青神县竹编艺术闻名世界，浙江嵊州工艺竹编造型精巧、编制细腻，以其独具的艺术魅力，享誉中外等。然而，随着科技的发展，竹材有了更广泛的应用领域，通过特定技术加工形成的竹纤维新型生物基复合材料不仅具有不锈钢材料一样的强度，还能像常规钢铁一样承受重压，具有高强度、高硬度、低成本、质量轻等特性，属于绿色环保材料。在旅游文创产品设计中，结合新型竹制纤维材料，不仅获得竹子表面肌理纹路视觉和触觉感官上的感观刺激，还能体验嗅觉感官上的竹子芳香，更重要的是中国传统文化中竹子所象征的君子品质很好地映射了中国传统文化的内在属性，对游客具有很强的心理暗示效应。因此，在旅游文创产品设计中，材料创新运用能为旅游文创产品带来更多的设计机遇，从而提升其内在属性，提升市场适应能力。尤其是在以下几类旅游文创产品设计中，需要特别注重材料的创新运用：一是纪念意义的工艺品，需要运用新材料来提升其观赏价值，让游客获得其艺术审美；二是科技类的旅游文创产品，需要采用新型材料来衬托其时代感和未来感；三是时尚生活类旅游文创产品，采用新型材料，能够有效地提升其品质和时尚审美，获得更好的操作体验；四是实用兼顾观赏的旅游文创产品，材料稀缺且昂贵，使用新型仿制材料可以有效地代替难以获得的传统材料。

4.4.2.3　技术革新

旅游文创产品的技术革新指的是结合游客的需求，在保证传统技术工艺优势的前提下，对产品加工制造中出现的部分问题或缺陷进行弥补和完善，从而实现技术的改革与创新，提升旅游文创产品品质，丰富旅游文创产品种类。随着社会科技发展，各种新的工艺技术出现跳跃式发展，使产品的生产制造流程变得更加简化，游客的各种需求也更容易得到满足。因此，旅游文创产品设计需要结合最新工艺技术，最大化地实现预期设计目标，为游客提供更加完美的设计作品。例如，随着三维扫描技术与快速成型技术的不断成熟，彻底改变了传统的产品生产制作流程，可以在较短周期内实现产品的小批量化生产，大大提升了产品对市场变化的应对能力。同时，低成本的小批量生产也实现了游客个性化的需求，使旅游文创产品有可能成为独一无二、具有游客自身印记的产品。技术革新是推动产品创新发展的强大动力，因而旅游文创产品设计需要迎合各种新技术，搭上技术革新的快车道，不断提升和完善产品的功能与品质，有效地传播文化内涵。

4.4.3　市场性分析

市场性是指旅游文创产品设计需要详细分析市场需求，对市场变化高瞻远瞩，具有一定的超前性。社会快速发展的当下，市场需求日新月异，而旅游文创产品生产制造的周期较长，很有可能出现产品刚上市却已落伍，被市场所淘汰的现象，这是设计师或企业都不愿意看到的结果。因此，在旅游文创产品设计中，需要引领市场，对未来消费市场的发展趋势具有一定的预判，要勇于尝试，大胆创新，而不是跟在市场发展的脚步之后。

市场发展具有一定的规则和原理。首先，要对文化旅游市场进行详细分析和研究，可以借助大数据进行专业的评估分析，发现当下市场的热点及未来市场发展的可能性趋势，从中发掘旅游文创产品设计的契机。其次，是参考其他商品市场，尤其是时尚类商品市场的发展趋势和特征，探索游客需求的一般性发展规律。再者是时刻关注科技市场的发展变化。科技是推动人类社会发展的第一生产力，任何关键科学技术的突破都将带领人类社会进入到崭新的发展阶段，而旅游文创产品市场需要做的就是紧跟科技发展的步伐，快速进入人类社会发展的新领域。

5 旅游文创产品设计实践

随着文化旅游产业的快速发展，同时在政府和社会的积极推动下，旅游文创产品设计开发进入了急速发展轨道，受到社会各界的广泛关注。近年来，由政府相关部门及社会组织主办的各类文化创意设计大赛层出不穷，吸引了大量设计师和设计企业参与其中，共同推动了文化创意产业的快速发展，极大地丰富了旅游文创产品种类，提升了旅游文创产品的品质和设计感。例如，全国大学生红色旅游创意策划大赛、井冈山红色文化创意产品设计大赛、上海红色文化创意大赛等影响力较大的赛事，吸引了大量设计专业人才进行文化创意设计，收集到了许多红色文化创意设计方案，为红色旅游文创产品的更新迭代储备了大量的后备资源，积极支撑红色文化旅游市场的快速发展；同时，许多县市区也在积极筹备各类文化创意大赛，极大地繁荣了文化创意产业，有利于地域性文化的传播与发展。

在进行旅游文创产品设计研究进程中，通过课程教学或者学生项目的形式积极指导学生进行相关旅游文化创意产品的设计实践，鼓励学生踊跃参加各类文化创意设计大赛，为传统文化的繁荣与发展贡献绵薄之力。在这个过程中不仅提升了学生的设计实践能力，取得了一定的成果，同时通过长时间的实践研究，拓展了自身的研究广度与深度，且积累了许多文化创意产品设计方案。在本书中，分享了指导学生设计的部分案例，并以此

图5-1　直尺设计方案

来论证书中所探索的理论研究成果。当然，旅游文创产品设计是一个复杂且相对主观性的艺术创作过程，可能存在着诸多不足之处，望谅解并批评指正。

如图5-1所示，这款直尺的设计方案是以红船文化作为设计对象而进行设计开发。南湖红船是红船文化中的核心红色资源，在方案设计中提取了红船轮廓中的特征线条进行精炼、简化、抽象，同时，将红船窗户的形态进转化成蕴含红色文化内在的五角星形态，并与直尺的外观造型进行有效融合，将承载红船文化的符号元素巧妙地运用于其中。在方案中还增加了红船所在的自然环境元素，用波浪形线条隐喻南湖水面，恍然间感受到红船航行于南湖之上的意境，将地域文化特色与红色文化巧妙地结合在一起，更能感受出红船文化的独具特色。这款直尺属于文具类的旅游文创产品设计，功能完善而丰富，不仅可以画直线、波浪线，测量尺寸，还可以通过直尺的轮廓形态及镂空的图形，描绘红船图案，勾勒各种图形，从而感受红船文化内涵。直尺的主要功能是进行尺寸测量，体现出一种严谨的作风，与社会主义核心价值观中的"公正"品质不谋而合，展现出红色文化的内在气质。在材料选择上，使用具有一定香味的檀香木，增加消费者的嗅觉感官刺激，获得多感官的情感体验。

如图5-2所示，这款旅游文创产品是一款创意茶具设计方案。以红船文化的核心资源——红船为原型进行设计开发，提取了红船中"船"的概念形态，删繁就简，去掉了红船的其他形态细节，只保留了船壳形态元素，并巧妙结合茶具产品的特征，将茶壶、茶杯融入整体的造型之中。在色彩搭配上，采用了红船船体的暗红色彩作为主色调，提升了设计方案与红船原型之间的关联度。该茶具方案整体造型古朴而深邃，侧重于红船文化精神内核层次的设计融合，在一定程度上体现了红船文化外显的精神气质。

茶道中隐喻着中国传统文化中对理想人格的追求，儒家思想将茶视作正义、质朴、圣洁的象征，并借用茶来表达对君子之道的敬仰和高尚人格的追求，同时品茶过程中先苦后甜的口感，也充分体现了人生哲理。因此，以茶具作为红色文化的设计载体，能够比较直观地体现出红色文化与中国传统文化中君子思想之间的内在联系，使游客更加顺畅地理解与感受到红色文化的精神内核，有利于红色文化的传导。

图5-2　创意茶具设计方案

如图5-3所示，这是一款基于红船文化的指甲剪设计方案，整体造型以嘉兴南湖上的红船文物为设计原型进行设计。设计中提取了红船文物形态的关键线条融入指甲剪方案外在形象表现，如红船侧面轮廓上方的顶棚轮廓线条、底部船壳形态及硬棚窗户的数量和形态特征。从而使该指甲剪设计方案与红船文化中的核心红色资源——红船文物有着密切的关联性。整体配色采用鲜艳的中国红，隐喻红色文化意蕴。同时，在指甲剪方案的外在形象中附加了一些能够展现红色文化内在的图形与符号。例如，五角星图案，能够引导游客更加准确地感知出其红色精神内涵，进行情感交流。指甲剪作为红色文化的设计载体，其功能特征与红色文化的革命性特征在某种程度上具有一定的内在联性，是打破旧形式，创造新形态，能够使游客在使用其功能属性的同时，感受到文化的本质，形成情感共鸣。

图5-3　指甲剪设计方案

如图5-4所示，这是一款文具类旅游文创产品设计方案，以嘉兴南湖红船为设计原型，将红船形态进行关键特征提取、精炼、简化、抽象，并巧妙地与美工刀的外观形态结合起来。这款美工刀设计方案在功能结构方面进行了改变，其外观形态不仅蕴含红船精神内涵，且充分考虑了人机工效学因素，符合人的操作体验。例如，利用船壳的弧面形态能够很好地匹配手的拿握姿态，有效贴合手掌，在功能操作过程中更加稳定、舒适。整体材质采用铝合金材料，利用压铸成型技术一体成型，提升产品的品质，整体色彩采用隐喻红色文化的中国红。美工刀的外观造型融入了蕴含丰富红色革命精神内涵的五角红星图案，有效引导游客进行情感关联。另外，文具类产品与文化有着天然的逻辑联系，是承载文化的重要载体，同时，美工刀的使用功能也符合游客对于红色文化的意境联想。

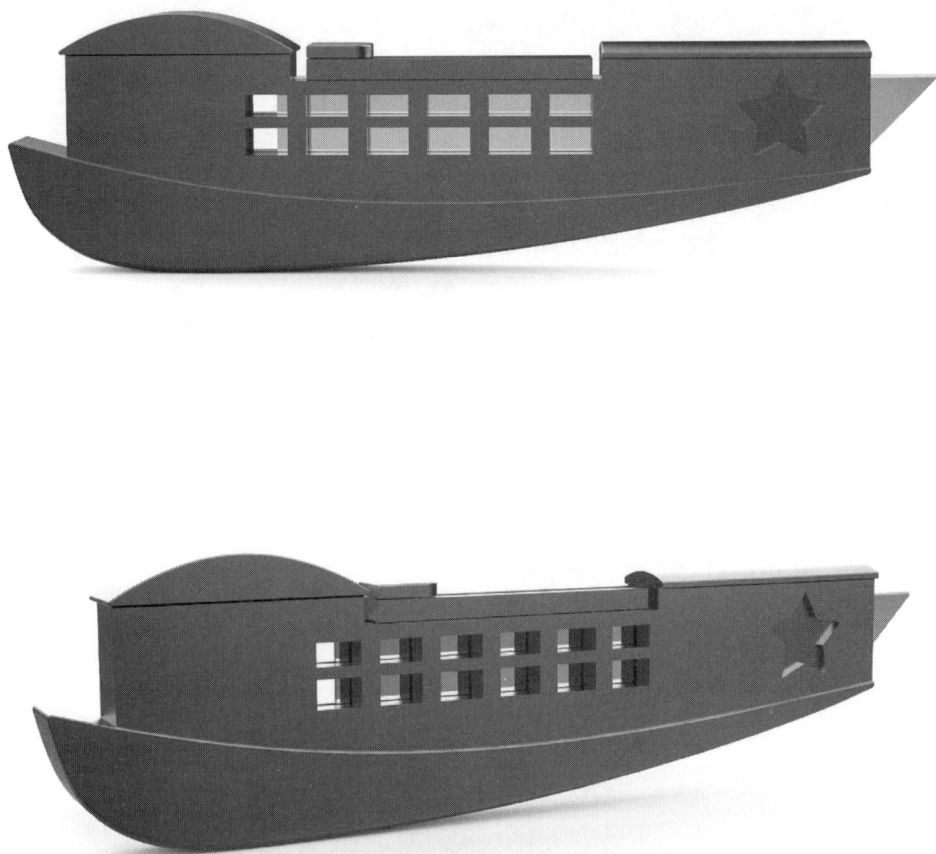

图5-4　美工刀设计方案

如图5-5所示，这款旅游文创产品方案是基于红船文物原型的剪刀设计方案。它提取了红船侧面轮廓形态线条进行精炼简化，抽象成蕴含红船文化元素的图形与符号，突出红船关键特征，同时增加了蕴含红色文化内涵的五角星镂空图案，使红色文化特征更加明确。整体色彩采用象征着红色文化内涵的中国红，突出文化特征。同时，在剪刀的手握位置，造型局部细节之间的留白是一把剑的轮廓，而"剑"象征着英勇、无畏、抗争等精神内涵，也是人民英雄纪念碑的造型来源。剪刀的裁剪功能是打破旧格局，创造新形式，与红色文化的革命特性具有一定的内在关联性。因此，以办公用品类的剪刀作为文化的设计载体，不仅能够从外在形象上体现文化特征，同时其使用功能亦能有效契合文化的内在特性。

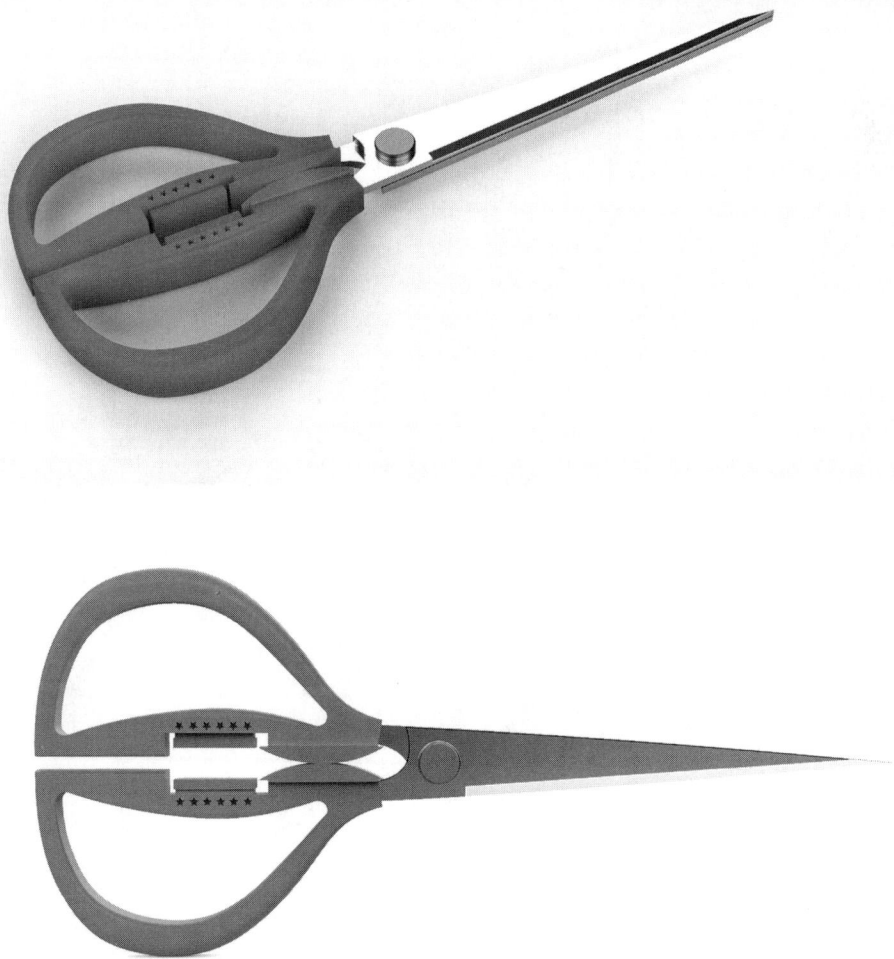

图5-5 剪刀设计方案

如图5-6所示，这款旅游文创产品是一款灯具设计方案，以延安旅游文化的核心资源——宝塔山为原型进行设计开发。设计提取了宝塔山的外观形态，同时结合了宝塔山周围的自然风貌，将连绵起伏的山丘形态作为灯具的基座，同时山丘之间的沟壑具有笔搁的功能。笔搁又称笔山，是中国古代文房中的重要物件，属于古代文人的案头清玩，具有深厚的文化内涵。该灯具设计方案巧妙地将中国传统文化与红色文化进行有效融合，具有更深层次的文化意蕴，暗示了红色文化传承于中华优秀传统文化，而中华优秀传统文化是红色文化的根基。同时，该灯具造型中，在宝塔山的周围设计了一个环形的光圈，不仅能够起到照明效果，而且象征了红色文化如光芒一样向四周扩散，隐喻红色文化的广泛传播。

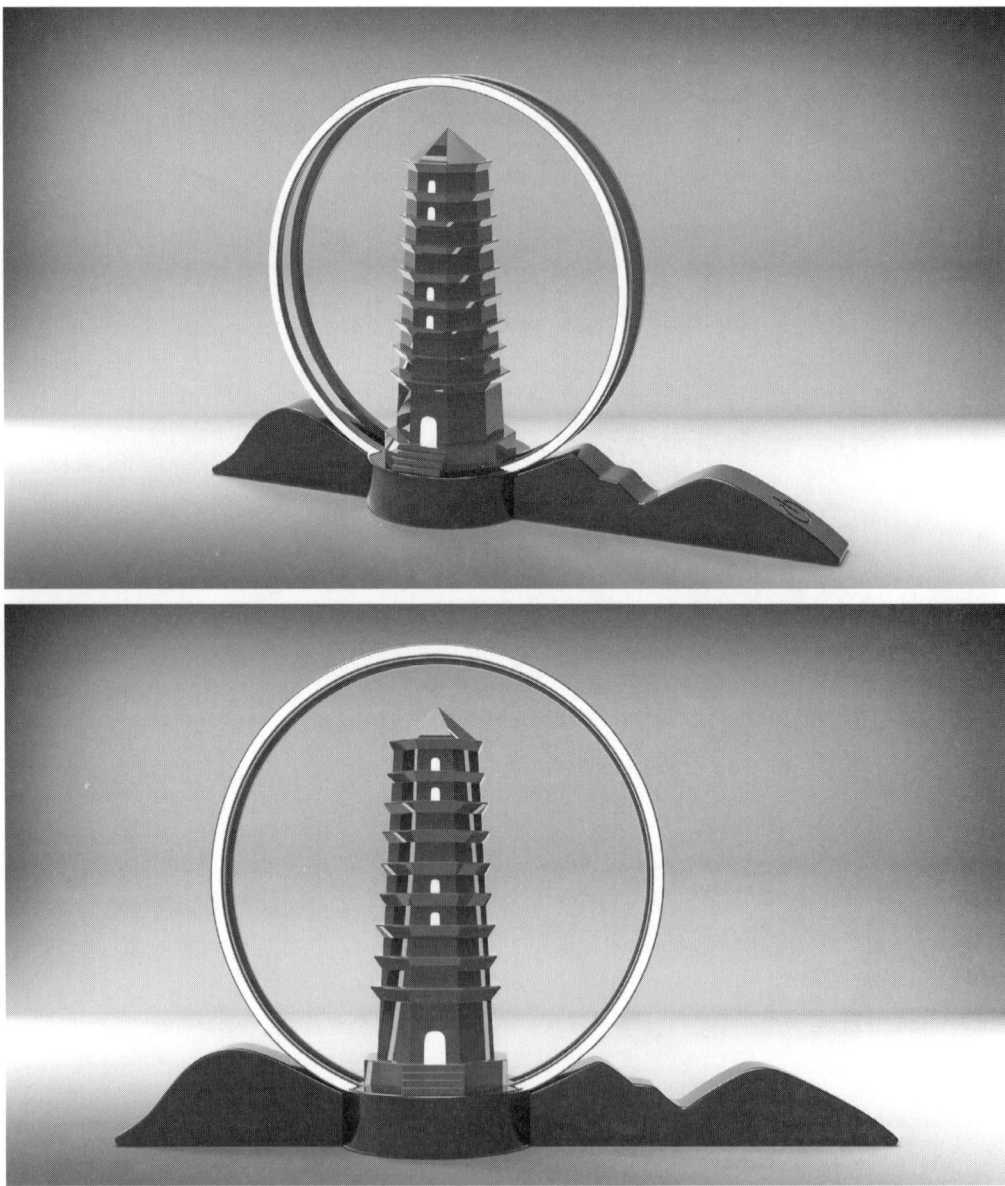

图5-6　灯具设计方案

如图5-7所示，这款该旅游文创产品是一款小夜灯设计方案。以井冈山五指峰为原型进行抽象、精炼、简化，将井冈山旅游文化的独特特征融入小夜灯的外在形象设计。这款设计方案底座采用具有一定安神气味的檀木材料，具有辅助睡眠的作用。位于中间的井冈山特征造型周围设计了一个照明用的光圈，隐喻红色文化的广泛传播。

图5-7　小夜灯设计方案

如图5-8所示，这是一款儿童类积木文具设计方案。该设计方案是基于浙江省东钱湖宋文化旅游中的核心文化资源——南宋石塔为设计原型，设计开发的旅游文创产品。东钱湖南宋石塔展现了南宋精美的石刻艺术，代表了东钱湖旅游景区的文化典藏，具有独特的文化内在。该积木玩具设计方案提取了石塔的独特艺术形态，巧妙地与儿童积木玩具进行融合，赋予了一定的使用功能。该积木玩具可以将石塔特征元素进行拆分，重新创意组合成新的形态，在玩乐嬉戏中回想起旅游中的情感经历，并领悟蕴藏其中的南宋石刻文化内在，在此基础上主动探究南宋石刻文化背后的故事，了解宋代历史，增强忧患意识，提升爱国热情。

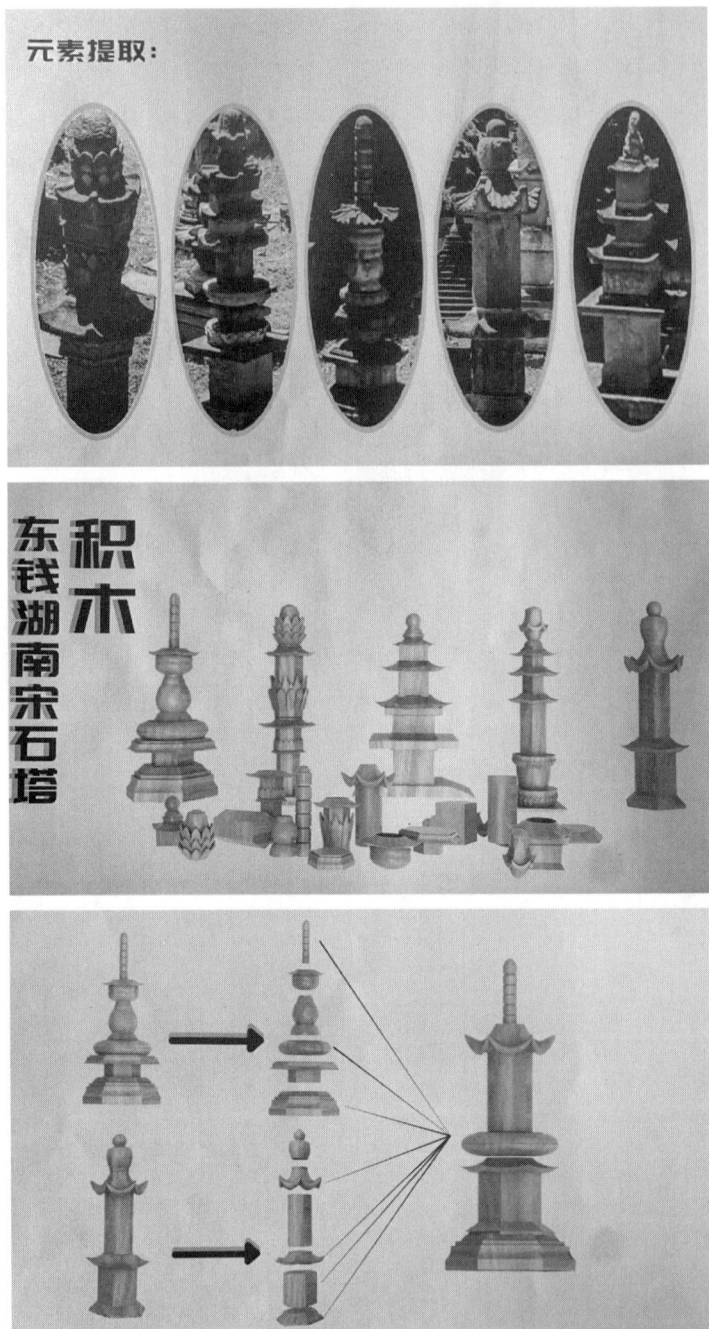

图5-8　积木玩具设计方案

如图5-9所示，这是一款以宋韵文化为背景的文创茶具设计方案。随着浙江省大力推进宋韵文化传世工程，人们对于宋代文化与宋代历史的了解逐渐深入，在进行宋韵文化旅游过程中，了解宋代社会的科学思想、艺术造诣和文化意蕴。该设计方案以知名的宋代文物为设计原型，并赋予符合现代人生活方式的使用功能，打造精致生活。在使用过程中，体验宋人受程朱理学思想影响下的造物逻辑，感悟宋人领先世界近千年的审美思想及追求美好生活的意境。

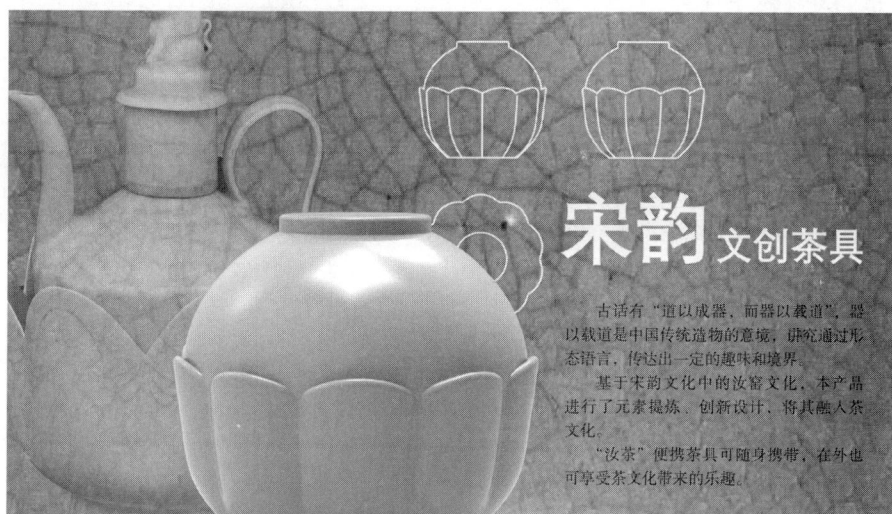

宋韵 文创茶具

古话有"道以成器，而器以载道"，器以载道是中国传统造物的意境，即它通过形态语言，传达出一定的趣味和境界。

基于宋韵文化中的汝窑文化，本产品进行了元素提炼，创新设计，将其融入茶文化。

"汝茶"便携茶具可随身携带，在外也可享受茶文化带来的乐趣。

147

部件例图 COMPONENT VIEW

产品由四部分组成，大茶碗嵌套小茶碗，置于闷茶盖上方，可与煮茶碗合为一体。

使用时，将两个茶碗取下，茶叶放入煮茶碗中，闷茶盖闷煮即可。

场景图 USE CASE

使用说明 HOW TO USE

投茶注水　　盖盖煮茶　　出茶　　倒入小茶碗

爆炸图 EXPLOSIVE VIEW

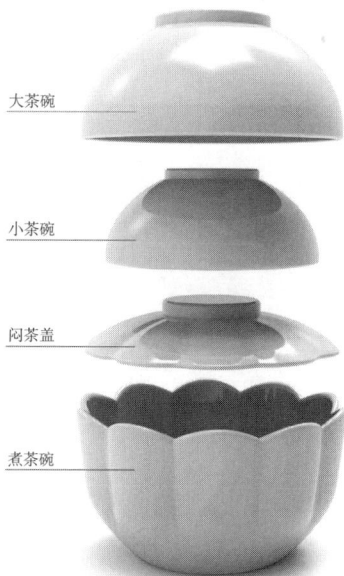

大茶碗

小茶碗

闷茶盖

煮茶碗

图5-9　宋韵文创茶具设计方案

如图5-10所示,这是一款融合新疆旅游文化特色的八音盒设计方案。以新疆阿勒泰哈萨克牧场的自然风貌原型为设计灵感,将生态养殖、音乐疗愈和温馨照明融为一体,不仅具有一定的实用性和观赏性,更是文化与自然的和谐对话,让游客回想起旅游过程中的美好自然风光,向往诗和远方的意境,舒缓心情,治愈工作生活带来的忧愁。

图5-10　新疆旅游文创八音盒设计

如图5-11所示，这是一款笔墨套装组合的旅游文创产品设计方案。该旅游文创产品方案以杭州西湖文化旅游景区中"三潭印月"景点的整体风貌为灵感而进行设计开发，在文化梳理研究中，提取了该旅游文化外在形式的元素特征，巧妙融合到文具产品类别中的笔墨组合套装产品设计之中。将钢笔和墨水的外在包装进行组合，形成"三潭印月"景点的石塔外在形象，构建出两者之间的形态联想，呼应游客在旅游过程中所见所闻。文化与文具之间存在一定的内在联系，使文化内涵传导过程通畅，同时，以笔墨来承载江南文化的地域特色，与"水墨江南"的社会认知产生情感共鸣，形成准确的意境联想。

三潭印墨
——文创设计

计说明

这是一套以西湖—三潭印月为主元素设计的文创产品，包含一个墨瓶和两个笔筒，墨水瓶底部的小凹设计可以避免墨水吸不上来。这套创造型独特，古与今的碰撞，传统现代的结合，让人们从中感受到西湖的魅力。

感来源

三潭印月

产品结构

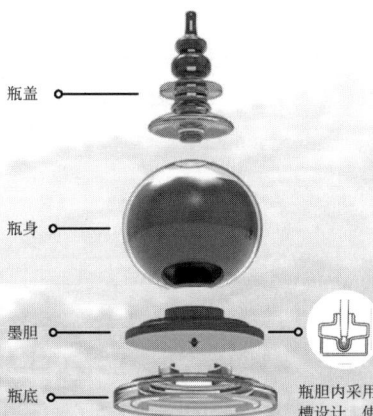

瓶盖

瓶身

墨胆

瓶底

瓶胆内采用凹槽设计，使残留的墨水也能顺利吸取。

使用说明

笔筒

打开瓶盖即可使用，瓶盖也可当放笔架使用

细节展示

如图5-12所示，这是一款竹编茶盘收纳产品的设计方案。这款文创产品设计将杭州西湖旅游文化景点的景观风貌及浙江省竹编非遗文化技艺融合而成的一款设计方案。茶文化是中国传统文化的重要组成部分，体现着"先苦后甜"的生活哲理，隐喻君子品质，备受当代人的推崇，以茶具为设计载体承载杭州西湖文化的内在属性，能够准确展现其文化特征，体现文化精神内涵。在设计过程实施过程中，利用提取的文化景观轮廓特征塑造产品外在形象，结合具有一定诗意的使用操作方式，同时竹材料自身蕴含的文化内在特征共同营造这款利用文创产品整体地文化氛围，突显文化特色。

西湖品茗

——竹编茶盘收纳台

设计说明

场景灵感取自西湖十景中"三潭印月""雷峰夕照""双峰插云"。

以浙江非遗文化竹编为材质工艺，自然纹路优美，立体感强，给人一种质朴与淡雅清新，亦与茶文化相契合。竹编绿色环保，经久耐用。

以黑色镜面大理石为茶盘底，茶水滴落时犹如湖面涟漪。三潭印月的玉石灯倒影，体现出苏轼夜泛西湖五绝中的"更待月黑看湖光"景致典雅。

产品适用于茶桌托盘微景观、桌面香薰置物台。

灵感来源

山景

雷峰塔

三潭石塔

三视图

效果图展示

细节展示

天然黑曜石加工而成可以作为茶宠浇灌石槽保留茶水增添茶香

竹编材质，立体有质感塔内为储物空间可存放茶杯、茶叶罐

取三潭石塔造型白玉材质，中间镶嵌小灯珠可移动氛围感灯塔微景观

图5-12　竹编茶盘收纳文创产品设计

如图5-13所示，这是一款基于杭州宋城文化旅游而设计的灯具产品。宋城是杭州首个大型人造主题公园，仿造宋代建筑风格进行建造，再现了宋代城市的景观风貌，是反映宋代文化内涵的主题公园。该旅游文创灯具产品具有一定的使用功能，外在形象结合了山和月的元素特征，反映了宋城的自然景观风貌，同时宋人对月亮有着独特的情怀，在宋代诗词中可以体现，因此，山和月的结合能够相对清晰地展现出宋城文化旅游景区的文化内涵，与游客形成情感共鸣。

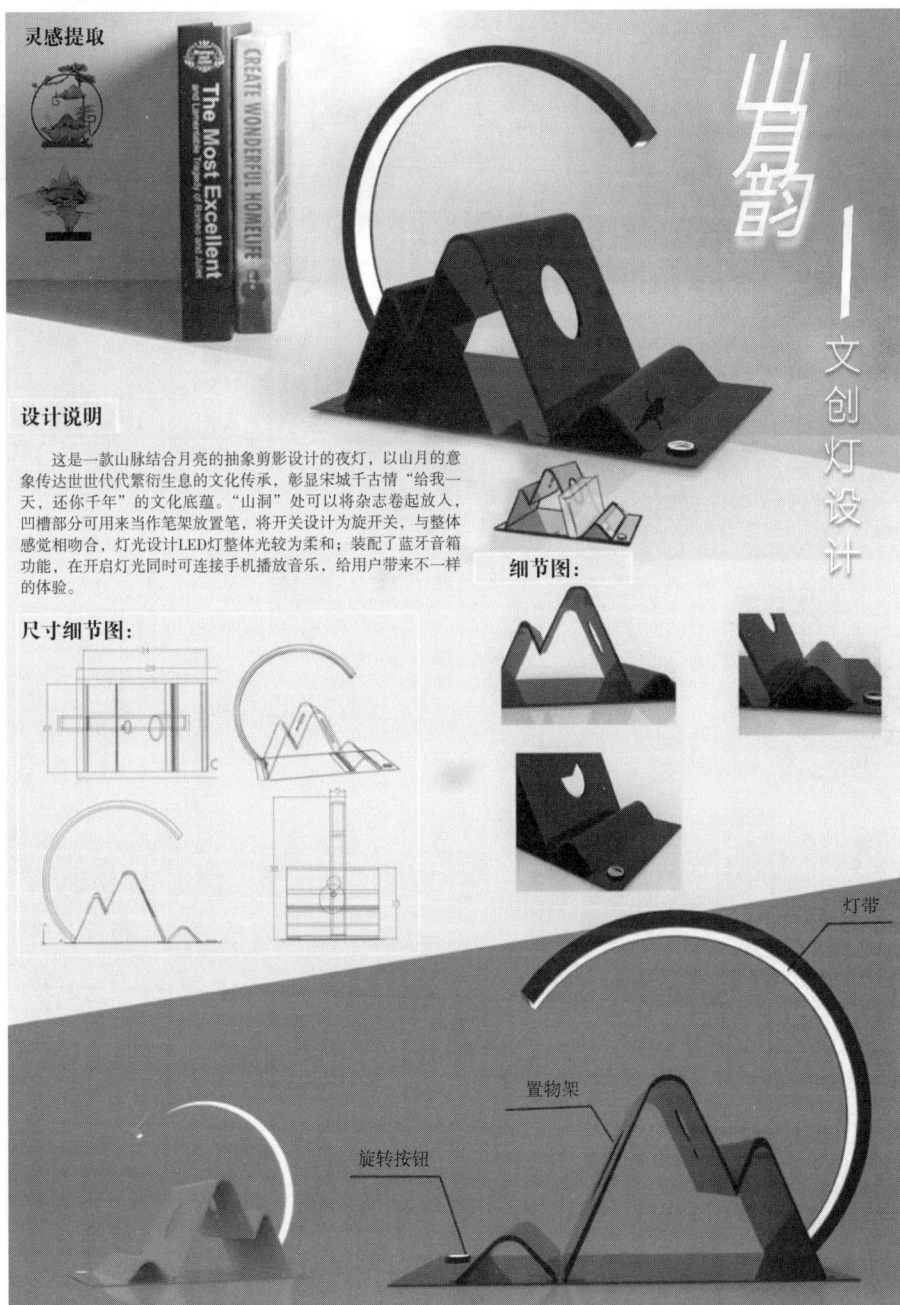

灵感提取

设计说明

　　这是一款山脉结合月亮的抽象剪影设计的夜灯，以山月的意象传达世世代代繁衍生息的文化传承，彰显宋城千古情"给我一天，还你千年"的文化底蕴。"山洞"处可以将杂志卷起放入，凹槽部分可用来当作笔架放置笔，将开关设计为旋开关，与整体感觉相吻合，灯光设计LED灯整体光较为柔和；装配了蓝牙音箱功能，在开启灯光同时可连接手机播放音乐，给用户带来不一样的体验。

尺寸细节图：

细节图：

山月韵——文创灯设计

灯带

置物架

旋转按钮

图5-13　旅游文创灯具设计

如图5-14所示，这是一款结合了拼图游戏功能的新疆旅游文创纪念品。该旅游文创产品将具有浓厚新疆特色的地域文化和民族文化结合起来，从人文建筑的维度提取了大量的元素特征，总结出尖拱是其建筑文化的主要特征，并在此基础上，设计开发了这款承载新疆旅游文化内涵的文创产品。通过其游戏拼图功能的使用，使游客多次重复体验这种文化特征，形成大脑中枢系统的习惯认知，强化知识记忆图库，唤醒旅游过程中的所见所闻。

图5-14 拼图玩具产品设计

如图5-15所示，这是以新疆特色旅游文化为主体设计开发的一款挂件产品方案。在新疆地域文化和民族文化详细梳理研究的基础上，从图案、纹样的维度提取了文化元素的独特特征，并运用于挂件产品外在形象的创作之中。采用层叠式、螺纹联结的方式制作该挂件产品，结构相对简单，游客能够根据自己的喜好进行挂件产品的设计制作，体验到制作过程的乐趣。同时，携带由自己完成的旅游文创纪念产品，能够获得一定的成就感，产生心理的自我满足感，促进新疆地域文化与民族文化的传播与发展。

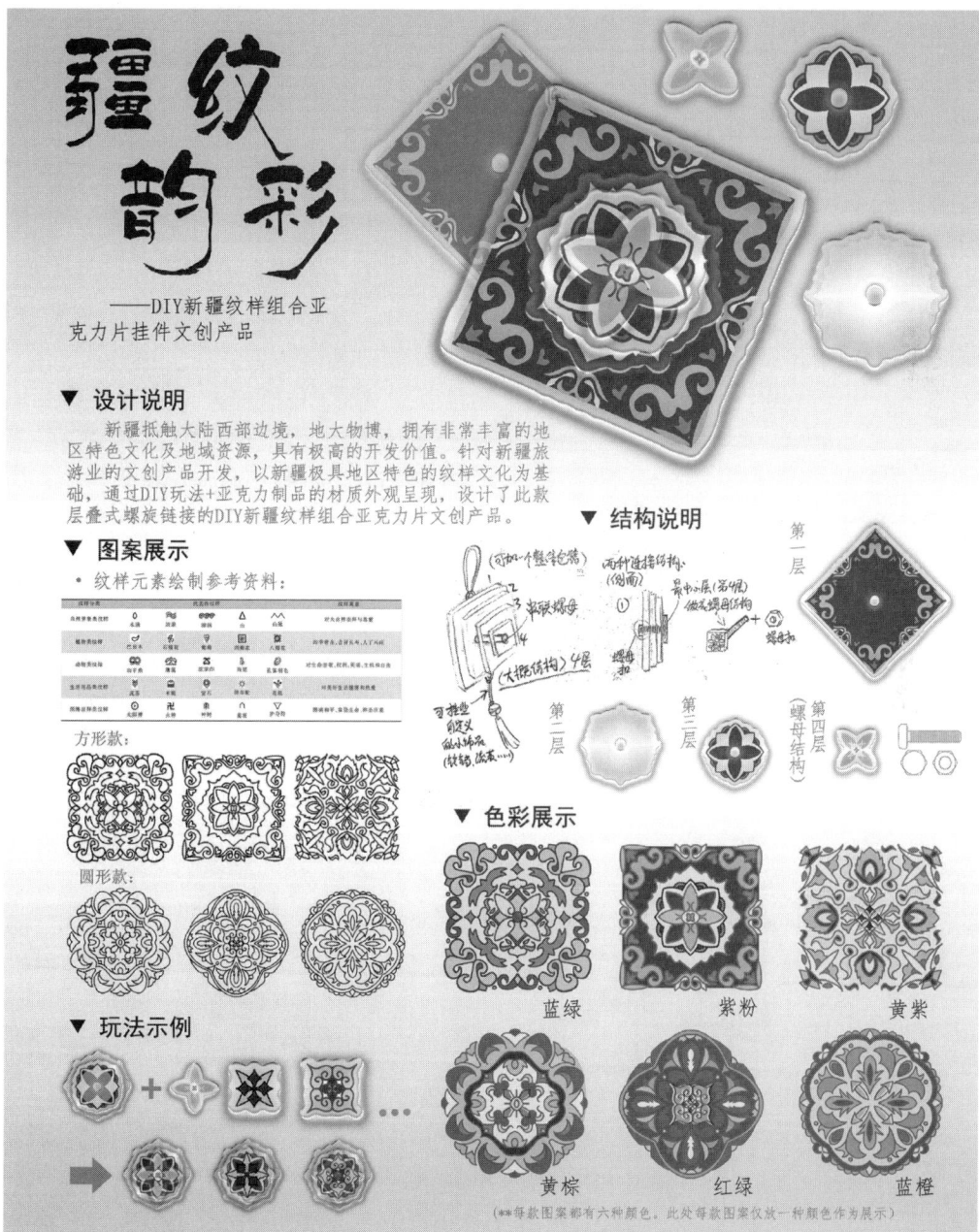

图5-15　新疆旅游挂件文创产品设计

如图5-16所示，这是一款基于楼兰旅游文化的圆盘沙漏文创产品设计方案。沙漏中的黄沙隐喻了楼兰古城的地域自然景观风貌，同时沙漏顶部的黄沙缓慢流下，覆盖沙漏中楼兰古城图案的过程，暗示了楼兰古城被黄沙覆盖的历史演变进程，让游客非常直观的理解楼兰古城消失的内在原因，获得相应的文化知识。同时，通过这个沙漏旅游文创纪念品的功能演示，让游客从内心深处理解保护自然环境、实现可持续发展的社会意义，使游客获得真实的情感体验。

设计说明

本产品围绕《楼兰古城》进行设计创作，以圆盘沙漏作为主体，内部安装印有昔日古城样貌的亚克力板，以暖色夕阳和云层为背景，流沙中带有金色细闪，流沙下落的同时四溅，烘托出沙漠地质的沙暴景象，展示了"湮灭于黄沙之下的神秘楼兰"的主题。灯带照亮流沙中的细闪，底座反射光芒与古城，营造楼兰公主逆光走来的景象。

元素提取

楼兰博物馆
门前的楼兰公主铜像

对昔日楼兰古城的构想

产品展示

尺寸参考

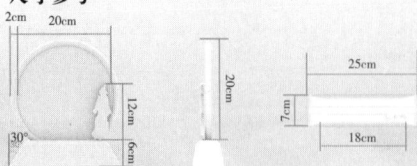

草图推演

→ 真实建筑
→ 真实人像
→ 可反射光圈的灯光倒映出古城

舍弃山石和沙堆

爆炸图

亚克力板　　环形灯带
流沙（细闪、鎏金）
亚克力贴图/立体金属人像
塑料外圈
亚克力贴图建筑
不锈钢/大理石/铝塑（可以反射光线）
凸起、纹理字体（金色、细闪）

场景展示

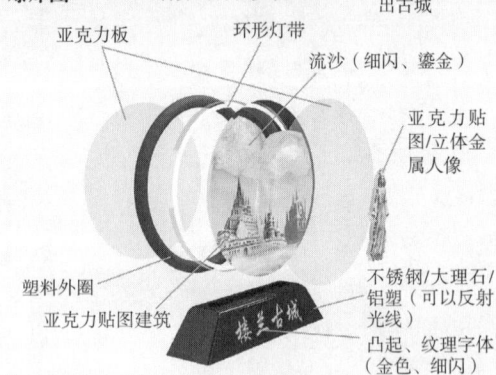

图5-16　圆盘沙漏旅游文创纪念品设计

参考文献

[1] 陈钿莹.表征与记忆：红色文化的具象化建构[J].思想理论教育，2022（10）：67-73.

[2] 刘建荣.红色文化的道德价值[J].湖南社会科学，2022（3）：24-29.

[3] 焦红波.红色文化符号及其传播系统建构[J].新闻爱好者，2022（7）：88-90.

[4] 苏卉，何夷伦.红色文化国内研究的发展脉络及前沿热点——基于CiteSpace的可视化分析[J].西安建筑科技大学社会科学版，2023（4）：51-58，86.

[5] 谭娜，万金城，程振强.红色文化资源、旅游吸引与地区经济发展[J].中国软科学，2022（1）：76-86.

[6] 陈英波，龚静芳，李益炯.乡村文化中的红色资源数字化设计研究[J].包装工程，2023（8）：446-451，456.

[7] 徐玲英，童兵.媒介化视域下红色资源的创新传播[J].当代传播，2022（2）：17-20.

[8] 张泰城.红色文化资源研究[M].南昌：江西人民出版社，2015.

[9] 崔卫兵，李国亮，杨家余.新时代大别山红色文化传承研究[M].合肥：合肥工业大学出版社，2018.

[10] 姚晓玲，刘德光，邓爱民.世界主要国家旅游经济空间关联网络研究[J].经济问题探索，2020（7）：37-46.

[11] 丰晓旭，李銮淏.文化"两创"视域下旅游产品高质量发展研究——兼析民族地区实现旅游产品跨越式发展的路径选择[J].价格理论与实践，2022（6）：18-22，172.

[12] 陈丽.旅游产品发展现状及对策探究[J].吉林农业，2019（9）：56-57.

[13] 刘民坤.新时代旅游产品高质量发展：双重逻辑、现实困路与关键进路[J].贵州社会科学，2023（3）：124-131.

[14] 宋瑞，金准，张玉静.世界旅游经济新趋势与中国发展新方略[J].财经智库，2021（2）：64-86，142-143.

[15] 高晓波，孙秀娟.文旅融合背景下文化产业与旅游经济互动发展路径[J].南方农机，2023（13）：103-105.

[16] 杨波，张健伟.西柏坡红色旅游产品开发对策探析[J].大舞台，2014（9）：230-231.

[17] 孙步忠，吴婧，曾咏梅.红色旅游价值共创的品牌传播机制构建[J].旅游纵览，2022（20）：22-24，88.

[18] 王力.甘肃红色旅游资源开发与利用[M].北京：中国社会科学出版社，2022.

[19] 赵亚伟，张卫苓.河北省红色旅游产品设计开发问题与对策[J].河北大学哲学社会科学版，2013（5）：133-135.

[20] 王晖.红色旅游特色产品开发的原则与策略[J].商场现代化，2008（2）：2.

[21] 王伟年，宋宇新，白竹岚.区域文化与红色旅游发展研究[J].企业经济，2007（5）：123-125.

[22] 张玉萍，黄丹.设计符号学维度下红色文旅衍生产品设计研究[J].家具与室内装饰，2023（6）：70-75.

[23] 王铭玉，王双燕.符号学思想论之说论[J].当代修辞学，2019（1）：36-42.

[24] 陆正兰，赵毅衡.艺术符号学：必要性与可能性[J].当代文坛，2021（1）：49-58.

[25] 安娜·埃诺.符号学问题[M].怀宇，译.中国人民大学出版社，2019.

[26] 张智庭.法国符号学论集[M].天津：南开大学出版社，2018.

[27] 赵星植.皮尔斯与传播符号学[M].成都：四川大学出版社，2017.

[28] 安静.艺术符号学的多重起源[J].艺术探索，2022（2）：59-68.

[29] 张骁鸣，陈晓莹.传统节日的符号学研究：框架重构与案例试析[J].旅游学刊，2017（11）：26-40.

[30] 胡壮麟.论当代符号学研究的学科地位[J].语言学研究，2014（1）：75-83.

[31] 朱上上，罗仕鉴.产品设计中基于设计符号学的文物元素再造[J].浙江大学工学版，2013（11）：2065-2072.

[32] 孙晟博，高炳学.符号学在文创产品设计中的应用现状[J].包装工程，2022（18）：283-292，326.

[33] 王璐瑶，周雨卉，李永春.基于层次分析法的博物馆文创设计研究[J].包装工程，2022（18）：320-326.

[34] 张安华，徐坤.基于AHP—扎根理论的南朝石刻文化基因传承及设计转化[J].南京艺术学院美术与设计，2023（3）：184-190.

[35] 朱云峰.基于模糊层次分析法的金箔文创产品设计研究[J].包装工程，2022（22）：341-349.

[36] 萨蒂.层次分析法 在资源分配、管理和冲突分析中的应用[M].许树柏，等译.北京：煤炭工业出版社，1988.

[37] 张志刚.基于心理效应的公共设施设计[J].包装工程，2023（6）：348-351.

[38] 滕水生.南湖红船文创产品设计策略研究[J].设计，2020（19）：146-148.

[39] 滕水生.基于红船文化的旅游产品设计[J].包装工程，2021（4）：236-242.

[40] 李美霞.服饰形象的首因效应与晕轮效应[J].天津纺织工学院学报，2000（5）：46-48.

[41] 刘京林，等.传播中的心理效应解析[M].北京：中国传媒大学出版社，2009.

[42] 吴联凡，陆定邦，吴耀，等.多感官设计的可视化分析：研究进展、热点与趋势[J].包装工程，2022（22）：205-220.

[43] 吴琼.面向文化遗产的数字化体验设计[J].装饰，2019（1）：12-15.

[44] 李晶，李青松.数字化时代文创产品的开发创新——以“汉仪字库陈体甲骨文”衍生产品开发为例[J].出版广角，2020（18）：59-61.

[45] 王伶，田宝华，张予琛.数字化技术在设计中的应用研究综述[J].包装工程，2023（4）：9-17.

[46] 许世虎，王庆莲.产品设计中的象征功能[J].艺术与设计理论版，2007（11X）：115-117.

[47] 康澄.文化符号学中的“象征”[J].国外文学，2018（1）：1-8.

[48] 蒋冰华.旅游产品开发研究[M].北京：新华出版社，2013.

[49] 初晓恒，吕宛青.我国旅游产品文化挖掘与传递研究[M].上海：上海财经大学出版社，2008.

[50] 滕水生，凡欣.红船精神旅游文创产品创新设计研究[J].设计，2019（10）：116-117.